JN422316

문학에 나타난
유토피아 · 디스토피아 세계

문학에 나타난
유토피아 · 디스토피아 세계

초판1쇄 인쇄　2024년 8월 23일
초판1쇄 발행　2024년 8월 30일

지 은 이　정현숙
펴 낸 이　신일희
펴 낸 곳　계명대학교 출판부
출판등록　제347-1998-1호(1970. 9. 1)
주　　소　대구광역시 달서구 달구벌대로 1095
대표전화　053-580-6233
팩　　스　053-580-6235
홈페이지　www.kmupress.com

ISBN 979-11-6516-234-4　93800　　　　정가 19,000원

• 잘못된 책은 교환하여 드립니다.
• 이 책은 저작권법에 따라 보호받는 저작물이므로 책의 내용 및 이미지에 대하여 전부 또는 일부를 무단으로 복사, 복제, 배포하거나 전산장치에 저장할 수 없습니다.

불법복사는 지적재산권을 훔치는 범죄행위입니다.
저작권법 제136조(권리의 침해죄)에 따라 위반자는 5년 이하의 징역 또는 5천만 원 이하의 벌금에 처하거나 이를 병과할 수 있습니다.

“본 연구는 2021년도 계명대학교 비사연구기금으로 이루어졌음”

문학에 나타난
유토피아 · 디스토피아 세계

정현숙

계명대학교 출판부

머리말 Prologue

2019년 전 세계는 코로나 시대를 겪으면서 환경문제와 빈부의 문제, 자연과 토지에 대한 약탈의 결과로 오늘날 인류가 맞이하고 있는 삶의 제반 문제에 대한 성찰이 필요하게 되었다. 중세시대 유럽을 휩쓸었던 페스트 역병을 비롯하여 세계 1, 2차 대전을 겪고 총성없는 전쟁이라고 일컬어지는 코로나19 기간 동안 필자의 일생에서 처음으로 비대면 수업이라는 형태의 교육 환경과 자발적, 비자발적 고립을 동반하는 일상을 겪으면서 고립에 수반된 사유와 성찰의 기회를 가졌다. 따라서 어떠한 사회가, 어떠한 삶이 가장 이상적인 모델인가에 대한 역사적, 철학적 질문을 하게 되었고 그 결과로 영문학을 기본으로 하여 이탈리아문학, 프랑스문학, 한국문학을 망라하는 유토피아 문학과 그 반대되는 디스토피아 문학을 연구함으로써 인문학의 근본적인 문제, 즉 우리가 어떤 삶을 살아야하는가에 대한 질문과 반성, 통찰의 문제를 인문학의 가장 기본이 되는 역사와 문학, 철학을 아우르는 텍스트로서 제시하고자 한다. 토마스 모어의 『유토피아』가 최초의 유토피아문학으로 여겨지며 근세 르네상스 정신으로 충만했던 유럽에서 3대 유토피아문학-『유토피아』, 『태양의 나라』, 『새로운 아틀란티스』-이 탄생했다. 그로부터 300년이 지난 후 다시 산업혁명을 겪으며 근대 3대 유토피아문학-『에레혼』, 『유토피아에서 온 소식』, 『뒤돌아보며: 2000-1887』-이 세상에 출간되었다. 이뿐만 아니라 현대에 이르기까지 어떤 사회가 유토피아적 사회일까? 어떤 정치적 제도와 경제가 유토피아에 가까운 삶을 제공해줄까? 하는 화두는 정치가뿐만 아니라 경제학과 사회학, 인문 지리학을 포함하여 우리 사회 전반에서 주요한 주제로 대두되고 있다. 유토피아는 부재하는 공간의 현실적 재현이므로 그 공간에 존재하는 사람들의 정치제도, 종교적 신념, 사회 구조, 이데올로기에 관한 담론이 필연적으로 수반되므로 인문학의 총체적 집합이라 볼 수 있다.

그와 동시에 현실은 디스토피아이며 인류의 미래는 인공지능과 최첨단 과학 기술이 결합하여 유토피아를 꿈꾸었으나 오히려 디스토피아의 사회가 될지도 모른다는 암울한 예측이 SF 문학과 SF 영화를 통해 쉽게 접하게 되고 그러한 예상이 확산되고 있다. 코로나19 사태를 겪으면서 인류의 종말을 그리고 있는 종말 문학이 새삼 대두되고 있다. 따라서 이 시점에서 유토피아, 디스토피아 담론은 꼭 필요한 주제어가 되고 현실 세계를 비판함과 동시에 대안을 제시하는 방법으로써 문학에 나타난, 문학과 함께 연구하는 유토피아, 디스토피아 연구가 필요하다. 포스트코로나의 시대에는 이전과 다른 새로운 삶의 패러다임을 형성해 나가야할 의무와 과제가 필자뿐만 아니라 독자에게도 요구되어지므로 필자는 이 책을 통해 독자에게 인문학적 교양과 자신과 세계를 살펴볼 수 있는 창틀을 제시하고자 한다.

차 례 Contents

2부 · 디스토피아 문학 157

1부

유토피아 문학

01

유토피아의 의미와 토마스 모어의 『유토피아』

유토피아나 디스토피아 담론은 근본적으로 현실 세계에 대한 비판과 그에 대응하는 이상사회로의 염원이 담겨있으므로 우리가 살고 있는 이 시대를 통찰하고 더 나은 삶과 사회의 지향점을 제시한다고도 볼 수 있다. 이 책에는 기본적으로 영미문학에 기초를 두고 프랑스 문학과 러시아 문학, 이탈리아 문학, 한국문학까지 다룰 예정이다. 먼저 유토피아라는 단어 자체의 기원과 정의를 살펴보자. 만일 유토피아, 이상향, 낙원, 파라다이스, 무릉도원, 요순시대... 이런 단어들이 생각났다면 어렴풋하나마 기본 개념을 이해한다고 볼 수 있다. 시대에 따라서, 문화에 따라서 명칭은 다르지만 현실에서는 찾을 수 없는 이상적인 세계를 뜻한다는 의미이다.

유토피아: 세상 그 어디에도 없는 나라

이 단어는 그리스어 어원을 가지고 있는데, ou(없다)+topos(장소)를 뜻하므로 현실에는 결코 존재하지 않는 장소 즉 이상적인 사회라는 의미이다. 현실에 존재하지 않으므로 모든 사람이 그런 이상향을 꿈꾼다는 말이므로, 역으로 말하자면 그만큼 현실이 암담하고 두려우므로 이상향을 꿈꾼다고 볼 수 있다. 그런 의미에서 본다면 유토피아와 디스토피아는 동전의 앞뒷면과 같은 개념이 아닐까한다. 앞으로 다루겠지만 우리 인간은 현실이 참담하고 고통스럽기 때문에 유토피아를 꿈꾸고, 반대로 이상적인 사회를 만들었는데 그 사회가 오히려 반유토피아 사회가 되어있는 아이러니를 보게 될 것이다. 인간이 지닌 한계와 모순이라고 할까.

역사적으로 어떤 사람이 최초로 이 단어를 만들고 사용했을까? 유래를 살펴보기 위해서 먼저 토마스 모어경(Sir Thomas More, 1478~1535)에 대해 알아보도록 하자. 토마스 모어는 16세기 초반 잉글랜드의 튜더왕조(1458~1603)의 2대 왕인 헨리 8세(1491~1547) 시대(재위 1509~1547)에 법률가, 저술가, 사상가, 정치가로 활약했다. 헨리 8세와 그의 시대를 설명하기 전에 영국 역사를 간단하게 살펴보자. 이 연대표는 『옥스퍼드 영국사』에서 시대를 분류한 것인데 일단 스튜어트 왕조까지만 정리한다.

로마시대의 브리튼: BC55~AD440
앵글로 색슨시대: AD440~1066(1066: 노르만 정복)
중세시대: 1066~1485
튜더시대: 1458~1603
스튜어트시대: 1603~1688

영국의 역사는 여러 가지 면에서 매우 중요한 시사점을 지니고 있다. 물론 이 장에서 아시아와 아프리카, 호주 대륙은 제외하겠다. 영국사회는 "극적이고, 다채롭고, 폭력적인, 인류의 투기장"(모건 10)이라는 케네스 O. 모건의 표현처럼 독특한 사회이며 현대에 서구사회가 누리는 민주주의, 의회, 입법, 여러 제도들의 선구적인 역할을 한다고 볼 수 있다.

로마의 영향권에 있었던 고대 브리튼이 1066년 한 사건으로 역사적인 변화를 맞이하는데 1000년 동안 지속된 고대사회가 프랑스 북부 노르망디 지역의 노르망디공 윌리엄 1세의 침략을 받고 정복당한다. 영어사에 있어서도 중요한 전환점인 노르만 정복을 계기로 고대사회는 중세 사회로 넘어가게 된다. 정복왕 윌리엄 1세라는 이름으로 유명한 윌리엄 왕의 정복으로 브리튼 섬의 사회구조는 바뀌게 된다.

윌리엄 1세(1028~1087) 〈위키피디아 Public domain〉

이전의 앵글로 색슨 계열의 사회를 프랑스 정복자들이 정복과 동시에 자신들이 귀족사회를 구성하게 되고 언어도 고대영어에서 중세 영어로 변화되며 프랑스어 단어가 많이 사용된다. 고대영어는 오히려 독일어와 유사한 면이 많았었는데, 따라서 중세 시대 브리튼 섬에 사는 귀족은 프랑스어 어원을 가진 단어를 사용하고 평민은 영어 단어를 사용했다. "French for the table, English for the stable"이라는 속담이 그 시대에 생겨났는데, 자세히 보면 그 당시 사회와 계급, 문화에 대한 힌트를 제공하고 있다. 이 속담의 의미는 다음과 같다. French는 프랑스 사람이란 뜻과 프랑스말이라는 뜻을 동시에 가지고 있다. 그럼 프랑스 사람은 식탁, table에 앉아서 프랑스말을 하며 식사를 하고, 영어를 사용하는 영국 사람은 마구간, stable에서 프랑스인들이 식탁에서 먹을 고기를 위해 가축을 돌본다는 의미이다. 어떤 경우에는 한 페이지에 걸친 긴 설명보다 속담 한마디가 더 많은 것을 전달해주기도 한다.

다시 노르만 정복으로 돌아가서 윌리엄 1세가 왕으로 통치하면서 왕을 중심으로 한 봉건제도를 확립한다. 왕과 기사, 농노 등 신분사회가 공고해지죠. 그리고 중세 시대는 흔히 암흑의 시대라고 부르는데, 이는 신의 시대이며 인간이 설 자리는 없었던 시대였다. 표에서 보듯이 약 400년에 걸치는 시대인데 거의 200년을 십자군 전쟁으로 보내게 된다.

지금도 분쟁이 끊이지 않는 이스라엘-팔레스타인 지역 갈등은 이 중세 시대 십자군 전쟁으로부터 시작되었다고 볼 수 있다. 1095년부터 1272년까지 8회에 걸친 십자군 원정은 그리스도교의 성지인 팔레스티나 성지와 예루살렘 성도를 이슬람교도들에게서 탈환하는 것을 목적으로 한 기나긴 원정이었다. 이 십자군 원정에 대한 평가는 다양하지만, 동서양의 문물교류와 문화의 충돌, 본토의 사회 변화 등 다양한 결과를

십자군 전쟁(1095~1272) 〈위키피디아 Public domain〉

가져왔다. 십자군 전쟁의 후유증을 감내하는 백여 년의 시간이 흐른 뒤, 1485년 드디어 잉글랜드내의 세력다툼인 장미전쟁을 끝내고 헨리 튜더가 새 왕조를 열고 헨리 7세가 된다. 장미전쟁은 전쟁을 벌인 랭카스터 가문의 상징이 붉은 장미이고 상대인 요크 가문의 상징이 흰장미여서 붙여진 이름이다. 랭카스터 가문의 헨리가 요크 가문의 딸 엘리자베스와 결혼함으로써 30년 동안의 긴 내전이 끝나고 그 기간 동안 많은 귀족들이 사망했으므로 튜더왕조가 시작될 당시에는 왕권에 대한 위협이 사라지고 오히려 강력한 왕권을 세울 수 있었다. 이제 튜더왕조의 가계도를 살펴보자.

헨리 튜더는 요크 가문의 엘리자베스와 결혼하여 튜더왕조의 1대 왕 헨리 7세가 되고 이 표에는 나타나지 않지만 아들 아서와 헨리를 낳는다. 두 딸은 각각 스코틀랜드 왕실과 프랑스 왕실의 왕비가 된다. 헨리

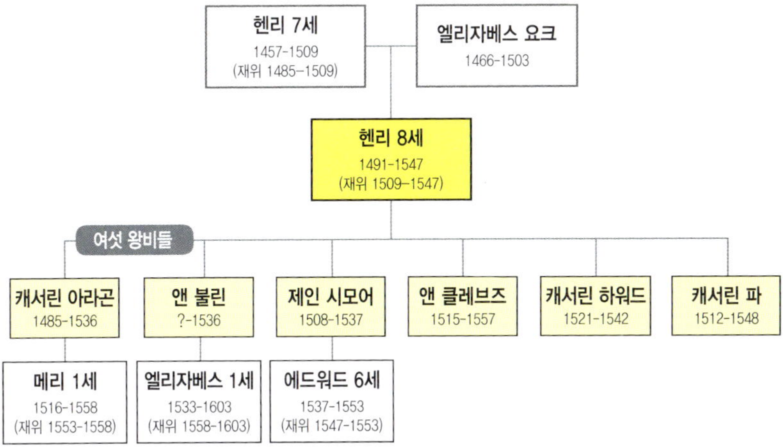

튜더왕조 가계도

7세는 왕위 계승자인 첫째 아들 아서를 그 당시 유럽 본토에서 가장 막강한 권력을 지닌 에스파냐(스페인)의 공주 캐서린과 혼인시키는데 역사적으로 아라곤의 캐서린으로 불리는 이 공주는 교황과 에스파냐의 권력을 배경으로 삼고 있기 때문에 헨리 7세는 아마도 정치적으로, 경제적으로 많은 이익을 염두에 두었을 것이다.

아라곤의 캐서린(1485~1536) 〈위키피디아 Public domain〉

혼인한 다음 해에 병약한 아서가 사망하자 헨리 7세는 캐서린을 본국으로 돌려보내지 않고 아서의 동생인 헨리와 결혼시키는데 헨리는 여섯 살이나 나이가 많은 형수와 결혼하게 된다. 1509년 왕위에 오른 헨리 8세는 잉글랜드 역사에 있어서 아주 중요한 인물이고 그의 결혼 사건으로 인해 역사적인 엄청난 결과가 발생하므로 조금 더 상세하게 살펴보겠다.

헨리 8세(1491~1547) 〈위키피디아 Public domain〉

왕비 캐서린과의 사이에 3남 3녀를 낳았지만 딸 메리를 제외하곤 모두 일찍 사망한다. 헨리 8세는 왕조가 시작된 지 얼마 되지 않은 신생 왕조이고 딸이 왕위를 물려받게 될 때 여러 가지 위험 요소가 발생할 수 있으므로 강력한 왕권체제를 위해서는 왕자가 필요하다는 생각을 했을 것이다. 그리고 이미 왕비의 나이도 많아서 더 이상 아들을 기대하기도 힘든 상황일 때 왕비의 시녀인 앤 불린이 눈에 띄었다. 그 당시에는 왕궁에서 왕비의 말벗이 되어 함께 놀아주고, 문화 활동도 같이 하는 젊은 귀족의 딸들이 많이 있었는데, 그 중 앤 불린은 외교관인 아버지를 따라 20대 초에 프랑스에서 지내면서 세련된 프랑스식 매너와 교양을 배우고 잉글랜드에 돌아왔을 때는 너무도 눈에 띄는 젊은 귀족 아가씨였다. 이국적인 매너와 활달한 성격에 매료된 헨리 8세는 계속 앤에게 구애를 했지만 불린 가문의 큰 계획은 딸을 왕의 정부(mistress)가 아니라 정식 왕비로 만드는 것이었다. 헨리 8세는 캐서린과 이혼하고 앤 불린과 결혼하기 위해 교황에게 이혼 허가를 받으려고 했지만 가톨릭에서는 이혼을 허용하지 않기 때문에 이혼이 불가능했다. 그러자 헨리 8세는 1534년 가톨릭과 결별하고 잉글랜드 성공회(Church of England)를 선포한다. 그 내용은 종교의 수장은 교황, 지상의 권력은 왕으로 이분되어 있는 체제를 종교의 수장이며 보호자도 왕이라는 왕위지상권의 선포라는 점에서 역사적으로 주요한 사건이 된다. 물론 앤 불린과의 결혼, 이 목적 하나만을 위해서 교황과 결별한 것은 아니고 여러 가지 정치적, 경제적 상황과 유럽 전체에서 불고 있는 종교개혁의 바람이 이러한 변화의 바탕이 되고 있다고 볼 수 있다.

토마스 모어 〈위키피디아 Public domain〉

주요한 정치적 인물이었던 토마스 모어는 왕의 왕위지상권을 거부하였고 반역죄로 1535년 처형된다. 그로부터 400년 후 1935년 토마스 모어는 시성으로 선언되고 정치가의 수호성인이 된다. 이것이 그의 이름 앞에 세인트(St.)가 붙는 이유이며 현재 성 토마스 모어로 불려지고 있는 역사적 배경이 된다. 이런 역사적 배경을 이해하면 인문주의자인 토마스 모어가 현실과는 다른 이상적인 정치체제를 꿈꾸었던 것을 좀 더 잘 이해할 수 있을 것이다.

지금까지 유토피아라는 말의 어원과 정의에 대해 살펴보고 이 말을 처음 사용한 토마스 모어가 활동했던 잉글랜드의 헨리 8세 시대에 이르기까지 영국 역사와 튜더왕조에 대해 간단하게 살펴보았다. 16세기 잉글랜드의 가장 대표적인 인문주의자로 불려지는 만큼 토마스 모어의 일대기도 파란만장하다고 말할 수 있을 것이다.

토마스 모어는 1516년 이상적인 정치체제를 지닌 상상의 섬나라인 유토피아를 다룬 저서 『유토피아』를 출간하는데 라틴어로 출간한다. 즉 라틴어는 그 당시 지식인들의 전용물이므로 요즘 시대의 말로 바꾸면 정보의 독점화라고 볼 수 있다. 1517년 마틴 루터가 독일 비텐베르그 대학교 교회 정문에 95개조의 반박문을 게시하면서 가톨릭의 반성을 촉구한 후 파문당하고 그로 인해 종교개혁이 본격적으로 시작되었다. 물론 그 이전에도 유럽의 여러 지역에서 종교개혁 운동이 산발적으로 일어났고 잉글랜드도 예외는 아니었다. 루터의 종교개혁의 포인트는 사제들의 전유물이었던 라틴어로 된 성경 대신에 일반 국민이 이해할 수 있는 독일어 성경을 통해 신과 직접 소통한다는 것입니다. 이러한 유럽의 개혁 방향과는 다르게 토마스 모어는 정반대되는 행보를 보여주고 있다.

1530년 대법관(Lord Chancellor)으로서 토마스 모어는 일반인들의 영어판 성경에 대한 요구를 다음과 같이 묵살했다.

Lord Chancellor 토마스 모어의 선언(1530)

> "그같은 성경이 영어로 쓰여져서 일반인들의 수중에 있어야 할 필요는 없다. 그러나 이러한 성경의 배포나 그것의 허용 여부는 그것이 적절하다고 생각될 때 오직 지배자들의 판단 여부에 달려 있다." (모건 281)

이 선언이 의미하는 바는 종교의 권위를 성직자만이 독점하겠다는 중세시대의 사고를 보여준다고 할 수 있다. 이러한 종교관과 인문주의적 사고를 동시에 지닌 토마스 모어라는 인물은 흥미롭기도 하고 굉장히 모순적인 인물이라는 생각도 든다. 이러한 토마스 모어의 입장을 헨리 8세는 초기 앤 불린과의 결혼 문제가 본격적으로 불거지기 전에는 환영했다. 예전에는 헨리 8세도 열렬한 가톨릭 신자였기 때문에 1530년 이 선언 이후에 모어는 엄격한 검열 정책을 실시했고 외국에서 들어오는 영어로 쓰여진 책은 수입을 전면 금지시켰다. 종교의 쇄국 정책이라고 할 수 있겠지만 그러나 시대의 흐름을 막지는 못했다. 이미 1439년 독일에서 구텐베르그 금속활자가 발명되고 인쇄술의 발전으로 르네상스 기운으로 충만한 프로테스탄트 사상과 새로운 사상들이 서유럽 전역에 전파되는데 이것은 하나의 혁명이었다. 최근 어느 기사에 보면 인터넷에 이어 인쇄술이 인류가 발명한 최고의 발명품이라고 한다(*Intermediate Academic English*, 133). 이 인쇄술의 발명이 없었다면 종교개혁이 가능했을까? 역사를 되돌아보면 역사적인 사건은 단 하나의 사건 그 자체만이 갑자기 어느 순간 발생하는 것은 아니라는 생각이 든다. 헨리 8세의 이혼, 재혼과 잉글랜드 성공회 선포, 또 인쇄기 보급과 종교개혁, 『유토피아』에서 다루겠지만 산업화와 인클로져운동 등등 사건과 역사적 배경은 항상 연결되어있다.

다시 종교개혁으로 돌아가면 1517년 마틴 루터가 독일 비텐베르그 대학교 교회 정문에 95개조의 반박문을 게시하면서 가톨릭의 반성을 촉구한 후 그는 파문당하고 그로 인해 본격적인 종교개혁이 시작되었다. 물론 그 이전에도 유럽의 여러 지역에서 종교개혁 운동이 산발적으로 일어났고 잉글랜드도 예외는 아니었다. 토마스 모어 이전 이미 14세기에 존 위클리프(John Wycliffe, 1320~1384)가 라틴어로 된 불가타 성경(The Valgate)을 영어로 번역해서 대중들에게 널리 보급했는데 그는 불가타 성경을 영어로 번역한 죄로 사후 1415년 콘스탄츠 공의회에서 이단으로 판결 받고 그의 책들은 다 불태워졌으며 1428년에는 다시 한 번 종교재판에 회부되어 무덤이 파헤쳐지고 뼈까지 태워지는 일을 당한다. 이는 종교의 절대적인 권위에 대항하지 못하게 하려는 종교지배층의 강력한 경고이겠지만 이미 르네상스 정신에 충만한 유럽 전역에는 자국어 성경번역과 종교개혁의 기운은 대세였다. 이러한 역사적 배경을 보면 토마스 모어가 그토록 성경의 영어 번역을 반대한 이유에 대해서도 이해의 여지가 있을 것이다.

루터의 종교 개혁의 포인트도 사제들만의 전유물이었던 라틴어로 된 성경 대신에 일반인이 이해할 수 있는 독일어 성경을 통해서 신과 직접 소통한다는 것이다. 즉 라틴어는 그 당시 지식인들의 전용물이므로 요즘 시대의 말로 바꾸면 루터를 비롯한 성경을 자국어로 번역했던 사람들은 정보의 독점화를 해제하려는 시도를 했다고 볼 수 있다. 토마스 모어가 1516년 출간한 『유토피아』도 라틴어로 되어 있다는 점도 시사하는 바가 크다고 하겠다. 영어판 성경을 금지했던 토마스 모어가 1535년 처형당한 해에 이제 잉글랜드 성공회의 수장인 된 헨리 8세의 승인을 받은 마일스 커버데일(Myles Coverdale, 1488~1569)의 공식 영어판 성경이 출간된 것도 역사의 아이러니라고 볼 수 있겠다. 위클리프가 죽음을 무릎쓰고 영어 성경을 1382년에 출간한 지 150여 년 이후의 일이다.

다시 토마스 모어의 일대기로 돌아가서 지금까지 돈독하던 헨리 8세와의 관계가 어긋난 것도 종교적인 문제였다. 토마스 모어는 종교의 권위와 세속적인 권위는 구별되어야 하며 아무리 왕이라 하더라도 종교적인 문제에 있어서는 평신도에 속한다는 주장을 하는 반면에, 헨리 8세는 수장령을 통해 새로운 황제의 지위에 오르게 되고 잉글랜드의 종교 문제는 저 멀리 바티칸에 있는 교황이 아니라 잉글랜드 왕의 고유 권한이 되었다고 주장하는 점이다. 왕의 지상권은 신에 의해 부여되었다는 말이다. 이 지점이 종교와 정치가 합쳐지는 점이다. 따라서 토마스 모어는 1532년 대법관직을 사임한 뒤, 헨리 8세와 앤 불린과의 결혼식에도 참석하지 않았으며 앤 불린의 자손이 후일 왕위 계승자가 되는 것도 인정할 수 없다고 하였다. 따라서 토마스 모어는 왕실 반역죄로

1535년 처형된다. 처형 전 그는 자신의 종교적 신념을 지키며 "나는 국왕의 충신으로 죽지만 그 이전에 하느님의 종입니다."[1]라는 말을 남긴다. 뿐만 아니라 모어와 같은 입장을 지녔던 가톨릭 사제와 수도사 등이 대역죄로 아주 잔인하게 처형되었다.

역사를 돌아보면 모어가 인정하지 않았던 앤 불린 왕비의 딸인 엘리자베스가 여왕이 되어 45년간 잉글랜드를 통치하는 위대한 군주가 되었고, 반역 죄인으로 처형당했던 토마스 모어가 400년 후 1935년 가톨릭에서 정치인의 수호성인으로 시성된 사실은 참으로 역사의 아이러니라고 말하지 않을 수 없다.

본격적으로 작품 『유토피아』를 살펴보자면 『유토피아』가 1516년에 출간되었는데 그 이전에도 유토피아 사회를 추구하는 작품은 있었다.

『유토피아』(1516) 이전 유토피아를 추구하는 작품

- 구약성경 에덴 동산
- 플라톤의 『공화국』(BC 360년경)
- 신약성경 사도행전
- 성베네딕트 수도원 규칙 (6세기)
- 아메리고 베스푸치의 1차 여행 (1507)

『유토피아』 이전의 유토피아 문학

구약성경 창세기에 묘사된 에덴 동산, 플라톤의 『공화국』(BC 360년경), 신약성경의 사도행전, 6세기의 성베네딕트 수도원 규칙, 아메리고 베스푸치의 1차 여행(1507) 등 이 표에서 나타난 것보다 더 많은 유

1 http://www.catholicworker.kr/news/articleView.html?idxno=3349

토피아적 삶에 관한 이야기들이 있지만 눈에 띄는 사실은 토마스 모어의 『유토피아』 이전에는 종교적인 이상향을 그리고 있는 작품이 다수라는 점이다. 신과 인간의 관계가 완벽할 때 그것이 유토피아라는 사실은 아주 중세적인 개념으로 볼 수 있다. 이 표에서 언급하지는 않았지만 수도사들의 삶이 이상적 삶의 모델이 된 경우가 많은데 세속적인 욕망은 금기시하며 신과의 소통, 묵상, 사유 등에 일생을 바치는 삶이 이상적인 삶이라고 묘사되어 있다. 지금도 존재하는 폐쇄 수도원에서는 그러한 생활방식이 그대로 이어져 오고 있고, 21세기에도 사람에 따라서는 그러한 종교적 삶을 꿈꾸는 사람들도 엄연히 존재한다. 중세에서 근세로, 신에게서 인간에게로, 시대와 관심이 바뀌어지면서 이상적인 삶과 이상적인 사회에 대한 개념도 서서히 달라지는 점을 알 수 있다. 시기를 측정하기는 불가능하지만 종교를 배제하고 오롯이 문학의 눈으로 본 구약성경 역시 엄청난 스토리를 가진 이야기이다. 유토피아적인 시각으로 봐도 에덴동산에서의 삶은 인간이 누릴 수 있는 가장 이상적인 삶이라고 볼 수 있다. 그곳에서 쫓겨난 후의 인간의 삶은 타락하고, 카인과 아벨의 형제 살인사건과 소돔과 고모라의 비극과 같은 디스토피아 사회가 이어지는데, 따라서 앞서 언급한 유토피아와 디스토피아의 경계는 그리 멀리 떨어져 있는 것이 아니라는 생각이 든다. 『유토피아』 작품에도 언급되는 아메리고 베스푸치의 여행담은 1492년 콜럼부스의 신대륙 발견 이후 유럽대륙을 흥분과 호기심으로 몰고 간 신대륙 탐험에 관한 여행담이라고 볼 수 있다. 약간의 여행담과 거기에 덧붙인 과장, 민담, 신화 등이 어우러진 신대륙 탐험기는 당시에는 최고의 인기가 있던 읽을거리였다. 『유토피아』 이후의 유토피아를 추구하는 작품은 다음과 같다.

『유토피아』 이후 유토피아를 추구하는 작품

- 1534『가르강튀아』(프랑수와 라블레)
- 1602『태양의 나라』(토마소 캄파넬라)
- 1627『새로운 아틀란티스』(프란시스 베이컨)
- 1726『걸리버 여행기』(조나단 스위프트) 중 4부 휴이넘의 나라
- 1872『에레혼』(사무엘 버틀러)
- 1888『돌이켜보며』(에드워드 벨라미)
- 1890『유토피아에서 온 소식』(윌리엄 모리스)
- 1921『이상촌』(정연규)
- 1948『월든 투』(B. F. 스키너) Cf. 1854『월든』(헨리 데이비드 소로)
- 1965『완전사회』(문윤성)

『유토피아』 이후의 유토피아 문학

16세기 프랑스문학 『가르강튀아』에서부터 이탈리아 문학 『태양의 나라』, 17세기에서 19세기까지 이어지는 영국 문학, 20세기의 미국 문학, 한국문학에 이르기까지 이 책에서 다루는 작품들인데, 특이한 점은 한국문학 두 편은 SF장르의 작품들이라는 점이다. 특히 한국 최초의 SF 문학인 『완전사회』를 다루는 것도 의의가 있을 것이다. 20세기 이후 디스토피아를 다룬 어마어마한 분량의 영화들이 나오고 있지만 인공지능 AI, 과학, 의학 기술의 발전, 복제인간 등이 주요 주제가 되는 작품들은 유토피아보다는 디스토피아 문학, 디스토피아 영화 범주에 들어가는 것이 더 적합하다고 생각하고, 일부는 유토피아 이후 뒷부분에서 다룰 예정이다.

16세기부터 21세기에 이르기까지 각 시대마다, 문화마다, 나라마다 사람들이 꿈꾸었던, 그리고 꿈꾸는 유토피아를 살펴보는 것은 흥미롭

기도 하지만 의미 있는 공부라고 생각한다. 특히 작가가 어떤 인물이며 어떤 삶을 살아오면서 그러한 이상사회를 꿈꾸었는가에 관심을 가지고 작가와 시대적 배경을 좀 더 구체적으로 살펴보고자 한다. 토마스 모어를 설명하면서 많은 이야기와 설명이 덧붙여진 것도 그러한 이유에서이다.

작품 장르: 철학적 로망스

작품 구성: 잉글랜드의 무적왕 헨리8세 시대

1부: 화자 나(토마스 모어)와 친구 페터 힐레스(에라스무스의 제자)와 포르투갈 선원이자 아메리고 베스푸치의 여행에 참여했던 라파엘 히슬로다에우스와의 철학적 대화-역사적 현실을 다룸

2부: 라파엘 히슬로다에우스가 5년간 거주했던 유토피아 섬에 대해 설명 - 가상의 세계

마무리: 토마스 모어의 논평

이 표는 간단하게 작품의 구조를 설명한다. 문학의 장르, 작품의 시대 배경, 구성 즉 1부와 2부로 나누어져 있으며 우리가 일반적으로 유토피아라고 하면 가상 세계를 그리고 있는 2부를 일컫는 경우가 많다. 표에서 볼 수 있듯이 작품의 시대 배경이 헨리 8세 시대인 점, 친구 페터 힐레스가 에라스무스의 제자로 설정된 점, 유토피아 섬에서 5년간 거주한 경험을 이야기 해주는 라파엘 히슬로다에우스라는 인물, 그 인물은 토마스 모어의 목소리인, 문학에서는 작가의 voice라는 용어를 쓰는데, 결국 작가 자신인 셈이다. 그 가상의 인물이 포르투갈 사람이란 점, 그래서 포르투갈이 그 당시 해상의 패권을 장악하고 전 세계에 식민지를 건설하던, 그래서 아메리카대륙도 발견하고 아메리고 베스푸

치의 여행도 가능하게 했던 나라이며 따라서 라파엘 히슬로다에우스도 그 여행에 따라갔던 인물이라고 설정한 점 등은 동시대 독자들에게 이야기의 진실성이랄까 그런 것을 보장해주려는 장치라고 볼 수 있다. 다음 그림은 『유토피아』 표지인데 유토피아 섬의 지도를 잘 살펴볼 필요가 있다.

유토피아 1516 〈위키피디아 Public domain〉

삼각형 모양의 섬의 크기는 그 당시 잉글랜드의 면적과 유사하며 중앙에 위치한 수도인 아마우로톰은 그리스어로 '검은 도시'라는 뜻으로 런던을 의미하기도 하지만 '환상의 도시'라고도 이해할 수 있다. 이러한 의미는 가상의 섬 유토피아도 잉글랜드에서 펼칠 수 없는 이상사회로의 꿈을 역으로 보여준 것이라는 점이 명백하다.

* 유토피아 사회 정리

섬의 크기는 잉글랜드와 유사
수도인 아마우로톰(안개 낀 도시)은 런던을 의미
1) 인구: 10만 명, 가족 단위, 50가구가 하나의 커뮤니티 형성(cf. 『월든 투』)
2) 정치: 선출된 시포그란투스가 모여 평의회 구성 → 추천받은 4명 중
1명이 왕이 됨
3) 군사: 자폴렛이라는 용병
4) 경제: 화폐는 없으며 똑같은 집에서 살고 자물쇠가 없음
시장에서 필요한 물건을 가지고 가며 10년마다 이사

5) 법: 간통과 섬 탈출하면 노예로 전락

6) 노동: 오전 3시간, 오후 3시간 → 노동 후 문화센터에서 맞춤 강좌
2년간의 농사일은 의무

이 표에서 정리한 내용은 작품의 2부에서 묘사된 유토피아 사회의 특징을 요약한 내용인데, 이 작품에 대한 설명과 분석, 비판은 철학자, 사회학자, 역사학자, 문학가에 따라 포커스가 다르고 그만큼 다양하다.

독자는 유토피아섬의 시스템에 관해 정치, 군사, 법, 노동문제 등에 관해 각자 전공과 관심사에 따라 흥미를 가지는 부분은 다르겠지만, 필자는 이 작품에서 경제와 노동은 같이 묶어서 볼 수 있는 문제이고 헨리 8세 시대, 당시 16세기의 잉글랜드의 경제, 산업과 매우 연관성이 있다고 생각하므로 조금 자세하게 살펴보겠다. 이 표에서 경제 부분은 화폐가 없고 똑같은 집에서 자물쇠도 채우지 않으며 필요한 물건이 있으면 시장에 가서 필요한 양만 가져오면 된다고 정리했다. 그리고 그 섬에서는 필요한 농산물을 얻기 위해 누구든지 2년간 농촌에서 살며 농사를 짓고 다시 2년을 도시로 나가는 순환구조로 되어 있다. 농촌의 여유롭고 한가한 생활에 매료되어 농촌에는 더 머물 수는 있지만 도시에 2년 이상 더 머물 수는 없는 구조이다. 그리고 집도 계속 한 곳에 거주하는 것이 아니라 10년 마다 이사를 한다. 노동은 오전 3시간, 오후 3시간 일한 후 저녁에는 문화센터에서 교양을 쌓는 강좌를 듣거나 독서를 하는, 말하자면 시민교육에 초점을 맞추는 시스템이다.

노동문제를 보면 공동 생산, 공동 분배, 공동 소유라는 원칙이 보이는데 19세기 마르크스, 엥겔스가 꿈꾸었던 이상적인 공산주의 사회의 기

초도 이곳에서 시작된 것이 아닐까 한다. 아니 조금 더 확대하면 모든 사회주의적인 이상사회의 모델을 『유토피아』에서 찾았다해도 과언이 아니다.

그럼 노동에서 제외되는 사람은 있을까? 정치지도자인 시포그란투스는 노동에서 면제받지만 그 특권을 이용하지 않고 오히려 더 열심히 일한다. 노블리스 오블리제의 전형이라고 볼 수 있다. 그리고 연구에 전념하는 학자들도 노동 면제를 받는데 만일 성과를 내지 못하면 다시 일반 시민으로 돌아가서 의무를 다해야 한다. 반면 일반인 가운데서도 여가 시간에 연구를 하여 좋은 결과를 내면 노동을 면제받고 학자 계층으로 상승하기도 한다. 오늘날로 보면 계층 이동의 사다리가 존재한다고 볼 수 있겠다. 그러나 이 섬에도 계층은 존재하고 일반 시민들은 평등한 지위와 권리, 의무를 누리지만 간통과 같은 범죄를 저지른 범죄자와 섬을 탈출하려는 시도를 한 자는 노예로 전락하여 시민들이 금기시하는 가축의 도살과 내장처리일 등을 맡는다. 인간의 친구인 짐승을 도살하면 인간의 최상의 감정인 연민(compassion)이 파괴된다는 근거에서다. 그러니 계층의 구분은 확실하다. 노예는 같은 인간으로 보지 않는다는 말이고 유토피아인들에게는 금기시되는 일도 노예에게는 의무로 지워지는 일이다. 이는 16세기 잉글랜드의 신분 사회의 공고함을 엿볼 수 있는 대목이다.

특히 경제와 관련하여 재미있는 부분은 금과 은, 진주와 같은 보석의 문제인데, 범법자들은 금귀고리와 금목걸이, 경우에 따라서는 금관을 써야하므로 몸에 금장신구를 걸치고 있다는 것은 범법자라는 사실을 눈에 띄게하여 사회에서 일반 시민과 범죄자를 분리한다는 점이다.

그러니 보석을 최대한 조롱거리로 만들어서 보석에 대한 욕망을 애

초에 차단시킨다. 의복도 마찬가지로 16세기 당시 잉글랜드에서는 값진 모직물에 대한 수요가 폭발하여 큰 문제가 야기되었는데 유토피아 사람들은 작업복으로는 가죽옷을 7년씩 입고 평소에는 아마 옷, 즉 삼베옷과 외출용 모직 외투 한 벌이면 충분했으며 그 한 벌을 2년 동안 입는다.

유토피아섬에서 본 공동생산, 공동사회의 이상적 모델은 실제로 영국에서는 로버트 오웬, 프랑스에서는 생시몽백작과 같은 사상가들이 실험한 새로운 커뮤니티, 공상적 사회주의 사상에 영향을 끼쳤으며 마르크스, 엥겔스의 공산당 선언에서 밝힌 생산수단과 사회적 공유라는 개념에도 영향을 미쳤다. 특히 1948년 하버드 대학교의 스키너 박사의 『월든 투』 공동체에서 구현하는 이상적 사회는 유토피아의 가족/커뮤니티 개념에서 아이디어를 빌어온 것으로 해석이 된다. 결론적으로 『유토피아』는 사회풍자소설로서 사유재산제도폐지와 도덕 혁명을 주장하고 있다.

여기에서 모직 옷과 관련된 모직물 공업에 관한 이야기를 잠깐 하도록 하자. 우리가 일반적으로 알고 있는 1차 산업혁명은 영국에서 시작되었고 제임스 와트가 1769년 증기기관을 발명한 때를 그 시작으로 알고 있다. 그리고 현재는 4차 산업혁명의 시대라고 한다. 그러나 그 이전 시대 16세기 토마스 모어 시대로 돌아가보면, 작품에는 다음과 같은 표현이 있다.

> "양들은 언제나 온순하고 아주 적게 먹는 동물이었습니다. 그런데 이제는 양들이 너무나도 욕심 많고 난폭해져서 사람들까지 잡아먹는다고 들었습니다. 양들은 논과 집, 마을까지 황폐화시켜버립니다." (27)

특히 대귀족과 하급 귀족, 심지어는 성직자들까지 조상에게서 물려받은 땅에 만족하지 못하고 나태와 사치 속에 사는 것을 넘어서 이제는 적극적으로 악행을 저질러 땅을 자유롭게 경작하도록 두지 않고 목축을 위해 울타리를 친다는 내용이다. 이 부분은 자주 인용되는 구절인데, 양들이 사람을 잡아먹고 마을을 황폐화시킨다는 표현은 비유적으로 "인클로저 운동"(Enclosure Movement)을 지칭하는 말이다.

인클로저 운동 〈출처: 한경닷컴, '[경제사 다시 보기](13) 인클로저의 진실..지주들의 욕심이 '규모의 경제' 이끌었다', 허구생서강대 국제문화교육원장, 2010.8.6.〉

"울타리치기 운동"이라고 쉽게 풀어쓸 수 있는데 13세기 잉글랜드에서 시작된, 소규모 토지를 대규모 농장에 합병하는 법률적 절차를 의미한다. 이는 목축업의 자본주의화를 위한 경작지 몰수로 요약할 수 있다. 즉 목축업이 발전하고 고급 양모에 대한 수요가 급증하며 모직물 공업이 활발해짐에 따라 봉건 영주들은 이전 농민들이 농사를 짓던 땅에 울타리를 치고 농민을 쫓아내고 대신 수익률이 높은 양을 키우는 상황이라는 것이다. 도시에서의 모직물 직조와 공업이 발전됨에 따라 산업혁명이 진행되고 있으며 잉글랜드 사회 전반에 엄청난 변화를 가져왔다. 그래서 순한 양이 사람을 잡아먹는다는 표현을 한 것이다.

울타리치기 상황은 이해하기 쉽지만 농사를 짓던 땅에서 쫓겨난 농민들은 거리의 부랑자로 내몰렸는데 그 당시 법은 농민들이 자신의 고용주를 만나지 못하면 매를 맞거나 단순절도죄로 처형당하기도 하는데 대량 실업자, 부랑자들이 발생한 것이다. 농촌 탈주(rural exodus) 현상이라고 불렸던 상황에서, 땅에서 쫓겨난 농민들은 사회문제를 야기하고 일자리를 찾아 도시로 이주함에 따라 도시의 빈민가화와 삶의 질 저하 현상이 이어지고 이것은 19세기까지 이어진다.

이와 같은 당시 잉글랜드 농민들의 처참한 생활상은 개인의 불행이라기 보다는 사회적 책임이 크다고 생각한 토마스 모어는 공동생산, 공동분배의 사회주의 나라, 주민이 자치권을 가진 이상적인 사회를 그리면서 자신의 시대를 비판하고 인간 중심의 르네상스정신을 이어받아 기득권층에 이상적 국가상을 제시했다고 볼 수 있다. 이런 점에서 이 작품을 르네상스적인 작품이라고 부른다.

농민들의 처참한 생활상에 분노한 모어는 인클로져 운동도 비판하고 기득권층도 비판하며 하루 6시간의 노동이 가능한 사회를 제시했다. 그럼 이번에는 정치체제도 살펴보자.

앞서 다룬 정치 체제는 선출된 200명의 시포그란투스가 모여 평의회를 구성하고 도시의 네 구역에서 한 명씩 추천한 후보 네 명 가운데 한 명이 왕(혹은 로마시대의 원수 Princeps의 개념)이 된다고 정리했다.

이렇게 선출된 왕은 폭군이 되려하는 조짐이 없는 한 종신직이 된다. 또한 공무에 관한 일은 반드시 원로원이나 민회 바깥에서 의논하는 것이 금지된다. 이 부분이 매우 인상적인데, 바깥 지금으로 말하면 공식적인 회의 이외에서 공무를 논의하면 사형에 처해진다는 부분이다. 이러 규칙은 왕과 공무원이 공모해서 정부를 바꾸고 시민을 노예화하려는 의도를 막기 위한 것이라고 한다. 민주주의, 현재의 민주주의 개념은 아니지만 어쨌든 민주적인 절차와 시민들의 자유를 지켜주는 것이 목적인 정치체제는 지금 봐도 16세기적 아이디어가 맞는지 놀라울 따름이다. 비교적 짧은 분량이지만 헨리 8세 절대 왕정 치하에서 시민의 자유와 권리에 대한 담론은 그 자체로도 의미가 있다.

또한 종교문제에 대해서 살펴보면, 토마스 모어는 프로테스탄트를 탄압하고 이단 심문관으로서 직접 사형을 집행하기도 했다. 철저한 가톨릭 신봉자로서 죽음으로 신앙을 고수한 인물이지만 작품 내 유토피아 사람들의 종교는 오히려 초기 형태의 종교의 성격을 보여주고 있다.

> "유토피아에는 다양한 종교들이 있지만 모두 신의 본성에 대한 경배라는 한 가지 점에서는 일치합니다. 이들은 여러 길을 통하여 한 가지 목표지점을 향해 나아가는 여행자들과 같습니다. 그러므로 교회에서는 모든 종교에 합치되는 내용만 보거나 듣게 되며, 어느 종파가 그들만의 독특한 의식을 행하고자 한다면 가정에서 해야 합니다. 따라서 교회에서는 신의 이미지를 따로 정하지 않습니다. 각자 마음의 열망에 따라 자기가 원하는 대로 신의 모습을 형상화할 수 있습니다." (146-7)

여기서 말하는 종교나 교회는 가톨릭을 말하는 것이 아니며 원시시대의 다양한 자연신을 일컫는 듯한 종교를 제시한 목적은 이 섬에서는 자신들이 원하는 대로 종교를 가질 수 있는데 왜 섬 밖의 사람들은 굳이 개신교를 믿겠다고 하는 것일까라는 질문을 우회적으로 한 것이다.

한편 유토피아인들의 종교 원칙은 인간의 영혼은 불멸이며 신의 선함에 의해 태어날 때부터 행복을 지향하게 되어 있다는 것이다. 따라서 모든 사람들은 행복해지기 위해서 쾌락을 추구하는데 술이나 도박 같은 작은 쾌락은 지양하고 더 큰 쾌락, 즉 지극한 선으로 사람들을 이끌어가는 도덕적 품성을 함양하는 것이 가장 큰 쾌락이며 최고로 높은 경지의 쾌락, 도덕이라는 것이다. 즉 현실의 삶, 육신의 쾌락을 추구하던 삶에서 영적인 가치를 추구하는 삶으로의 변화를 주장하고 있다.

그러면 이 사회가 정말 완벽한 사회일까? 한번 생각해 보자.

불완전하다고 생각되는 요소들은 어떤 것이 있지?

유토피아는 자유와 민주적 체제를 누리지만 한편으로는 엄격한 통제를 받는 사회이며 주민들은 이 섬을 벗어나지도 못한다. 전쟁의 위험이 언제나 도사리고 노예가 존재하는 계급사회이기도 하다. 유토피아 사회는 1부에서 토마스 모어와 친구 페터 힐레스, 소개받은 라파엘 히슬로다에우스가 나누는 철학적 토론에서 제기되었던 현실의 문제점에 대한 대안으로서의 역할을 한다. 이 사회는 이상적인 사회가 아니며, 이상을 향해 진행 중인 사회라는 것이다. 불완전하지만 아름다운 사회이며 희망이 필요한 곳이라는 것이다. 그러므로 2부 말미에 라파엘이 유토피아 섬에 대한 이야기를 마쳤을 때 토마스 모어가 다시 나타나서 논평을 한다.

> "비록 그(라파엘)가 의심할 바 없이 대단한 학식과 경험을 가진 것은 분명하지만, 나는 그가 말한 모든 것에 동의할 수는 없다. 하지만 고백하건데 유토피아 공화국에는 실제로 실현될 가능성은 거의 없지만 어쨌든 우리나라에도 도입되었으면 좋겠다고 염원할만한 요소들이 많다고 본다." (155)

1부에서 철학적 담론을 하다가 2부에서는 라파엘이 이야기를 하고 다른 사람들은 경청을 하며 마지막에는 갑자기 주인공 화자가 다시 등장하는 점이나, 지금까지의 이야기가 허황된 공상의 성격이 있다고 천명하는 점 등을 보면 이와 같은 구조는 중세의 흔적이 남아있는 로망스물이라는 느낌을 준다.

결론적으로 『유토피아』는 사회풍자소설로서 사유재산제도폐지와 도덕 혁명을 주된 주제로 다루며, 현실사회를 비추는 거울과 같다고 볼 수 있다. 1부에서 디스토피아와 같은 사회를 보여주며 2부에서는 그 사회를 개선시킬 수 있는 대안을 제시하고 있다.

마지막으로 작품의 장르에 대해 알아보자. 일반적으로 『유토피아』를 소설이라고 부르지만 철학적 로망스라고 분류하는 것이 맞다. 왜냐하면 16세기 특히 헨리 8세 시대는 영문학사에서 시와 희곡의 시대이다. 헨리 8세와 앤 불린의 딸 엘리자베스 여왕의 재위 시대(1558~1603)가 셰익스피어의 전성시대인데, 문학 장르로서의 소설의 시작은 18세기 즉 다니엘 디 포의 『로빈슨 크루소』(1719)와 조나단 스위프트의 『걸리버 여행기』(1726)라고 볼 수 있다. 소설 이전에는 소설의 전 단계라고 볼 수 있는 로망스의 출현인데 로망스는 시나 희곡과 다르게 서사 즉 이야기가 있기는 하지만 영웅과 기사들의 모험담과 사랑 이야기를 다룬 공상적인 통속 이야기라고 설명할 수 있다. 따라서 유토피아라는 공상의 섬 이야기도 로망스에 속한다고 볼 수 있지만 현재는 『유토피아』가 일반적으로 소설로 분류되지만 영문학에서는 철학적 로망스로 분류되고 있다.

『유토피아』가 지니는 가장 큰 의미는 16세기 왕정시대에 인문주의자인 작가가 민주적 정치체제, 공동 생산, 공동분배, 공동 소유라는 사유재산제도 폐지를 다루었다는 점이다. 16세기인 1516년이라는 시기에 인문주의적 정신이 구현된, 시대를 앞선 생각을 했다는 점이 가장 뛰어난 점으로 볼 수 있다.

02

프랑스식 유토피아 『가르강튀아』, 『팡타그뤼엘』

프랑수아 라블레 〈위키피디아 commons〉

시기적으로 『유토피아』(1516)와 가장 가까운 시기에 출간된 1534년 작품 『가르강튀아』의 저자인 프랑수아 라블레(François Rabelais, 1483~1553)는 토마스 모어와 마찬가지로 15세기 후반 1483년에 태어나서 16세기에 활동한, 즉 르네상스 인문주의의 영향을 받은 작가이다.

이탈리아에서 시작된 르네상스는 프랑스에는 비교적 늦게 그 영향이 퍼져나갔는데, 독일에서 1517년 종교개혁이 시작될 즈음 프랑스에선 르네상스가 비로소 전성기를 맞이하게 되었고 그 시기가 라블레가 활동하던 시기이므로 가장 대표적인 프랑스 인문주의자가 프랑수와 라블레라고해도 맞는 말이다. 그를 설명하는 말은 수도자, 의사, 작가, 다 해당되는데, 그의 생애를 살펴보기 전 시대 배경부터 알아보자. 토마스 모어와 헨리 8세의 관계를 이해하는 것이, 또 헨리 8세의 잉글랜드 성공회 선언이 잉글랜드, 나아가 영국의 역사에 엄청난 영향을 끼쳤다는 점이 모어의 『유토피아』 이해도를 높인다는 점을 이야기했는데, 마찬가지로 라블레의 활동 시기에 프랑스의 정치적 배경을 알아보는 것이 작가 라블레뿐만 아니라 그의 작품을 이해할 수 있는 통찰을 제공해준다.

잉글랜드에는 헨리8세의 딸인 엘리자베스 여왕이 있었다면 프랑스에는 카트린 드 메디치 왕비(1519~1589)가 있다. 카트린 드 메디치란 뜻은 메디치 가문의 카트린이란 뜻으로 물론 여왕은 아니지만 왕비에 즉위하고 이어서 샤를 9세의 섭정을 맡았으니 정치적으로 매우 중요한 인물이었다. 메디치 가문이라는 말은 아마도 한 번 쯤은 유럽을 배경으로 하는 소설이나 영화에서 들어본 적 있을 것인데, 이탈리아의 피렌체에서 시작된, 한때는 유럽의 가장 부유한 가문이었다. 피렌체가 상업이 발달했으므로 장사를 통해 엄청난 부를 축적한 가문으로 유럽 전역에 걸쳐 왕실과 혼인을 맺으며 정치적인 영향력도 발휘한 가문이었으나 카트린의 시대에 이르러서는 기울어가는 가문이었다. 프랑스의 왕 프랑수아 1세(1494~1547, 재위 1515~1547)는 항상 이탈리아적인 것을 동경하는 왕이어서 메디치 가문의 카트린을 며느리로 삼고 싶어 했고, 종교적으로는 독실한 가톨릭이고 자신이 가톨릭의 보호자로 자처했지만 이탈리아의 르네상스 문화를 사랑하여 레오나르도 다빈치를 후원하였고 그를 프랑스로 불러들여 그림을 그리고 여생을 보내도록 저택까지 제공했다. 그 보답으로 다빈치는 모나리자를 비롯한 자신의 그림을 프랑스로 가져와서 왕에게 선물했고 지금도 파리의 루브르 박물관에 전시되어 있다.

다시 카트린 드 메디치로 돌아가면, 비록 부모가 일찍 사망했지만 메디치가문의 정통 후계자인 카트린은 집안 어른들의 도움으로 로마에서 당대 최고의 교육을 받은 교양 있는 여성으로 명성이 높았다. 이 표에서 보듯이 그 당시 219대 교황인 클레멘스 7세도 메디치 가문이었다.

프랑수아 1세로서는 교황이라는 든든한 배경과 메디치가문의 부, 카트린이라는 교양 있는 여성 모두가 마음에 들었지만 그러나 왕실의 결혼은 왕실끼리만 이루어지는 것을 보면 상인의 딸은 프랑스왕실의 품격에 맞지 않다는 반대 여론이 있었다. 그러자 프랑수아 1세는 왕위를 이을 장남 프랑수아가 있고 차남 앙리와 카트린을 결혼시키면 프랑스의 왕비가 아니라 그냥 공작부인으로 머물 것이라고 설득해 이 혼사를 성공시킨다.

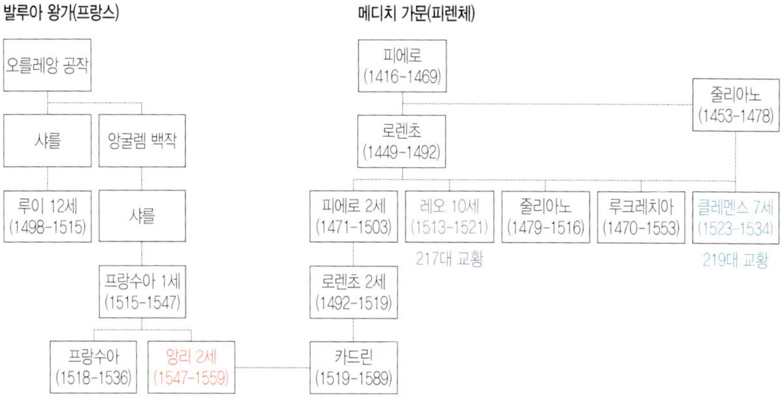

프랑스 왕가 가계도

그런데 왕세자인 프랑수아가 갑자기 사망하게 되어 둘째 왕자 앙리가 아버지 프랑수아 1세의 뒤를 이어 앙리 2세로 즉위하게 된다. 따라서 카트린도 예기치 않게 왕비가 되지만 앙리 2세는 1547년 즉위한 후 1559년 갑자기 급사한다. 앙리 2세와 카트린 왕비의 장남인 프랑수아 2세가 15세의 어린 나이로 1559년에 즉위하였지만 다음 해인 1560년에 사망하고 차남인 샤를 9세가 열 살의 어린 나이로 왕이 되고 어머니인 카트린이 섭정을 하게 된다. 이때부터 프랑수아 2세의 후원자였던, 카트린과는 사이가 좋지 않던 기즈 가문에서 세력의 중심이 메디치 가문으로 이동한다. 그 후 십여 년을 카트린 드 메디치의 시대라고 한다.

따라서 라블레가 활동할 당시의 프랑스는 프랑수아 1세에 이어 카트린 드 메디치의 시대라는 사실이다. 그런데 1517년 마틴 루터의 종교개혁 이후 프랑스에서도 개신교, 특히 칼뱅주의를 따르는 신교도와 로마가톨릭의 대립이 격화되고 있었다. 특히 1534년 프랑스 신교도들이 가톨릭교회의 미사 의식을 비판하는 격문을 프랑수아 1세의 침실 문에 붙이는 사건까지 일어났다. 되돌아보면 이 시기는 유럽 전체에 종교개혁의 바람과 인문주의 물결이 함께 소용돌이치던 시기였다.

그런데 앞 설명에서 보듯이 이탈리아 르네상스 본거지 출신이자 교황을 배출한 가문이기 때문에 카트린에게는 가톨릭의 영향과 르네상스의 문화적 배경이 함께 존재한다는 것이다. 카트린은 섭정을 시작하면서 인문주의자인 로삐딸 대법관의 도움을 받아서 대담한 종교 화해정책을 펼치는데 감옥에 투옥된 개신교도들을 석방하고 처형을 금지하는 등 이 시대만큼은 종교 갈등이 극단으로 치닫지는 않았다.

우연히도 비슷한 시기의 잉글랜드의 엘리자베스 여왕도 즉위한 뒤 이복 언니인 메리 여왕이 피비린내 나는 개신교 탄압에 대한 복수로 가톨릭탄압이 이어질까 국민들이 두려워했지만 오히려 여왕은 종교적 유화 정책을 펴서 여왕의 재위기간 45년 동안 잉글랜드에는 종교 갈등을 겪지 않았던 것과 마찬가지로 카트린의 시대에서도 종교 갈등은 크게 불거지지 않았다. 라블레의 작품 발표 시기까지 이런 시대의 분위기가 라블레의 행적에서도 여실히 드러나고 있다. 이제 라블레의 생애를 살펴보자.

1483년(?)	출생
1510년	프란체스코 수도회 소속 수도원(퓌 생 마르탱 수도원) 입회 그리스어, 고전 연구 인문주의 사상에 심취
1523년	베네딕트 수도회 소속의 생 피에르 드 마이유제 수도원으로 이적
1530년	몽펠리에대학에서 의학공부 시작
1532년	리옹의 퐁 뒤 론느 시립병원 의사 『팡타그뤼엘』 출간
1534년	『가르강튀아』 출간
1535년	교황의 사면으로 수도원에 귀속
1537년	몽펠리에에서 의학 박사학위
1540년	사생아 아들 프랑수아와 딸 쥐니를 적법한 자식으로 인정받음
1547년	벨레 추기경 수행
1553년	사망

위에서 보듯이 라블레는 1483년에 태어났다고 하지만 확실치는 않다. 연구자에 따라 출생 시기가 10년씩이나 차이가 나기도 하는데, 이는 1510년 수도사가 되기 전의 행적과 기록이 충분하지 않기 때문이다. 수도사가 될 때의 나이가 27세면 너무 늦은 나이인 것 같으니, 출생이 10년 후인 1493년이란 주장도 설득력이 있다. 아버지는 변호사인데 부모의 재산은 장자에게 상속되는 그 당시 법으로 인해 둘째 아들인 프랑수

아는 수도사의 길을 택했다. 영국에서는 '장자상속제'로 불리는 이 법은 장자 이외의 다른 아들들은 직업을 구하거나 수도사가 되는 것이 그 당시의 일반적인 상황이었다. 1510년 프란체스코 수도회 소속의 수도원에 들어가는데, 퐁트네 라 콩트에 있는 퓌 생 마르탱 수도원으로 추측된다. 여기서 프란체스코 수도회라는 점이 중요한데, 이 수도회는 엄격한 금욕주의를 강요하고 중세 시대의 전통을 그대로 답습하여 자유로운 학문연구를 금지한 아주 보수적인 교단이었기 때문이다. 13세기 초 성인으로 추대된 아시시의 프란체스코가 창설하여 청빈과 순명을 주장하여 가톨릭교회의 개혁에 앞장선 교단이었지만, 시대가 변화하는데도 같은 계율과 형식을 고집하고 정체됨으로써, 16세기 초에는 오히려 '시대착오적인' 교단으로 여겨졌다.

이러한 보수적인 분위기에도 불구하고 라블레는 이 수도원에서 그리스어를 공부하고 고전연구에 몰두하며 법률가들로 구성된 지적인 사교모임에 참여하며 인문주의 사상에 심취한다. 이 시대에 프랑스에도 점차 확산되는 종교개혁의 움직임에 위협을 느낀 소르본 신학부는 수도원에서의 그리스어 공부를 금지시켰다.

이탈리아에서 시작된 르네상스 인문주의는 그리스, 로마의 고대문화와 고전을 연구하며 신 중심의 중세 시대를 벗어나 인간 중심의, 인간다움을 추구하는 하나의 문화 운동이므로 그리스어를 공부한다는 것은 정신의 자유로움, 인간다움을 추구한다고 볼 수 있다. 이는 수도사의 삶과는 괴리가 있는 것이 틀림없다. 따라서 라블레도 자신이 가지고 있던 그리스어 책들을 모두 몰수당하기도 했다.

이러한 일련의 사건을 겪은 라블레는 교황에게 청원하여 고전연구에 비교적 관대한 베네딕트 수도회 소속의 생 피에르 마이유제 수도원으로 이적한다. 베네딕트 수도원의 원장 데스티삭은 인문주의자였고 신학문과 고전연구에 관대한 인물이었다. 수도원 원장의 인문주의적인 태도와 신학문 연구 분위기에서 라블레는 후일 작품을 쓰게 될 지적 자양분을 습득했다.

중세와 르네상스 시대의 가장 큰 차이점 중의 하나는 육체를 바라보는 관점인데, 중세 시대에는 인간의 육체는 영혼의 정화나 구원을 위해 억누르고 천대해야하는, 말하자면 영혼에 종속되어있는 부속물처럼 여겼다면 영혼과 육체의 중요성을 같이 보고 육체적 존재로서의 인간에 대한 인식이 발전했다는 점이 바로 르네상스적인 관념이었다. 달리 말하면 영혼에서 육체가 독립하는 것이 중세를 벗어나는 통로라고 하면 이해에 도움이 될 것이다.

내세를 강조하는 신 중심의 사고가 지배적이었던 중세를 벗어나서 1차 세계 대전 시기를 기점으로 하는 근대가 시작하기 전의 중간 시기를 서구 사회에서는 근세(early modern period)라고 한다. 중세에서 근세로, 신 중심에서 인간 중심으로, 영혼을 강조하는 데서 육체의 중요성도 강조하는 것 이런 특징이 중세와 근세의 차이점이다. 그렇다면 현세를 존중하는 인간중심의 사고가 르네상스 문학의 주요 주제가 되고 따라서 이 시기의 문학, 혹은 글들은 이러한 정신을 구현하고 있다. 인간 육체의 중요성에 대한 인식이 확장되면서 인간이 먹고, 마시고, 배설하는 문제도 아주 중요하게 다루어진다. 금욕적이고, 비육체적인 것 즉 정신적인 것을 강조하는 중세의 관념과는 다르게, 육체적 존재로서의 인간에 대한 인식이 드러난다는 것이다. 따라서 『가르강튀아』를 읽어보면 먹고 마시고 배설하고 출산하는 문제가 너무나 과장되어 서술되고 있다는 것을 보고 놀라게 된다. 그것도 보통 평범한 인간이 아니라 거인이 주인공이 되어서. 따라서 이 작품을 처음 대하면서 "왜 거인인가?" 또한 "왜 이렇게 과장되어 있는가?"라는 의문을 가지게 되면, 그 질문에 대한 대답이 바로 중세를 벗어나는 통로가 된다고 볼 수 있다.

토마스 모어의 『유토피아』가 왕정 시대에서 공동생산, 공동분배, 공동 소유의 사유재산제 폐지나 평등한 시민사회에 대한 이상향을 그렸다면, 라블레의 『가르강튀아』는 훨씬 더 문학적인 요소가 가미되어 있는 서사이며 근세의 르네상스 정신을 몸으로 구현했다고 볼 수 있다. 작품에서 묘사된 인간의 육체에 대한 과장된 묘사는 라블레가 의사였기 때문이라고 생각한다. 인간의 몸에 대한 정확한 지식이 있었으므로 신체 묘사를 그토록 적나라하게 설명할 수 있었다.

그런데 이 지점에서 그 당시 의학은 지금 우리가 생각하는 과학으로서의 의학이 아니라 인문주의와 동일시되는 개념이었다. 앞서 설명한 중세와 근세의 가장 큰 차이가 인간의 육체를 규정짓는 개념이라고 설명했는데 이와 같은 관점에서 보면 의학은 즉 인간의 육체를 정밀하게 탐구하는 학문은 그야말로 중세와는 거리가 먼 근세의, 르네상스 정신을 구현하는 학문이라고 말할 수 있다.

따라서 르네상스 정신에 심취한 학자, 지식인층은 자연히 의학에 관심을 가지게 되었고 의학 공부가 마치 그 시대의 키워드 같은 것이었다. 그러니 고전 공부와 르네상스 정신으로 충만한 라블레가 의학에 관심을 가지게 된 것은 당연한 일이다. 법률과 신학을 공부한 라블레는 이제 의학에 관심을 가지게 되었고 의학을 공부하기 위해서 수도원을 나와 재속(在俗) 사제의 신분으로 그 당시 가장 유명한 의과대학인 몽펠리에 의대에 입학한다. 재속 사제란 말은 말 그대로 속세에 머무는 사제라는 뜻으로 수도원에 머물거나 교회에서 활동하는 대신에 일반인과 같은 생활을 하는 사제이다.

유럽에는 이미 11세기에 이탈리아의 볼료나에 최초의 대학이 설립되었고 몽펠리에 의과대학 역시 명성이 높은 학교였다. 문헌상으로 1530년 9월에 의대에 진학한 라블레는 몇 달 후 1530년 12월에 이미 의학 일반 교육을 마치게 된다. 라블레는 이미 수도원에서 고전연구를 통해 히포크라테스 시대의 고대 의학에 관한 기초적인 공부를 마친 것으로 짐작된다. 그리고 1532년 리옹의 퐁 뒤 론느 시립병원에서 의사로 근무하며 『팡타그뤼엘』과 『가르강튀아』을 집필하면서 본격적인 작가의 삶을 시작한다. 어쨌든 라블레는 의사로서, 인간의 신체에 대해 해부학적 지식과 질병에 관한 지식이 모두 작품에 반영되어 있고, 그러한 작품은 인간 육체의 소중함이 드러난 르네상스 문학이라는 점이 핵심이다. 그렇다면 유토피아 주제는 어디에 있을까. 정신에서 육체로, 인간이 인간의 신체를 중요하게 인식하는 그 지점이 바로 중세에서 해방된 유토피아의 세계라고 볼 수 있다.

가르강튀아 〈위키피디아 Public domain〉

시립 병원에서 의사 일을 하던 당시에도 라블레는 고전의학서를 번역함으로써 의학이 인문주의의 핵심임을 몸소 실천했다. 의학은 그 당시 백과사전적 지식이 요구되는 그야말로 '신체의 구원'을 이루는 방법이었기 때문에, 유럽의 인문주의자들이, 특히 네델란드의 에라스무스와 같은 인물은 가톨릭 사제로서 인문주의를 보급하는 것과는 달리 라블레는 사제로서가 아니라 의사로서 인문주의를 실천한 것이다. 그의 창작은 그 자체가 인간에 대한 새로운 지식의 보급과 확산인 셈이다. 1532년 라블레는 그 당시에 유행하던 작자 미상의 대중소설인 『가르강튀아 대연대기』를 참고하여 거인의 아들 이야기를 다룬 『팡타그뤼엘』을 출간한다. 그리고 2년 후인 1534년에 팡타그뤼엘의 아버지 이야기인 『가르강튀아』를 출간하는데 이때의 가르강튀아는 그 이전의 『연대기』에 나오는 이야기와는 전혀 다른 이야기이다.

앞서 『가르강튀아』를 처음 읽으면 당혹감을 느낄 것이라고 이야기했는데, 서문에서부터 "고명한 술꾼 그리고 고귀한 매독 환자 여러분"에게 바치는 글은 외설적이고 노골적인 묘사와 소크라테스, 플라톤, 일리아스, 오디세이아 등에 이르기까지 현학적 지식의 과시, 여러 가지 언어의 유희 등으로 독자를 당혹하게 만든다. 무절제한 말이 이어지고 기괴한 이미지들의 결합이 등장하며 육체의 기능, 즉 성적 결합, 출산, 배설 등의 장면이 여과 없이 등장한다. 이러한 무절제하고 난삽한 문장은 독자들에게 뿐만 아니라 비평가들에게도 혹평을 받았다.

당대에는 "라블레는 진흙탕 속을 뒹구는 술주정뱅이다"라는 평을 받았으며, 17세기에는 "라블레와 같은 재능의 소유자가 무분별하게 고상한 것과 상스러운 것을 뒤섞어놓은 것을 이해할 수 없다"는 평을 받았으나 19세기 이후 "프랑스 문학의 위대한 유산", "라블레에게서 인간정신의 심연을 보았다", "위대한 정신적 스승", "인생처럼 신비에 가득 찬 아름다운 작품" 등등의 찬사를 받았다. 그러나 라블레를 다시 한 번 재조명하게 만든 학자는 20세기 러시아의 대표적 문예비평가인 미하일 바흐찐인데, 그는 라블레의 작품을 민중문화의 전통과 관련하여 새로운 해석을 함으로써 바흐찐의 이론과 라블레의 작품 모두가 명성을 얻게 되었다. 바흐찐은 라블레의 작품에 나타나는 민중문화의 전통을 계승한 이미지들을 "그로테스크한 사실주의"(réalisme grotesque)라고 규정하는데 육체를 가진 인간의 본성을 무시하고 금욕과 고행을 강요하는 종교적 정화 의식이 아니라, 아무리 추한 것이라도 인간 본연의 모습을 외면하지 않고 현세적 삶의 가치를 인정하며 그것을 즐기려는 긍정적 가치가 바로 유토피아의 보편적 양상이라는 것이다.

육체가 살아있고 육체와 우주가 연결되어 있으며 모든 것이 즐겁고, 유익한 것이 선이라면 그토록 과장된 육체의 묘사와 살아있는 인간의 먹고 마시고 배설하고, 출산하는 모습을 적나라하게 보여주는 것이 일맥상통한다고 볼 수 있다. 바흐찐의 "그로테스크한 사실주의"는 조금 어렵지만 매우 중요한 개념으로, 문학과 문화를 설명하는 하나의 지표(index)가 되고 있다.

『가르강튀아』의 구조는 서문 다음 제1장부터 제58장까지 이어지는데 시와 대화, 서사 등이 섞여 있다. 앞에서도 이야기했듯이 팡타그뤼엘의 아버지 가르강튀아의 이야기인데, 먼저 이 작품 안에서 유명한 제4장 <가르가멜이 어떻게 가르강튀아를 임신한 상태에서 많은 양의 내장요리를 먹었는가>를 살펴보자. 이것이 4장의 제목이다. 가르강튀아의 어머니 가르가멜이 임신한 상태에서 엄청난 내장 요리를 먹었다는 이야기를 과장하여 서술하고 있다. 과장(hyperbole)은 문학적 표현으로 이 부분이 문학적 과장의 극치를 보여준다.

> 제4장 <가르가멜이 어떻게 가르강튀아를 임신한 상태에서 많은 양의 내장요리를 먹었는가>
>
> 가르가멜이 아이를 낳은 상황과 방식은 다음과 같으니, 혹시 믿지 못한다면 여러분의 항문이 빠져버리기를!
>
> 가르가멜의 항문이 2월의 셋째 날 오후 고드비요를 너무 많이 먹

어 빠져버렸다. 고드비요는 쿠아로의 기름진 창자를 말한다. 쿠아로는 여물통과 프레 기모에서 살찌운 소이고..(중략) 술을 더 잘 마실 수 있도록 그 소들 중에서 36만 7천 14마리를 잡았다.

소 창자는 여러분도 알다시피 푸짐하고 매우 맛있어서 누구나 손가락을 핥을 정도였다. 그런데...(중략) 골치 아픈 일은 쉽사리 상해서 오래 보관할 수가 없다는 점이었다. 그것은 있을 수 없는 일이었다. 그래서 남김없이 먹어치우기로 결론이 내려졌다...(중략)

그녀〔가르가멜〕는 큰 통으로 열여섯 통, 중간 크기의 두 통하고 여섯 항아리 분량을 먹어치웠다. 얼마나 멋진 대변이 그녀 몸속에서 들끓었겠는가! (『가르강튀아/팡타그뤼엘』 35~6)

항문과 소 창자와 소 36만 7천 14마리를 잡는 것과 엄청난 분량의 식사, 대변 등등 우리가 쉽게 소화하기 힘든 내용들인데, 임신상태에서 너무 많은 내장 요리를 먹은 가르가멜의 출산 장면은 6장에 나타난다.

제6장 <가르강튀아는 어떻게 기이한 방식으로 태어났는가>

가르가멜은 아랫배가 아프기 시작했다. 그러자 그랑구지에는 풀밭에서 일어나 그것이 해산의 통증이라고 다정하게 그녀를 격려했다...(중략) 즉시 사방에서 산파들이달려와서 밑을 만져보고, 나쁜 냄새가 나는 살덩어리를 발견하고는 그것이 아이라고 생각했다. 그러나 그것은 우리가 앞에서 밝힌바와 같이 내장요리를 너무 많이 먹은 탓으로 (여러분이 항문에 붙은 창자라고 부르는) 직장이 늘어나며 그녀에게서 빠져버린 항문이었다...(중략) 이 사고로 자궁 태반의 엽이 이완되자 아이는 위쪽으로 솟아올라 공정맥으로 들어가서는 횡경막을 지나 (그 정맥이 둘로 나뉘는) 어깨 위까지 기어 올라간 다음 왼쪽 길을 따라 왼쪽 귀로 나왔다.

그는 태어나자마자 다른 아이들처럼 "응애, 응애"하고 울지 않고, 모든 사람들에게 술을 마시도록 권하려는 것처럼 "마실 것! 마실 것!

마실 것!"하고 큰소리로 외쳐서, 그 소리가 뵈스와 비바레에서도 들렸다. (45~7)

'drink'를 마실 것이라고 번역했던데, '술!'이라고 번역하는 것이 더 그로테스크하게 보이는 것 같다. 여기에서 생략된 일부분은 너무나 외설적이어서 다룰 수가 없을 정도이다. 이어서 작가는 독자가 이 기이한 출생을 믿지 않을 것이라고 생각한다고 말한다. 그러나 불가능이 없는 하느님께서 원하신다면, 여자들이 앞으로는 귀를 통하여 아이를 낳을 것이라고 장담하는 것으로 이 장이 마무리된다. 그로테스크하지만 유머가 있고, 과장과 허풍, 가식 없는 날 것 그대로의 진솔함이 드러나고 있다. 이 부분에서 주의해서 봐야할 것은 물론, 해부학적인 지식이다. 창자, 직장, 괄약근, 자궁 태반, 공정맥, 횡경막 등 작가가 해부학을 공부했다는 사실을 입증해주고 있는 글이다. 중세 시대에서 너무나 억압받던 육체에 대한 찬양이 과장되고 그로테스크하게 사실적으로 그려진 것은 프랑스 르네상스의 이상과 염원을 형상화한 것으로 여겨진다.

가르강튀아 1537년판 속표지 〈출처: 서울신문, [고전 톡톡 다시 읽기](48) 라블레의 '가르강튀아와 팡타그뤼엘', 최진석 연구원, 2010. 12. 27, 21〉

이렇게 기이하게 태어난 가르강튀아에게 젖을 먹이기 위해 암소 1만 7천9백 13마리가 징발되었고 이후의 내용에는 아이의 성장 과정이 담겨있다.

그러나 거인 가르강튀아의 행적만이 이 작품에 있는 것은 아니다. 이 작품 52장 <가르강튀아는 어떻게 수도사를 위하여 텔렘 수도원을 짓게 했는가>에서부터

57장 <텔렘 수도사들의 생활 방식은 어떻게 결정되었는가>까지가 텔렘 수도원의 모습을 다룬 내용이다. 수도원을 짓고, 시설을 갖추고, 거처를 장식하고, 의복을 만들며 생활방식은 어떠한지를 다룬 내용인데, 이 부분이 토마스 모어의 『유토피아』와 비교되는 대목이다.

제54장 <텔렘의 정문위에 씌어진 명문>에서는 어떤 부류의 인간은 이곳에 들어오지 마라고 하고 어떤 부류의 인간은 이곳에 오라고 하여 이 유토피아에 들어올 사람들의 일종의 자격을 알려주고 있다.

> 제54장 <텔렘의 정문위에 씌어진 명문>
>
> 이곳에 들어오라. 세상의 비난을 무릅쓰고
> 성스러운 복음을 열성적으로 알린 그대들.
> 거짓된 말솜씨로 세상에 해독을 끼치는
> 적의에 찬 그릇된 신앙으로부터
> 이곳에서 그대들은 피난처와 성채를 얻게 되리라.
> 들어오라. 이 곳에 깊은 신앙을 세우도록 하라.
> (246)

이 구절은 누구를 향해 하는 말일까? 거인 왕 가르강튀아가 수도원을 지어 불러들여 피난처와 성채를 제공하는 대상은 누구일까? 이 부분이 문학에서 독자의 역할을 할 수 있는 부분이다. 본인 자신이 가톨릭의 수도자이기 때문에 가톨릭의 신앙을 지키는 수도자를 말할까, 도도한 흐름의 종교개혁의 기치를 내건 개신교도들의 열정을 환호하는 것일까?

『유토피아』와 대비되는 것 중 하나가 유토피아 섬에서는 금, 은, 보석이 하잘 것 없는 장신구이며 오히려 범죄자임을 나타내는 징표로 쓰인다고 했는데, 이 텔렘 수도원에서는 옷들이 너무나 화려하고, 홍옥, 루비, 다이아몬드, 사파이어, 에메랄드 등의 보석으로 치장한다는 점이다. 56장을 자세히 읽어보면 고대 그리스나 로마의 전성기 시절 여성의 화려한 의복이 떠오르기도 하는 대목이다. 그러므로 옷과 장신구의 문제이지만 텔렘 수도원은 『유토피아』에서 좀 더 세속화 되었다고 말할까 어쨌거나 이 지상에서 가장 아름다운 재료들로 가장 아름답게 자신의 육체를 치장할 수 있는 곳이라는 점을 강조한다.

특히 57장 수도사들의 생활 방식을 살펴보면 수도원의 규칙은 오로지 '원하는 바를 행하라'는 것 밖에 없다는 것이다. 이는 프랑스의 정신분석학자 쟈끄 라캉이 "네 욕망을 따라 살아라."는 말을 생각나게 한다. 물론 20세기의 정신이며 프로이트 이후 무의식의 담론 이후에 나온 말이지만 사람이 가장 행복한 것은 모든 억압과 정신적 속박을 벗어나서 자신의 욕망, 혹은 쉬운 말로 마음이 가는대로 사는 것이라는 말이다. 물론 16세기의 작가가 무의식의 욕망에 대해 논할 여지는 없겠지만 작가의 통찰력으로 보자면 규제나 규칙, 법보다 우선하는 것이 자신의 의사와 자유의지란 점을 라블레는 가르강뛰아라는 인물을 통해 말하고 있다. '원하는 바를 행하라'는 한 가지 규칙이 내포한 다른 의미도 있다. 즉 읽고, 쓰고, 노래 부르고, 악기를 연주하고, 대여섯 개의 언어를 말하고, 그것으로 시와 산문을 짓는 훌륭한 교육을 받게 되면 이 규칙 하나만으로도 완벽하고 행복한 삶을 살 수 있다는 것이다. 따라서 라블레가 텔렘 수도원에서 구현한 유토피아적인 삶은 교육을 통한 인간다운 인간의 삶이라고 볼 수 있다. 르네상스 정신이 고전연구와 고대문학을 연구하고, 의학을 공부하여 중세의 육체로부터 자유로운 정신과 육체를 지닌 인간을 추구한다는 점에서 특히 라블레는 교육의 중요성을 강조하고 있다.

텔렘 수도원의 단 하나의 규칙은 "원하는 바를 행하라"는 조항밖에 없는데, 이유는 좋은 가문에서 태어나, 좋은 교육을 받고 훌륭한 동료들과 함께 생활하는 자유로운 인간들에게는 천성적으로, 도덕적 행동을 하게 되고, 악을 멀리하도록 하는 본능이 있고, 그들이 명예라고 부르는 자극을 받게 되기 때문이라고 말한다. 그들이 수치스러운 굴종과 강제에 의하여 억압받고 예속될 때, 자유롭게 미덕을 추구하며 예속의 굴레를 떨쳐버리고 거역하게 하던 고상한 성향은 왜곡되므로, 인간은 언제나 금지된 일을 시도하고 인간에게 거부된 것을 갈망하기 때문에 금지와 규칙은 최소한이어야 한다는 말이다. 이러한 교육의 기본 개념은 21세기에 사는 우리들이 봐도 전인적인 교육의 모델인 것 같다. 유토피아 섬의 교육은 세속적인 욕망을 멀리하고 도덕적인 것을 추구하는 도덕 함양 교육이라면, 텔렘 수도원의 유토피아적 교육은 법이나 규칙과는 거리를 두고 인간의 자유의지를 좀 더 강조하므로 차이가 난다. 그 차이는 잉글랜드의 헨리 8세 치하의 삶과, 프랑스의 프랑수아 1세 치하의 삶의 차이일까?

텔렘 수도원에서의 교육이 지금까지 가르강튀아가 이상적인 교육을 위해 여러 방법을 시도한 후 마지막으로 찾게 된 가장 이상적인 교육방법, 교육환경, 교육철학이라고 정리된다. 특히 교육에 관한 내용은 작품의 13, 14, 15, 21, 22, 23, 24장에서 다루어지는데, 결론은 가르강튀아의 아버지가 아들의 교육을 위해 그 당시 가장 유명한 학자들을 찾았으나 그들은 이미 시대에 맞지 않다는 것이다. 그 교육자들은 당대 최고의 신학자요, 스콜라 철학자들이었다. 그러나 그들의 교육 내용은 "전혀 진보가 없고 몽상에 빠져 허튼 소리만 지껄여대는 것"이며 "기존 지식은 어리석고 하찮은 것이라 훌륭하고 고상한 정신을 퇴화시키고 청춘을 시들게 한다."라고 결론이 났으며 이로 인해 중세의 낡은 교육과도 결별하게된다. 그리고는 "프랑스의 젊은이들"로 상징되는 인문주의자들의 새로운 교육을 받기위해 가르강튀아는 파리로 가게 된다. 가르강튀아가 교육을 받기 위해 파리로 가는 것 자체가 신학문, 즉 백과사전적인 지식의 탐구를 의미하므로 르네상스 정신의 구현은 교육에 있다는 라블레의 생각이 잘 드러나고 있다.

그런데 『유토피아』는 1부에 사회 현실에 대한 비판과 철학적 담론을 다루고, 2부에는 유토피아 섬의 경험을 토대로 한 스토리텔링의 구조로 되어 있어서 본격적인 소설의 형태로 보기는 어렵다는 설명을 했다. 마찬가지로 『가르강튀아』도 형식에 있어서는 이질적인 두 부분이 결합되어 있어서 마치 다른 두 개의 별개 작품으로 생각하기가 쉽다. 가르강튀아의 출생과 성장에 관련된 과장된 이야기와는 달리 텔렘 수도원의 유토피아적인 삶의 모습을 묘사하는 내용은 도덕적 교훈을 담은 도덕 교과서 같은 인상을 주는데, 이런 부분이 아직 소설이라는 장르가 제대로 발전하지 않은 상태라는 걸 보여준다.

1532년 『팡타그뤼엘』이 출간되어 그 당시 성서보다 더 많이 팔릴 정도로 굉장한 인기를 얻자 라블레는 그 성공에 힘입어 『가르강튀아』를 집필할 생각을 할 정도였다고 한다. 먼저 왜 하필이면 거인이지라는 질문에 대해 생각해보자. <백설공주>에 등장하는 일곱 난장이나 영화 <호빗>에 등장하는 호빗족이 여러분이 잘 알고 있는 유명한 난장이족인데, 마찬가지로 소설이나 영화의 단골 소재인 거인족에 관한 신화와 전설은 더 풍부한 것 같다. 앞으로 다룰 『걸리버 여행기』의 거인족은 키가 걸리버보다 12배나 큰 18미터 내지 20미터인 장신인데, 소인족은 작은 키로 인해서 숲속 나무둥지나 땅 속에서 사는 것으로 묘사되는 반면, 거인족은 어디에서 살았을까? 거인족에 관한 이야기는 역사적인 사실과 신화가 같이 섞여있는 것 같다. 고대로 갈수록 인간이 자연을 통제하지 못하고, 자연의 힘에 두려움을 느낄수록 인간의 보잘것없는 신체적 한계를 뛰어넘는 거인을 상상하게 되고, 그 거인이 엄청난 힘을 발휘해서 자연을 통제하기를 원했던 염원에서 비롯된 판타지가 아닐까 생각하지만 역사적으로 거인족이 존재했다는 기록들도 많이 있다.

가장 먼저 구약성경에 등장하는 네피림족인데, '다윗과 골리앗의 싸움'이라는 이야기는 힘에 있어서 엄청난 차이를 보이는 두 인물의 대결을 일컫는, 이제는 일반화된 비유적 표현이다. 구약성경에서 소년 다윗이 네피림족의 거인 골리앗과 일대일로 맞붙는데, 누가 보더라도 소년과 거인의 대결은 그 결과가 쉽게 상상이 될 것이다.

그런데 구약성서에서의 요점은 비록 어린 소년 다윗이 키가 3미터에 가까운 가장 용맹한 장수를 만나더라도 하나님의 도움으로 물맷돌 한 개로 골리앗을 이길 수 있다는 말인데, 구약 성경 여러 곳에서 이 거인족에 대한 묘사가 나온다. 뿐만 아니라 미국 남부의 원주민 신화에서도 붉은 머리 거인족에 관한 이야기가 등장한다.

루브르 박물관에 소장중인 길가메시 부조 〈위키미디어 commons〉

이보다 앞서 인류 최초의 문명 발상지 중의 하나인 고대 메소포타미아문명이 수메르 문명이다. 함무라비 법전, 바퀴의 발명, 문자의 발명 등을 자랑하는 이 수메르 문명에서도 전설적인 영웅 거인 길가메시가 등장한다.

각 민족마다 자신의 뿌리를 찾는 과정에는 인간과 다른 초자연적인 힘을 가진, 인간이지만 인간을 넘어서는 존재가 필요했던 건 아닐까? 어쨌든 어느 나라에나 있는 건국 신화처럼 수메르 문명의 시초에도 3분의 2는 신, 3분의 1은 인간인 거인 통치자 길가메시가 있었다. 수메르 문명은 기원전 3000~2500년을 배경으로 하고 실제 기원전 2600년경 길가메시가 127년 동안 통치했다는 기록도 있다고 한다. 신화의 인물에서 역사 속 실제 인물로 판명되는 날이 곧 올 지도 모르겠지만 서구에 있어서 문화의 밑거름이 되는 그리스, 로마 신화는 기원전 2000년경부터 시작되었으니 수메르 신화에 영향을 받았다고 하는 것이 설득력이 있다고 본다.

서구 문학을 이해하는 데 있어서 가장 중요한 배경 세 가지를 꼽으라면 일반적으로 그리스, 로마신화와 성경, 그리고 셰익스피어라고 말하는데, 최근에는 신화의 다양성이랄까? 원류를 찾아서 수메르 문명의 길가메시 신화나 오딘과 토르가 등장하는 북유럽 신화에도 많은 관심을 가지는 것이 사실이다. 거인족에 관한 오리지널을 찾던 중이었는데, 앞에서 살펴보듯이 거인족은 성경에서, 또 아메리카 원주민의 신화에서는 모두 악한 존재로 그려진다. 인간 대 자연의 경쟁에서 약자의 입장에 있던 인간에게 그들을 대신해서 싸워 줄 초자연의 힘을 가진 거인 신화를 창조했지만 그들이 지닌 힘과 권력을, 인간은 온전히 받아들일 수는 없었던 모양이다.

인간의 오랜 역사를 통해 함께한 거인족은 항상 인간의 반대편에 있는 사악한, 그래서 두려운 존재였다. 그런데 라블레는 1532년 팡타그뤼엘 이야기를 하면서 인간적인, 너무나 인간적인 거인 팡타그뤼엘을 창조했다. 인간의 친구인 거인 이미지가 시작된 지점이 바로 르네상스 시대의 프랑스에서 시작된 『가르강튀아/팡타그뤼엘』에서부터라고 생각한다.

『팡타그뤼엘』의 <제1장 위대한 팡타그뤼엘의 기원과 선조들에 관해서> 에서는 거인족의 기원에 관한 이야기가 나온다. 구약성경의 <창세기>에는 아담과 이브가 금지된 선악과를 먹은 뒤 에덴동산에서 쫓겨난 후, 그들의 첫째 아들인 카인이 동생 아벨을 죽여 인류 최초의 살인자가 된다. 아벨의 피가 스며든 대지에서 어느 해 엄청나게 큰 서양 모과가 생산되는데, 어느 날 태양이 약간 왼쪽으로 비스듬히 운행했고, 달도 진로를 바꾸었으며 창공에서 진동운동이 발생했다. 점성가들도 풀 수 없는 매우 놀라운 일이 발생한 후 그 큰 서양 모과를 먹은 사람들에게 놀라운 일이 발생한 것이다. 신체 각 부분이 끔찍하게 부풀어 오르는데, 배가 부풀어 오르는 사람도 있고 어깨, 다리, 코, 귀가 부풀어 오르는 사람도 있었다. 과장된 표현을 찾자면 귀가 커져서 "저고리와 반바지, 외투로 사용될 정도"였다. 어떤 사람들은 몸 전체가 커져서 그들로부터 거인족이 생겨났는데 팡타그뤼엘은 그 거인족의 후손이다.

이렇게 탄생한 거인족의 족보가 묘사되는데, 신약성경의 <마태복음>은 예수의 족보와 탄생에 관한 이야기로서 "아브라함이 이삭을 낳고, 이삭은 야곱을 낳고, 야곱은 유다와 그의 형제를 낳고,...야곱은 마리아의 남편 요셉을 낳았으니 마리아에게서 그리스도라 칭하는 예수가 나시니라."로 마무리되는 42대에 걸친 족보가 소개된다. 앞에서 서구 문학, 서구 문화에 대한 이해의 첫 단추는 기독교에 관한 이해라고 했는데, 라블레는 예수의 탄생처럼 거인족도 "첫 번째는 칼브롯이었고, 그는 사라브롯을 낳고, 그는 파리브롯을 낳고,... 그는 그랑구지에를 낳고, 그는 가르강튀아를 낳고, 그는 나의 주인이신 고귀한 팡타그뤼엘을 낳았다."로 61대에 걸친 족보를 소개한다. 물론 마태복음을 모방한 것이며 예수 그리스도의 고귀한 혈통처럼, 주인공 팡타그뤼엘의 혈통도 최초의 거인족에서 시작된 순수한 혈통임을 보여주는 것이다.

팡타그뤼엘의 아버지 가르강튀아가 나이 4백하고 4곱하기 20더하기 40하고 4살에, 유토피아의 아모로트인들의 공주인 바드벡이라는 이름의 아내와의 사이에 아들을 낳았다. 그럼 몇 살인가? 520살인가? 거의 구약시대의 인물들과 같은 수명이다. 여기서 유토피아는 토마스 모어의 『유토피아』이다. 그러므로 잉글랜드와 프랑스의 문화가 서로 영향을 주고받는 것을 알 수 있다. 특히나 그 당시 유럽의 지성인들은 에라스무스라는 탁월한 인문주의자로 서로 연관되어 있기도 하다. 사실 중세와는 다른, 인간이 중심이 되는 세상 자체가 그들에게는 유토피아이니까. 토마소 캄파넬라의 『태양의 나라』나 프란시스 베이컨경의 『새로운 아틀란티스』 모두 토마스 모어의 『유토피아』에서 영감을 받거나 영향을 받은 작품들이므로 토마스 모어의 『유토피아』를 가장 중요하게 다루어야 하는 이유이다.

앞에서 가르강튀아의 출생 장면은 대단한 허풍이다. 팡타그뤼엘의 출생 장면도 이에 못지않은데, 온 세상이 극심한 가뭄으로 고통받고 있는 가운데 땅에서 바닷물보다 더 짠 땀이 솟아 나오던 날 팡타그뤼엘이 태어난다.

<제2장 황공스러운 팡타그뤼엘의 탄생에 관하여>

그의 어머니 바드벡의 해산 중에 산파들이 아이를 받으려고 기다리고 있을 때, 그녀의 배에서 먼저 각자 소금을 잔뜩 실은 노새 고삐를 잡은 예순 여덟 명의 노새 몰이꾼들이 나왔고, 그 다음으로 햄과 훈제한 소 혀를 실은 아홉 마리의 단봉낙타와 작은 뱀장어들을 실은

> 일곱 마리의 쌍봉낙타, 그리고 스물다섯 수레분의 파와 마늘, 양파, 골파가 나왔기 때문이다...(중략) 그리고 그녀들이 자기들끼리 사소한 한담을 나누고 있던 중에 팡타그뤼엘이 곰처럼 털투성이로 세상에 나왔다. (286~7)

산파들은 바드벡의 배에서 나오는 안줏거리들을 보면서 이제는 실컷 술을 마시고 음식을 먹을 수 있다고 즐거워한다. 출산의 고통이 먹고 마시는 축제와 기묘하게 어우러져, 바흐찐은 '그로테스크한 리얼리즘'으로 표현했지만, 또 다르게 보면 그리스신화의 포도주의 신 디오니소스, 로마시대에는 박카스로 불린 축제의 장면이 연상된다. "평화스럽게, 즐겁고 건강하게 언제나 좋은 음식을 먹으며 사는 것이 유토피아적 삶을 나타내는 '팡타그뤼엘리즘'이라면 더욱 쉽게 이해가 될 것이다.

그러나 이 출산에는 술과 음식뿐만 아니라 죽음이 뒤따른다. 팡타그뤼엘이 너무 크고 무거워서 어머니가 아이에게 깔려 죽기 때문인데, 이 부분이 아주 그로테스크한 이미지의 결합이다.

삶과 죽음이 공존하는 원시 시대의 카니발을 연상시키는데, 민중문학의 전통으로 볼 수 있다. 아버지 가르강뛰아는 몹시 놀라고 당황하는데 죽은 아내를 애도해야 할지, 아들을 본 기쁨에 웃어야 할지 혼란스럽다.

그는 아내를 애도하며 "울어야할까? 그래, 무엇 때문이지? 이 세상에서 가장 이렇고 저런, 착한 내 아내가 죽었으니까. 나는 다시는 그녀를 보지 못할 것이고, 그런 여자를 찾을 수도 없을 거야. 그것은 내게 엄청난 손실이지. 오, 하느님, 제가 무슨 일을 저질렀기에 이렇게 벌을 내리십니까?"라고 말하고는 암소처럼 울었다. 그러다가 팡타그뤼엘 생각이 떠오르자 갑자기 송아지처럼 웃기 시작했다.

"오, 내 어린 아들, 내 불알, 내 작은 발, 너는 얼마나 예쁜지! 내게 이토록 잘 생기고, 명랑하고, 잘 웃는 귀여운 아들을 주시다니, 하느님께 큰 은혜를 입었구나. 오, 오, 오, 오, 오. 기쁘구나! 마시자, 오! 우울한 생각은 모두 떨쳐버리자! 가장 좋은 포도주를 가져오고...(중략) 부인네들과 축하연을 더 멋있게 벌일 수 있도록 저고리를 입어야겠다."(289)고 말하며 애도와 기쁨 사이에서 어찌할 줄 모른다. 이와 같이 죽음 다음에 생명이 시작되는 민중문화의 전통에서는 한 개인의 죽음은 비극적인 최후로 여겨지지 않는다. 새로운 생명을 낳았으므로 자연의 순리에 따라 삶과 죽음의 연속선상에 있을 뿐이다.

이제 라블레를 마무리하고 이탈리아로 갈 텐데, 무엇보다도 토마스 모어는 16세기 당시 잉글랜드에서 왕족이나 귀족이 아닌 일반 민중들의 처참한 생활환경, 노동 환경 등에 분노하여 그의 시대를 비판하는, 그래서 어디에도 없는 이상적인 사회를 그렸으며 본인은 종교적 신념에서 죽음도 감수했지만 인문주의자로서 르네상스 정신은 작품에서 실현하려고 했다. 모어의 『유토피아』보다 약 20년 후 출간된 『가르강튀아』, 『팡타그뤼엘』에서 프랑수아 라블레는 프랑스 인문주의를 꽃피웠다고 볼 수 있다. 모어보다 더 풍부한 현실의 경험을 토대로 사제이긴 하지만 중세의 가톨릭 정신을 넘어서려고 노력을 했으며 그 노력의 일환으로 인간의 육체에 대한 재인식, 육체를 다루는 의학을 연구하면서 정신과 동등한 육체의 중요성을 강조함으로써 중세를 벗어나 인간, 육체를 포함한 인간의 중요성을 강조했다. 인간이 먹고, 마시고, 배설하고, 출산하는 과정 하나하나가 중요하며, 내세의 약속에만 매달리는 중세적 종교 관념을 탈피하고 현세의 즐거움을 몸으로 느끼고 실천하는 민중문학의 전통을 세웠다. 문학적으로는 라블레의 작품이 더 연구 대상이

긴 하지만 유토피아라는 키워드를 염두에 두고 다가가면 조금씩 차이점을 발견하게 될 것이다. 따라서 라블레는 육체를 가진 인간의 중요성을 나타내는 방법으로 거인을 창조하고 거인을 통한 과장된 서사와 거기에서 발생하는 웃음과 기괴한 이미지까지도 모두 담아낼 수 있었던 것 같다. 유토피아 섬의 이상 사회와는 다르게 현세의 육체가 중요시되는 즐겁게 먹고 마시는 삶이 유토피아적 삶이라는 것을 보여주고 있으니 유토피아 섬의 생활과는 다른 점이 많다. 그리고 유토피아섬의 공주가 가르강튀아의 부인이 되었다고 하는데 유토피아에 거인이 살았나라는 생각이 들 수도 있다. 그러나 유토피아는 그 어디에도 없는 나라이며 수도 역시 검은 도시로서 찾을 수 없는 장소이긴 마찬가지이니 그것이 유토피아의 본질이 아닐까.

03

이탈리아식 유토피아 『태양의 나라』

필자는 이탈리아 문학에 대해서는 잘 알지 못하지만 그 시대에는 바티칸에 교황이 있고 종교개혁 이전까지는 하나의 종교로 연결되어 있으며 왕실끼리의 결혼으로 유럽 여러 나라들은 전쟁을 하는 가운데도 꽤 긴밀한 유대감을 형성하고 있었다. 그래서 이탈리아와는 혹은 이탈리아 문학과는 조금 거리가 있다 하더라도 토마스 모어가 이 두 작품을 연결시켜주고 있다. 게다가 유럽의 언어는 같은 어족이므로 *La Città del Sole*을 보면 "태양의 도시"라고 뜻을 이해할 수 있다.

Sole는 태양이며 del은 ~의란 뜻의 전치사, La Città는 도시(city)라는 여성 명사이다. 태양의 도시라는 뜻이지만 한국에 『태양의 나라』라고 번역되어 있으니 그대로 쓰기로 한다.

1568년에 태어나서 1639년에 사망한 토마소 캄파넬라 역시 사제였으며 인문주의자였다. 캄파넬라의 일생만큼 파란만장한 삶을 산 사람도 찾기 힘들 것인데, 먼저 그가 어떠한 시대에 살았는가를 살펴보자.

먼저 16세기 말에서부터 17세기 초의 이탈리아의 정치적 상황에 대해 살펴보자. 중세 기간 동안 이탈리아는 신성로마제국의 영토였지만 한 국가라기보다는 사실 독립적인 도시국가가 이탈리아 반도에 흩어져 있던 상태인데, 15세기 말에서 16세기에 걸친 이탈리아 전쟁의 결과로 북이탈리아와 남이탈리아로 나뉘어진다.

토마스 캄파넬라 〈위키백과 Public domain〉

1494년부터 1559년에 이르기까지 무려 65년 동안의 이탈리아 전쟁(Great Italian Wars)은 연속적인 전쟁상태가 아니라 일련의 투쟁을 일컫는다. 발단은 이탈리아의 도시국가인 나폴리왕국과 밀라노 공국의 계승권에 관련된 갈등으로 시작되었지만 순식간에 많은 나라들, 즉 이탈리아의 도시 국가들, 교황령, 스페인, 프랑스, 신성로마제국, 잉글랜드, 스코틀랜드, 오스만제국 등등 유럽의 많은 나라들이 이 전쟁에 참여하게 되었다. 결국 영토를 둘러싼 각국의 이해가 상충된 지점이다.

중요한 점은 이 이탈리아 전쟁이 끝났을 때 근세 유럽의 열강이었던 합스부르크가의 스페인과 오스트리아에 의해서 이탈리아가 분할 지배를 받게 되었다는 점이다. 이미 16세기에 이탈리아 전쟁의 승자인 합스부르크 가문에 의해 나라가 반으로 금 그어졌다.

이탈리아의 지도를 보면 장화모양으로 길쭉하게 생긴 반도 국가인데 이 땅덩어리를 북쪽은 오스트리아가 남쪽은 스페인이 지배하기 시작한다. 유럽 지도를 보면 이탈리아의 왼쪽에 스페인이 있고 북동쪽으로 오

1547년 당시 스페인 제국과 이탈리아 지도 〈위키미디어 Public domain〉

스트리아가 자리 잡고 있으니 지리적인 힘을 알 수 있는 대목이다. 이로 인해 스페인은 유럽 최강국의 반열에 오르게 되고 스페인 무적함대는 그야말로 세계 최강이 된다. 분할 지배의 역사 이후 지금까지도 이탈리아는 북과 남으로 경제적인 격차도 크고 주민들의 감정도 서로 적대적이어서 끊임없이 분리, 독립하려는 움직임이 있다. 그 발단은 16세기 이탈리아 전쟁의 결과가 아닐까? 남이탈리아는 그때부터 지금까지도 북 이탈리아에 비해 경제적으로 낙후되어 있는데, 토마소 캄파넬라는 1568년 이 반도에서 가장 가난한 지역인 남부 칼라브리아주의 스틸로 마을에서 태어났다. 이 지역이 스페인의 지배를 받는 가난한 마을이란 점이 중요한데, 후일 캄파넬라의 행보와 관련되어 중요한 단서를 제공한다.

중세부터 이어져온 지식인 계층은 사제 내지는 수도사였다. 종교가 사회를 지배하기 때문에 사상, 철학, 법, 언어 등의 학문은 그들의 전유물이었으니까. 토마스 모어와 프랑수아 라블레처럼 토마소 캄파넬라 역시 수도사로서 인생 행보를 시작한다. 13세에 성 도미니크 수도원에 입회한 후 몇몇 수도원을 거치면서 공부하는데 그의 학구열은 대단해서 닥치는 대로 고금의 모든 책들을 탐독한다. 그리고 아리스토텔레스 철학에 반발을 느끼고 그 당시 자연철학자인 베르다르디오 텔레지오(1509~1588)의 글에 감명을 받는다. 텔레지오는 자연의 연구를 형이상학이나 신학과 분리하여 독자적인 학문 세계로 보고, 우주를 종교와는 별도로 기계론적으로 파악하고자 했다. 중세의 관점에서 보면 아주 위험한 생각이었을 것이다.

텔레지오의 사상에 심취한 캄파넬라는 <코렌차의 텔레지오에게 바치는 찬미>라는 시에서 그 당시까지 자연학과 철학의 절대적 지도자라고 생각되어 왔던 아리스토텔레스 학문의 추상성에 반기를 들고, 새로운 자연관과 감각론을 내세운 텔레지오를, 폭군을 타도한 영웅으로 비교하여 찬양한다. 시의 일부를 보자.

> 텔레지오여, 당신의 활에서 뛰쳐나온 화살은
> 위선자들이 득실거리는 곳에서 어김없이 인지의 폭군을 쓰러뜨리고,
> 진리를 찾는데 달콤한 자유를 갖다 주었노라. (184)

시의 일부인데, 캄파넬라는 이제 구시대의 학문과 철학을 버리고 텔레지오가 제시한 세계관을 자신의 것으로 만들어 새로운 철학과 신학을 전개할 것을 선언한 것이라 볼 수 있다. 여기에서 라블레와 유사한 점이 보인다. 『가르강튀아』에서 구시대의 학문은 결별하고 인문주의 학

문을 받아들이겠다는 선언과 같은 맥락으로 보인다. 그러나 그 시대에는 중세 사회의 오랜 전통을 타파하고 새로운 학문으로의 전환은 이단으로 여겨진다. 그러한 의심을 받자 상부의 훈계를 받고 캄파넬라는 알토몬테 수도원에서 근신생활을 하는데, 이 8개월의 근신 기간 동안 캄파넬라는 정신적 스승인 텔레지오의 아리스토텔레스 공격을 옹호하는 『감각철학』을 집필하고, 그 후 나폴리에서 마술, 연금술, 점성술, 천문학, 철학을 공부하며 1591년 『감각철학』을 출판한다.

이 책의 출판으로 캄파넬라는 종교재판에 회부되지만 수도원 복귀를 조건으로 석방된다. 그 후로도 여러 사건들을 겪다가 마침내 1594년에는 당시 금기시 되었던 유대인들과의 신앙 토론을 한 죄로 로마 교황청에 감금된다. 그리고 각 계의 구명 활동에도 불구하고 다음 해 다시 종교재판에 회부되어 이단으로 판정받는다. 그러나 캄파넬라는 운 좋게도 자신의 철학적 견지를 포기한다는 조건으로 도미니크 수도원에 연금당했는데, 그 와중에 어떤 사람이 캄파넬라를 이단으로 고발함으로써 또다시 교황청에 수감되는 고초를 겪는다. 지금까지 캄파넬라의 삶을 보더라도 파란만장한 여정이지만 앞으로 더 극적인 삶의 행로가 기다리고 있다.

이제 캄파넬라의 인생 2막이 시작되는데, 1597년 고향에서 은둔생활을 하겠다는 조건으로 교황청 감옥에서 풀려나서 캄파넬라는 새로운 활동을 시작한다. 앞에서 이탈리아 전쟁이 끝나고 남부 이탈리아는 스페인의 지배를 받게 되었다고 이야기했는데 이 당시의 스페인(에스파냐) 왕은 펠리페 2세(1527~1598)이며 그는 합스부르크 왕가 출신이며 잉글랜드의 메리 1세(1516~1558)의 남편이다.

여왕보다 열한 살이나 나이가 적은데, 이들 사이에 자녀가 없어서 메리 여왕 사후 엘리자베스가 왕위를 물려받는다. 그런데 재미있는 것은 이 펠리페 2세가 엘리자베스에게 청혼을 한 사실이다. 물론 여왕은 거절했지만. 그 후 사이가 좋지 않은 두 나라는 해상에서 격돌하고 엘리자베스 여왕의 잉글랜드 함대가 펠리페 2세의 에스파냐 무적함대를 물리친다.

펠리페 2세는 본인도 독실한 가톨릭교도인데 로마가톨릭을 통한 국가 통합을 이상으로 추구하던 인물이었다. 그러므로 루터의 종교개혁을 가장 반대하던 인물이 남부 이탈리아를 통치하게 되니 인문주의와 역행하는 상황이 되었던 것이다. 어느 식민 통치나 마찬가지겠지만 펠리페 2세의 식민지하의 남부 이탈리아인들의 삶은 처참하고 곤궁했다. 일반 국민들은 봉건지주 계급의 착취에 신음하고, 사회 질서는 극단적으로 문란해지고 도둑으로 인한 불안한 사회 현실은 점령군에 대한 반란 사건으로 이어졌다. 르네상스 문화에 큰 영향을 끼친 고향 칼라브리아에서 인문주의 부흥을 꾀하던 여러 아카데미가 문을 닫는 현실을 본 캄파넬라는 여러 면에서 지배자 펠리페 2세와 대척점에 선 인물이었다. 이러한 상황에서 나폴리, 팔레르모, 메시나 등 각지에서 반란이 일어나자 캄파넬라도 이 해방운동에 참여하게 된다. 그동안 숱한 고초를 겪으면서 배우고 익히며 견지해 온 자신의 사상을 현실에서 구현하려던 캄파넬라의 제2의 인생은 스페인 치하의 남부 이탈리아를 해방시키려는 운동으로 나타나게 된다. 새로운 공화국을 설립할 계획을 세우고 1599년 8월, 시민 폭동을 일으켜 크리스트교 정신에 입각한 이상적인 신정정치 공화국을 남부 이탈리아에 수립할 예정이었다. 그의 이념에 귀족과 혁신적인 성직자 등 많은 사람이 동조했는데 내부의 밀고자로 인해 그 폭동은 수포로 돌아가고 캄파넬라는 체포되었는데, 이단자의 죄에 반란의 주모자로 이중 범죄자가 되었고 사형선고가 확실시 되었다. 1600년, 고문을 못 이겨 캄파넬라가 반역 음모를 고백하자 사형을 면할 수 없는 상황에 놓이게 되었는데, 그 당시 광인은 어떤 대역죄를 저질러도 처형할 수 없었기 때문에 광인 행세를 시작했다. 이 검사가 일 년 이상 이어지는데 광인이 아님을 취조하는 과정이 너무 힘들어 죄인을 밧줄로 공중에 매달아 놓고 잠도 재우지 않고 계속 갖은 고통을 가하는 체형으로 대부분은 이 과정에서 고통에 못 이겨 죽는데 캄파넬라는 끝까지 정신력으로 이 고문을 이겨내고 사형을 면했다. 초인적인 정신력으로 끝내는 광인임을 판정받아 사형을 면한 대신 종신형을 선고받고 20년을 나폴리 감옥에서 보내는 동안 『태양의 나라』를 집필한다. 그러나 저작을 하는 동시에 탈출 계획을 세웠다가 발각되어 지하 감방에서 4년을 보내고 다음에 좀 더 자유로운 저작활동을 할 수 있는 감옥으로 갔다가 또 다시 4년을 지하 감옥에서 보낸다. 그동안 캄파넬라의 명성은 전 유럽에 퍼지고 그를 신봉하고 따르는 무리들이 생겨나서 감옥에서 저술한 캄파넬라의 책을 가지고 나와 출간하는 일도 맡았다. 1626년 드디어 27년간의 감옥 생활을 끝내고 자유의 몸이 되었지만 그의 석방을 반기지 않던 교황청에 의해 석방 한 달 만에 다시 수감되어 2년을 감옥에서 보낸다. 29년의 수감 생활 후 석방된 캄파넬라는 저서를 출판하고 정치적, 신학적 토론에 참여하고 고향에 신학교를 설립하는 등의 왕성한 활동을 하자 그를 반대하는 무리들의 계획으로 또다시 투옥될 위기에 이르자 프랑스의 루이 13세의 초청으로 프랑스로 망명하게 되고 파리의 산트레노 수도원에서 말년을 보내게 된다.

간단하게 그의 생애를 살펴보고자 했지만 지금까지의 설명으로도 너무나 인생의 굴곡이 많았던 캄파넬라의 일생을 다 파악할 순 없다. 한마디로 요약하자면 캄파넬라는 크리스트의 뜻을 교회 내부 활동이나 교리에 두지 않고 사회 제도의 악을 제거하는데 중점을 두었다. 자신이 믿는 바대로 어떤 위협이나 난관에도 자신의 신념을 고수하고 실천하고자 했던 인문자의자라고 정의를 내릴 수 있겠다. 토마소 캄파넬라가 고문당한 이야기는 너무 끔찍해서 다 옮길 수가 없을 정도인데, 유럽의 고문의 역사는 길고도 참혹해서 믿기지 않을 정도이다. 그 역사를 다룬 책이 미셸 푸코의 『감시와 처벌』인데, 이 책은 중세 시대부터 현대에 이르기까지 감옥의 역사와 그 안에 숨겨진 권력 관계를 다루는 철학서로서 지식의 확장에 도움을 주는 책이다.

태양의 나라 〈위키미디어 Commons〉

캄파넬라가 감옥에서 종신형을 사는 동안 집필한 『태양의 나라』로 본격적으로 들어가 보자. 『태양의 나라』는 캄파넬라가 나폴리 감옥에서 가장 고통이 심했던 시기에 쓰인 작품으로 자신의 고통이 심할수록 공상적인 이상사회에 대한 염원도 그만큼 더 크다는 사실을 보여주는 것이다. 토마스 모어의 『유토피아』 2부와 마찬가지로 이 작품은 말타 기사단의 한 수도사와 콜럼버스의 항해장 노릇을 한 제노바인의 대화로 구성되어 있다. 제노바인은 항해 중 머물렀던 타브로바나(실론섬)에 있는 이상국인 태양의 나라에 대한 여행 회고담을 들려주고 있다. 그 사회의 정치, 경제, 노동, 재산제도, 가정생활, 군사 등 각 분야에 걸쳐서 세세한 내용을 전하고 있는데, 유토피아 섬과의 유사점이 많다.

특히 유토피아 섬과 마찬가지로 태양의 나라 역시 미지의 섬인데, 이 책에서 다루는 유토피아 문학은 근세가 시작된 시기이므로 이 시대에 잉글랜드, 프랑스, 이탈리아, 스페인 등 강국들은 모두 새로운 땅과 부를 찾아 신대륙을 탐험하던 해상의 시대, 탐험의 정신으로 충만하던 시기였다. 따라서 미지의 새로운 섬을 발견하고 그곳에 낯선 문화와 제도를 가진 원주민이 산다는 이야기는 그 시대 사람들에게는 익숙한 설정이다.

태양의 나라에는 사유제가 없으며 모든 것을 공유한다. 식량을 비롯해서 명예도 오락도 모두 공유하며, 어느 물건이든 개인 소유가 존재하지 않는다. 심지어 부인과 자식들도 공유한다. 모어의 유토피아 섬에도 사유제산제도의 폐지를 실현하고 있는데 캄파넬라는 더 급진적인, 재산의 사유제도 뿐만 아니라 가족과 일부일처의 혼인제도 까지 폐기하여 인간 이기심과 소유욕을 근원부터 제거하려는 의도를 보여준다. 이 아이디어를 앞으로 다룰 스키너가 『월든 투』에서 다시 해석하고 있는데, 따라서 젊은이들은 모두 서로에게 형제라 부르고, 자기보다 15살 이상 나이가 많으면 아버지, 15살 이하면 자식이라고 부른다. 모든 것의 공유제인데. 이들의 소유관념을 책에서 찾아보자.

> "그들에 의하면, 모든 소유 관념은 인간이 자기 집을 소유하고, 자기 처와 자식을 가지는데서 발생하는 것으로, 바로 여기에 이기주의의 원천이 있다고 해석합니다. 인간이 자기 자식을 가질 때, 비로소 그 자식을 될 수 있는 대로 부자나 권력자로 만들 욕심이 생기는 것이며, 자식에게 재산을 물려줄 생각으로 권력을 쥐려하고, 권력을 쥐고 남 후엔 아무 두려움 없이 공직을 남용하여 부정축재를 자행하고, 반면에 권력이 없는 약한 인민은 무슨 짓이라도 하여 생존하기 위해 욕심을 부리고, 사기꾼이나 위선자로 전락하게 된다는 거죠. 그러나 인

간인 일단 이기주의를 버리게 되면 공공생활에 대한 사랑만 남게 된다는 겁니다." (34)

책의 인용문을 보면 내용이 어쩌면 현대사회를 적나라하게 보여주는 것 같다. 17세기의 현실이나 지금의 현실이 다르지 않다는 것을 느끼게 되는데 이것이 고전이 주는 힘인 것 같다. 그럼 정치는 어떨까? 태양의 나라이니 태양이 다스리는 존재일까? 최고직인 '태양'(Sole)이 되려면 모든 국민의 역사, 제사, 여러 나라 공화제의 입법자, 학예의 창시자들에 대해서 모두 알아야 할 뿐만 아니라 누구보다도 훌륭한 형이상학자·신학자가 되어야 하며, 모든 학예·학문의 기초지식과 예언자와 점성술에 관한 고견도 갖추어야만 한다. 35세 이상이 되어야 자격을 얻게 되고 일단 '태양'이 되면 기존의 '태양'보다 더 뛰어난 지식과 통치 능력을 가진 자가 나타나지 않는 한 교체되지는 않는다. 유토피아 섬의 정치 체제와 유사한 내용이다.

노인을 제외하고는 인간이 게으름에 빠지지 않도록 사회를 조직해 놓았다고 이야기합니다. 절름발이는 그 눈으로 망을 보며, 장님은 양모로 실을 짜고, 닭털을 뽑아 요를 만들며, 수족이 없는 자들은 없는 대로 국가에 봉사하도록 되어 있습니다. 정 뭣하면, 정보원 노릇이라도 하는데, 그들은 국가에서 정중히 대접받고 있답니다. (54)

특히 장애인의 사회 참여 내지는 사회 구성원으로서의 역할을 이야기하는 장면이 있는데, 사회 구성원 모두에게 각자의 역할이 주어지는 사회인 점이 인상적이다.

마지막 부분 제노바인이 말을 마치려 할 때 인간의 자유의지에 대해 말하는 장면을 보자.

> 참, 그들이 인간의 자유의지를 대단히 중요시하고 있다는 사실을 기억해주십시오. 그들은 예를 들어 40 시간의 문책을 받는 일이 있더라도 자기들이 침묵을 지키고자 할 때는 입을 열지 않고, 그런 경우 먼 곳에서 영향을 주고 있는 별들도 별 힘을 발휘 못한다고 하더군요. (94)

이 글은 캄파넬라의 일생을 아는 사람만이 그 뜻을 이해할 수 있다. 앞에서 말한 바와 같이 캄파넬라가 스페인에 대항하기 위해 비밀조직을 만들어 폭동을 계획했지만 내부인의 밀고로 발각이 되어 체포되었다. 1601년 6월 4일에서 5일까지 계속 40시간 동안의 모진 고문을 당했는데 광인 흉내를 냄으로써 광인으로 판정받아서 극형은 면하고 종신형을 받았는데, 그 때의 사건을 말하고 있다. 그러니 태양의 나라에 사는 자유의지를 가진 사람은 바로 캄파넬라 자신인 셈이다.

이 작품에서 특이한 점은, 물론 16세기에서 17세기로 시대가 변한 점도 있겠지만 토마스 모어나 프랑수아 라블레의 작품보다 천문학이나, 점성술에 관한 내용이 많이 나온다는 점이다. 점성술을 공부한 캄파넬라는 점성술에 따라 1600년에 칼라브리아 지방에 대변란이 일어날 것을 예상하고 폭동 계획을 세웠으며, 말년에는 자신의 임종도 예견했다고 한다. 또한 점성술에서 숙명적이라고 여겨지는 900과 700을 더한 숫자에 3이란 완전 수자를 더한 1603년 12월 24일에 지구의 대혁명, 혹은 인류재건의 계기를 마련해줄 대변혁이 온다고 믿었으며『태양의 나라』가 바로 이 변혁을 대비하는 현실적 처방이라고 믿었다. 그의 점성술 이론이 흥미롭기는 하다.

13세에 도미니크 수도원에 입회해서 파리의 수도원에서 사망하기까지 70여 년의 생애 동안 캄파넬라는 이단으로 몰려 투옥되기도 하고 그의 급진적인 사상을 담은 저서들은 금서가 되기도 했으며 남부 이탈리아 독립을 위한 혁명 투사로서의 역할도 마다하지 않았다. 죽음보다 더한 고문과 지하 독방에서의 오랜 투옥 생활에도 불구하고 그는 여전히 사제였으며 신실한 종교인이었다. 그가 최고의 선으로 믿었던 것은 순수한 종교적 열정이었고 그 신앙심을 사회에서 실현하는 방식이 그 시대의 보수적이고 전통적인 관행과는 맞지 않았던 것이다. 따라서 그에 대한, 그의 작품에 대한 평가는 종교를 벗어나는 범주이어서는 안 된다는 점이다. 플라톤의 형이상학 이론과 토마스 모어의 유토피아론에 가장 많은 영향을 받은 『태양의 나라』에서 최고통치자 '태양'이 되는 형이상학자는 다름 아닌 교황이다. 그는 크리스트의 정의가 구현될 수 있는 신정정치를 꿈꾸었고 실제로 스페인의 지배를 벗어나서 남 이탈리아에 이상적인 신정국가를 세울 계획이었다. 그 꿈이 무산되자 그는 어두운 감옥에서, 무산된 꿈을 공상으로나마 펼치기 위해 가상의 이상국가 모델을 찾은 것 아닐까?

어떤 점에서는 그는 이탈리아인이기 때문에 시대적으로 르네상스 운동에 힘입어 로마제국의 영광을 회복하고 이탈리아를 통일시켜 완벽한 조국을 건설하겠다는 꿈을 꾼 것으로 볼 수도 있고 또 다른 한편으로는 그의 이상 국가는 종교적으로 중세 수도원의 이상, 즉 엄격한 규율과 통제 아래 모든 구성원이 하나의 가족처럼 함께 노동하고 함께 나누는 수도원의 이상과 닮아 있다고도 볼 수 있다. 『유토피아』 이전의 유토피아 사회를 꿈꾸는 작품에 예수의 제자들의 행적을 다룬 「사도행전」과 6세기 성베네딕트 수도원의 규칙이 포함된다고 설명했다. 공동 소유, 공동분배의 사회에 대한 열망은 어쩌면 사유재산이 시작된 농경시대 때부터 시작된 이상적인 체제가 아닐까? 중세 수도원의 공동체적 삶이 캄파넬라가 꿈꾸는 이상 사회의 하나의 원천이라면 정치적으로는 강력한 절대군주제에 대한 염원으로도 볼 수 있다. 한 명의 절대자 솔레(Sole)와 소수 관료, 그리고 백성으로 이루어진 태양의 나라는 근대 초기에 등장하고 발전한 절대군주제와 닮은 모습이기 때문이다. 물론 솔레는 이데아를 품고 있는, 크리스트의 사상을 실현하는 완전체와 같은 지도자이긴 하지만, 현실에서는 도시국가와 같은 형태의 이탈리아와 그것마저도 남북으로 스페인과 오스트리아의 지배를 받는 현실을 보면서 절대군주제의 국가를 현실적인 이상 국가의 실현을 위한 토대로 여겼으며 프랑스와 스페인의 강력한 절대왕정을 흠모하기도 했다.

따라서 토마스 모어와 토마소 캄파넬라의 물음은 '가능한 최선의 국가는 어떤 것인가?'에 대한 각 시대의, 각 나라의, 인문주의자의 탐색인 것이다.

04

프란시스 베이컨의 과학적 유토피아 『새로운 아틀란티스』

프란시스 베이컨(Francis Bacon)은 1561년 대법관인 니콜라스 베이컨 경의 막내아들로 태어났다. 부모 모두 명문 가문 출신이므로 어린 베이컨은 12살의 어린 나이에 케임브리지 대학교에 입학하지만 필수 과목인 아리스토텔레스 철학에 매우 실망한다. 인문주의의 영향으로 고답적인 철학보다는 실용성과 효용성이 있는 학문을 선호했다. 그리고는 평생을 이어갈 실험과 관찰에 관심을 기울이는데, 그러한 관심은 르네상스적 시대정신의 반영이기도하고 후일 베이컨 철학의 근본 특징이 된다. 대학교도 졸업하지 않고 잉글랜드 대사의 수행원 자격으로 프랑스로 건너가 정치와 외교실무를 익힌다.

프란시스 베이컨 〈위키피디아 Public domain〉

20세가 되기도 전 아버지 베이컨 경이

갑자기 사망하자 베이컨의 앞날은 순탄하지 않았다. 앞에서 다룬 것 처럼 귀족이나 재산이 있는 중산층에서는 작위와 재산이 장자에게만 상속되므로 나머지 아들들은 각자 직업을 구해야했다. 아버지의 후광으로 탄탄대로를 달리던 베이컨은 이제 혼자 힘으로 자립해야 했다. 라블레는 수도자의 길을 택했는데 베이컨은 법률가의 길을 택했다. 1582년 하급변호사가 되어 이후 국회에서 활발하게 활동하지만 엘리자베스 여왕(재위 1558~1603)이 의회에 제시한 법안을 반대함으로써 여왕의 미움을 받아 출세의 길이 막혔다. 그 후 에식스 백작 재판건으로 여왕과 가까워지면서 법률가와 정치가로서 바쁜 일상을 보내지만 그는 "나는 크지 않은 정치적 목표를 가지고 있다. 그러나 엄청난 학문적 목표를 가지고 있다. 온갖 지식의 영역을 섭렵하고자 마음먹었기 때문이다."라고 쓴 편지처럼 일생을 학문과 연구에서 손을 떼지 않았다. 따라서 그는 '대개혁'이라는 공동 연구나 공동 저술 계획을 구상하고 공동연구자들이 백과사전적 지식의 결과물을 생산할 것이라고 믿었다. 물론 오늘날의 공동 연구와 같은 프로젝트에 대한 세부적 계획은 마련되지 않아서 구상으로만 그쳤지만 그러한 의도에서 『새로운 아틀란티스』라는 작품이 나오게 되었다.

1603년 엘리자베스 여왕이 사망하자 스코틀랜드의 제임스 6세가 잉글랜드의 제임스 1세(재위 1603~1625)로 즉위하게 되는데, 여기서 시대적인 배경을 잠깐 살펴보자. 헨리 8세의 뒤를 이어 에드워드 6세, 메리 1세, 엘리자베스 여왕이 즉위했고 1603년 엘리자베스 여왕의 죽음으로 후손이 없는 튜더왕조는 막이 내린다. 그러면 어떻게 스코틀랜드의 제임스 6세가 잉글랜드의 제임스 1세가 될까?

헨리 8세의 여동생 중 한 명이 스코틀랜드의 왕비가 되고 모계로 이어져서 제임스 6세는 촌수로 따지자면 엘리자베스 여왕의 손자뻘이 된다. 그러니 가장 가까운 혈육으로서 영국 역사상 처음으로 스코틀랜드와 잉글랜드(아일랜드 포함)를 함께 통치한 최초의 군주가 된다. 이때부터 영국 통합의 토대가 만들어진 것인데 스튜어트 왕조의 제임스 1세 치하에서 베이컨은 승진 가도를 달린다. 왕의 총애를 받으면서 1603년 기사 작위를 받고, 1607년에 법무차관, 1613년에 법무장관으로 발탁되더니, 1618년에 드디어 대법관에 임명되면서 베룰람 남작의 지위도 수여받는다.

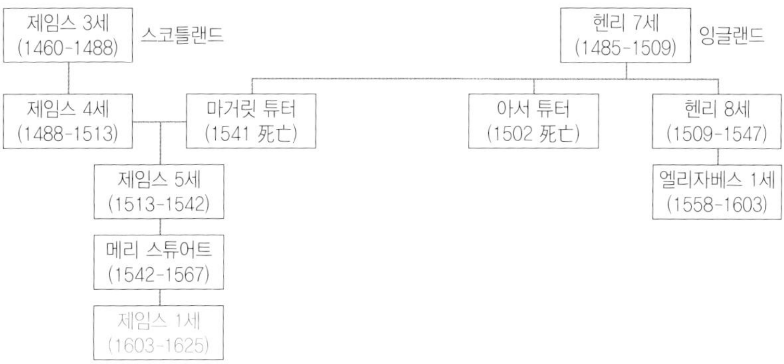

튜더 왕조와 스튜어트 왕조 가계도

간단하게 요약한 이 가계도를 보면 엘리자베스1세 사망 후 왕위가 제임스 1세, 즉 스코틀랜드의 제임스 6세로 이어졌는지 쉽게 이해가 된다. 토마스 모어는 헨리 8세 시대의 인물이었고 프랑스의 라블레는 프랑수아 1세와 카트린 드 메디치 치세하의 인물이다. 그런데 이 표에서 제임스 1세의 어머니 스코틀랜드의 메리 여왕은 카트린 드 메디치의 장남 프랑수아 2세와 결혼하여 스코틀랜드의 여왕이면서 동시에 프랑스의 왕비였다. 남편인 프랑수아 2세가 즉위 다음 해에 사망하자 시어머니인 카트린 드 메데치 섭정 왕후와 사이가 좋지 않던 메리 여왕은 본국으로 돌아와서 재혼을 하여 아들 제임스를 낳았다. 메리 여왕 자신도 아버지 제임스 5세의 사망으로 9개월의 나이에 대관식을 거행해서 여왕에 즉위했는데 아들인 제임스 6세(후일 잉글랜드의 제임스 1세)도 한 살의 나이에 왕으로 즉위한다. 어머니인 메리 여왕은 귀족들과의 권력 투쟁에서 패하여 1568년 잉글랜드로 망명하여 엘리자베스 1세에게 도움을 요청하였으나 거절당하고 감옥에 유폐되었다. 종교적으로 성공회에 불만을 가진 가톨릭 세력들은 헨리 8세의 사생아(앤 불린에게 적대적이었던 사람들은 그렇게 생각했다)인 엘리자베스 여왕보다는 헨리 7세의 혈통이며, 동시에 프랑스 왕족의 후손이기도한 메리 여왕을 잉글랜드의 적통으로 여겼다. 18년간의 망명 기간 동안 메리를 여왕으로 옹립하려는 반역 세력이 생기고 모반 시도가 여러 차례 발생하자 엘리자베스 여왕은 반역의 빌미가 되는 메리 여왕을 반역죄로 참수시킨다. 처형당할 때 메리 여왕은 가톨릭의 상징인 붉은색 옷을 입어서 마치 가톨릭교도의 순교자와 같은 이미지를 주었다.

이 점은 중요한데, 잉글랜드의 가톨릭교도들은 제임스 1세가 순교한 어머니의 영향으로 가톨릭에 대해 더 관대하고 오히려 가톨릭 국가로 돌아가기를 희망했다. 사실 제임스 1세는 즉위 후 엘리자베스 여왕 시절보다 가톨릭에 더 관대한 정책을 펼쳤다. "법령을 위반하지 않는 한 어떠한 박해도 없을 것"을 약속했지만 1603년 즉위 후 시간에 지나감에 따라 성공회를 강요하고 가톨릭을 차별하는 분위기가 있었다.

심지어 1605년에는 역사적으로 유명한 '화약음모사건'이 발생했는데, 13명의 예수회 소속 사제들이 상원 개회식에 맞춰 건물에 화약을 설치해서 폭파할 계획을 세웠다. 왕이 참석하는 행사인데 왕과 주요 귀족이 사망하면, 왕의 9살 짜리 딸 엘리자베스 스튜어트를 가톨릭 군주로 옹립할 계획이었다. 그러나 캄파넬라의 혁명 모반사건에서도 보았듯이 밀고자는 항상 내부에 있는 법, 이 계획은 탄로 났다. 소규모전투지만 그 와중에 5명은 죽고 8명은 재판을 받았는데, 그들의 처형 장면이 아주 끔찍했었다.

화약음모사건 주모자들 〈위키피디아 Public domain〉

이런 사건이 있기는 했지만 145년의 튜더왕조보다는 100여년에 걸친 스튜어트 왕조는 조금 더 안정적이었다. 엘리자베스 여왕 시절, 잉글랜드는 수장령 이후 종교 갈등의 불씨가 남아있었고, 왕위계승의 문제와 아일랜드 문제를 둘러싼 대륙 열강들의 이해관계와 상충하는 문제점들이 있었지만, 스튜어트 왕조가 시작된 17세기 초에는 이런 위험 요소들이 사라지거나 줄어들어서 역사상 보기 드문 국태민안의 시대였다. 이 시대가 바로 프란시스 베이컨이 활동을 하던 시기라는 점이다. 사회가 안정되어 가니 인구도 급격하게 늘고 특히 농촌의 농사일은 계절적인 요소가 많아서 일거리를 구하기 위해 사람들이 런던과 같은 대도시로 몰려가는 현상이 생긴다. 그 당시 실업자가 구직활동을 한다는 말은 요즈음의 실업문제와 같은 것인데 이때부터 일종의 도시 집중화가 시작되었다. 런던 인구가 50만이었다니 주택문제, 상하수도, 위생문제 등이 발생하는 것은 당연한 일이었다. 100년 전의 이상적인 사회체제를 꿈꾼 유토피아 사회와 달리 이제 유토피아는 보다 더 현실적인 문제가 되어 가고 있다.

대법관이 된 베이컨경은 뇌물수수혐의로 고소를 당하고 대법관의 자리에서 물러난다. 아버지 니콜라스 베이컨 경 이후로 다섯 번이나 대법관이 바뀌었지만 자신만큼 공정한 대법관은 없었다고 주장했지만 자신의 이력에 오점이 남은 것은 틀림없었다. 베이컨 경의 정치적 활동은 별개로 치더라도 저술과 연구에 대한 평가는 일치하는 것 같다. 관직에서 물러난 후, 연구의 결과로 『헨리 7세 치세사』, 『자연사 및 실험사』, 『삶과 죽음의 역사』, 『새로운 아틀란티스』 등의 저서를 집필한다.

1626년 3월 말, 눈 오는 날 독감에 걸려 사망하는데, 독감에 걸린 이유가 닭고기의 부패를 방지하기 위해서, 냉동효과를 실험하기 위해 눈을 모으다가 독감에 걸린 것이다. 말 그대로 '과학의 순교자'가 된 셈이다. 정치적인 경력에 불명예의 꼬리표가 붙긴 했지만 베이컨 경에 대한 평가는 새로운 시대, 즉 과학의 시대를 열었다는 점이다. 엘리자베스 여왕시대에서 제임스 1세 시대까지, 영국의 르네상스를 대표하는 인물을 꼽으라면 모두들 윌리엄 셰익스피어, 프란시스 베이컨 경, 에드먼드 스펜서 백작을 말할 것이다. 우리는 영국의 문예부흥기 한가운데에 서 있는 셈이다.

『새로운 아틀란티스』는 1626년 베이컨 경 사후에 유작으로 발표되었으니 혹자는 미완성 소설이라고 부르기도 한다. 앞에서 다룬 작품들과는 달리, 물론 16세기에서 17세기로 넘어온 점도 있지만 좀 더 이야기의 형태가 완성도를 보여주고 있다. 화자와 청자가 대화하거나 이야기를 들려주는 형식과 달리 처음부터 '우리'를 화자로 설정하고 '우리'가 직접 경험한 벤살렘 왕국의 경험담을 그리고 있다. 1516년의 유토피아에서 100여년이 지난 1626년의 『새로운 아틀란티스』에는 유토피아의 그림이 어떻게 달라졌는지, 그 차이를 찾아보는 것도 흥미로울 것 같다.

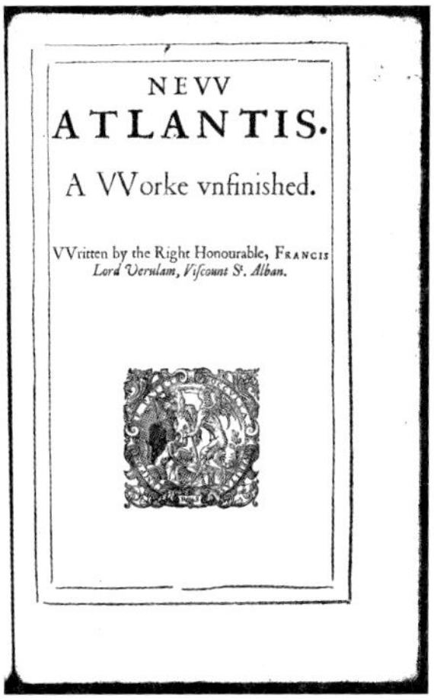

새로운 아틀란티스 1628년판
〈위키피디아 Public domain〉

작품은 어떠한 배경 설명도 없이 "중국과 일본을 향해 페루에서 출항한 우리는 남태평양의 물살을 가르면서 일 년 동안 항해를 계속했다"로 시작한다. 그러다가 바람에 떠밀려 표류하던 중 신비의 섬 벤살렘 섬에 이르게 되는데, 왜 유토피아는 섬인가라는 질문이 생긴다. 토마스 모어의 유토피아도, 프란시스 베이컨의 유토피아도, 로빈슨 크루소의 섬, 걸리버의 여행지도 섬이란 점은 베이컨이 아틀란티스 섬에서 가져온 『새로운 아틀란티스』라는 제목을 붙인 것에서도 알 수 있듯이 전설 속의 바다와 섬에 대한, 말하자면 미지의 세계에 대한 환상과 동경은 인류의 상상 속에 오래동안 자리잡고 있는 것 같다. 또한 근세로 접어들면서 함선을 이용한 탐험과 해양시대가 도래했다는 점도 반영되어 있다고 볼 수 있다.

그러나 16세기의 섬나라 유토피아와 17세기의 섬나라 유토피아에 다른 점이 있다면 '식민지'의 개념이 포함되어 있다는 점이다. 그 식민지성에는 종교가 포함되어 있는데, 유럽의 종교 여기에서 가톨릭, 개신교, 성공회를 구분하지는 않고 다만 '기독교'라고 지칭하는데 먼 태평양 어디엔가 절해고도에서 만난 원주민들이 기독교인이라는 점은 이 책을 읽을 때 가장 눈에 띄는 점이다. 사실 유럽 사람들은 전 세계 사람들의 종교는 같은 기독교라고 생각했다고 한다. 이 배에 탄 '우리'는 이 섬사람들과 소통하기 위해 스페인어로 묻고 답했다고 하는데 종교는 당연히 기독교라고 설정하는 것이 유럽 중심의 사고의 발로가 아닐까? 벤살렘 주민들은 "당신네들은 기독교인입니까?"라는 질문을 하고 "그렇다"고 대답하자 지도자는 오른 손을 하늘을 향해 쳐들었다가 입으로 가져가는 감사의 표시를 한 후 다음과 같이 말한다.

> 만일 여러분이 하나님께 다음 사실을 맹세할 수 있다면 우리 땅에 상륙해도 좋소. 여러분이 해적이 아니라는 것, 합법적이든, 불법적이든 지난 40일 동안 피를 흘린 적이 없었다는 것을 맹세한다면 말이요. (18)

여기에는 17세기 유럽의 상황을 알려주는 단서가 많이 있다. 항해의 시대, 미지의 대륙 탐험에 대한 단서, 해상에 해적이 자주 출몰한다는 점, 기독교의 메시지 등 문학이 시대를 반영하고 있다는 점을 잘 보여주고 있다. 이렇게 상륙 허가를 받은 후 화자인 '우리'가 알게 된 섬의 제도는 여러 가지 특징을 가지고 있다. 앞에서 다룬 모어의 유토피아 사회와 캄파넬라의 유토피아 사회와는 달리 이 섬에는 기독교적 가부장 제도를 기초로 하고 있다. 가장 눈에 띄게 다른 점은 과학적 지식에 기초를 둔 유토피아 사회라는 점인데, 사유재산제도가 존재하고 보석에 대한 욕망이 있는 사회가 이상적인 사회일까? 거기에서 비롯된 탐욕과 욕망, 이로 인한 범죄 등은 어떻게 해결할까라는 의문에 대한 답은 과학혁명, 즉 놀라운 과학 문명으로 인간의 모든 욕망을 해결해줄 수 있다는 것이다. 오히려 과학적 탐구 활동을 통해 순수한 지식에 대한 욕구와 이성이 물질적인 것을 해결하는 단계를 넘어서서 지배적인 정신세계를 이룬다는 것이다. 그러므로 베이컨의 유토피아를 '과학적 유토피아'라고 부른다. 사실 이 시대까지가 어쩌면 순수의 시대, 순수한 유토피아라고 볼 수도 있다. 이 과학적 지식이 발전하여 19세기에는 과학과 기술 문명이 발전시킨 디스토피아의 세계가 다가오니까.

벤살렘 사회의 정점은 '솔로몬 학술원'(Salomon's House)인데, 이 학술원의 목적은 다음과 같이 묘사된다.

> 우리 학술원의 목적은 사물의 숨겨진 원인과 작용을 탐구하는데 있습니다. 그럼으로써 인간 활동의 영역을 넓히며 인간의 목적에 맞게 사물을 변화시키는 것입니다. (72)

이러한 목적을 달성하기 위해 인공 우물과 분수, 오천, 해부학 실험실, 약국, 음향 연구실, 엔진 연구실, 수학 연구실, 등등 수많은, 열거하기도 힘든 실험실과 연구실을 만들어 연구한 결과 마치 엘리시움이나 에덴동산과 같은 이상적인 사회와 삶을 누릴 수 있다는 것이다. 그리고 이 설명을 마친 학술원 회원은 다음과 같은 말로 마무리한다.

> 나의 아들이여, 신이 그대를 축복하기를, 또 내가 그대에게 설명한 내용에 대해서 신의 축복이 있기를. 그대는 이 내용을 책으로 출판함으로서 세상의 다른 나라들도 계몽할지어다. 외부 세계에 알려지지 않은 미지의 왕국이 우리는 하나님의 품에 안겨 있느니라. (90)

이 말을 마치고 학술원 회원은 '우리'들에게 약 2,000 다카트 금화에 상당하는 보물을 하사했다는 내용으로 작품은 끝이 난다. 비교적 짧은 중편 정도의 작품인데, 이 소설의 출간이 영국 사회에 미친 영향은 엄청났다. 학술원 회원의 메시지가 베이컨이 영국사회에 보내는 메시지라는 생각이 든다. 이 내용을 세상에 알려 계몽하라는, 마치 계몽주의 시대를 도래하는 이 소설 이후 1645년 런던의 철학 아카데미, 1662년 영국학사원 창설은 베이컨의 영향을 받고 설립된 연구소이다. 16세기에는 신앙을 지키기 위해 죽음도 두려워하지 않았던 토마스 모어가 있었다면 17세기에는 과학 실험을 하다 독감에 걸려 사망한 과학 연구를 몸소 실천한 프란시스 베이컨이 있었다.

앞에서 이야기했듯이 3대 유토피아 작품의 다른 두 작품과는 다르게 『새로운 아틀란티스』에는 사유재산제도 폐지와 같은 사회제도도 주장하지 않고 정치와 사회제도는 보수적인 편으로 가부장 제도를 기초로 하고 있다. 앞의 두 작품의 저자들은 그 시대의 가난하고 참담한 생활을 하는 일반 백성들에 대한 연민과 동정의 시선을 가지고 이상적인 사회를 그려보았다면 프란시스 베이컨은 과학 시대의 도래에 대한 확신을 가지고 최전선에서 과학 혁명이 가져다 줄 유토피아 사회를 꿈꾸었다고 볼 수 있다. 실천적 인문주의자라고 할까?

베이컨은 자연과학의 위대한 성과물로 인쇄술, 화약, 나침판을 꼽았는데, 15세기 구텐베르그의 인쇄기 발명으로 대량으로 책의 보급이 가능해졌고 그 점이 종교개혁과 이와 맞물린 자국어 성경 번역과 인쇄를 가능하게 했으며 문학적으로는 소설의 발생에 기여했으며, 화약의 발명은 아이러니칼하게도 제임스 1세 암살 사건 음모를 획책하게 했으며 전쟁의 역사를 다시 쓰게 했다. 시대적으로도 16세기는 토마스 모어처럼 도덕적으로 고결하고 이상과 신앙심을 지닌 인물을 추앙하던 시대라면 17세기는 우리가 셰익스피어 작품에 등장하는 인물들에게서 보듯이 재기발랄하고 세속적으로 성공을 거두는 만능인, 르네상스형 인간이 존경받던 시대였다. 그러한 르네상스형 인간에 알맞은 모델이 바로 프란시스 베이컨 경이다. 정치가이며 법률가이자 학자, 문필가, 과학 실험을 하는 연구자로서 모든 분야에서 두각을 나타낸 인물에게 도덕적으로 뇌물수수와 멘토격인 에식스 백작을 배신했다는 등의 오점이 따라붙는 것은 오히려 인간의 한계가 아닐까? 그에게는 도덕적 흠결을 따지는 것보다는 과학 시대를 시작했다는 점에 방점을 찍어야 할 것이다. 마지막으로 이 작품에서 '솔로몬 학술원' 혹은 '6일 작업 대학'이라는 이름의 이 학술원은 베이컨이 과학 연구의 중요성을 강조하기 위해 설정한 연구소일뿐만 아니라 대학의 모델을 제시하고자 지어낸 교훈적 내용이다. 유럽에는 이미 11세기에 대학이 설립되어 대학 체계가 발전하고 있지만 작가는 가장 이상적인 모델로서의 대학 교육을 그리고 있다. 이 대학의 설계는 현실에 그대로 옮겨 놓기에는 너무나 거대하고 이상적이지만 국가에 적합한 최상의 법률과 그것의 세부적인 모습을 제시하고 있다. 따라서 교육의 새로운 패러다임을 제시했다고 볼 수 있다. 이렇게 프란시스 베이컨의 유토피아 사회를 끝내고 다음에는 100년을 지나 18세기로 넘어가자.

05

걸리버와 후이넘

조나단 스위프트 〈위키문헌 Public domain〉

『새로운 아틀란티스』가 1626년 출간되었는데 그 때부터 꼭 100년 후인 1726년 조나단 스위프트(Jonathan Swift)의 『걸리버 여행기』가 나온다.

사실 조나단 스위프트는 엄격하게 말하면 영국인이 아니고 아일랜드인이다. 영문학에서도 조나단 스위프트, 사무엘 베게트, 제임스 조이스와 같은 작가들을 영국 문학으로 분류하는데, 아일랜드가 오래 동안 영국의 지배를 받은 결과이다. 그들의 문학을 독립시켜 아일랜드 문학이라고 부르지는 않는다.

이 작품은 제목 자체에서도 알 수 있듯이 여행기인데, 여행을 하다가 배가 난파되어 어느 섬에 이른다는 것이 섬을 배경으로 문학의 기본 패턴이다. 4부로 이루어진 이 작품은 거인국, 브로브딩내그와 소인국, 릴리퍼트의 이야기가 아동문학으로 인식되어 아이들에게 인기 있는 동화가 되었고 영화나 애니메이션으로도 각색이 되었다. 그러나 유토피아문학이라는 관점에서 4부 후이넘 부분만을 다룰 예정이다.

작품으로 들어가기 전에 작가에 대해 먼저 알아보자.

<조나단 스위프트 연보>

1667년	더블린에서 출생
1686년	더블린의 트리니티 대학 졸업
1689년	영국의 윌리엄 템플경의 비서
1692년	옥스퍼드 대학교에서 석사학위
1694년	아일랜드의 영국성공회 성직자로 임명
1695년	아일랜드의 시골 교회 사제로 부임
1701년	더블린 대학교에서 신학박사 학위
1702년	앤 여왕 즉위
1710~14년	더블린의 성 패트릭성당 주임사제 & 런던에서 토리당 기관지 편집
1714년	앤여왕 서거 후 휘그당 정부가 들어서자 더블린으로 돌아와 사제직에 몰두
1724년	아일랜드의 자유를 옹호하는 <드레이피어의 서한>을 익명으로 발표
1726년	런던에서 익명으로『걸리버 여행기』발간
1745년	사망

이 표에서 보듯이 스위프트는 앞에서 다룬 작가들보다는 비교적 순탄한 삶을 살았다고 볼 수 있을까? 적어도 처형을 당하거나, 감옥에 갇히거나, 이단으로 몰려 재판을 받지는 않았다. 17세기 이후 아일랜드에는 잉

글랜드에서 건너온 장로교 신자들이 북부를 중심으로 새로운 정착민이 자리 잡았다. 앞서 엘리자베스 여왕 시절 잉글랜드의 문제가 풀리지 않은 과제 중의 하나였다고 말했는데, 그 시작은 헨리 8세 시절로 거슬러 간다. 헨리 8세는 아일랜드에 대한 잉글랜드 국왕의 통치를 선언했고 엘리자베스 여왕과 제임스 1세 시대까지도 아일랜드 재정복이 이어져왔다. 어떤 나라를 식민지화하고 식민 상태를 공고히 하기 위해서는 본토의 주민을 이주시키는 것이 식민 역사에 있어서 하나의 패턴이다.

어쨌든 스위프트의 부모도 영국에서 더블린으로 이주한 사람들인데, 태어나기도 전에 아버지가 돌아가시자 유복자로 태어난 스위프트는 삼촌의 손에서 자랐다. 좋은 환경이 아니었다고 하는데 트리니티 대학을 졸업한 후 런던으로 건너가 영국에서 기회를 잡으려고 노력했다. 그 당시 신망이 높은 정치가 윌리엄 템플경의 비서로 취직하면서 정치가의 야망을 품었으나 그 당시 영국은 다음 표에서 보듯이 제임스 2세의 즉위 문제로 양당으로 나누어지게 된다.

스튜어트 왕조 가계도

이 가계도에서 보듯이 엘리자베스 여왕의 후손이 없어 스튜어트 가문으로 왕의 혈통이 이어졌으며 스코틀랜드의 제임스 6세가 잉글랜드의 제임스 1세로 즉위하면서 국가 통합의 기초를 닦았다고 앞서 언급했다. 제임스 1세의 아들인 찰스 1세가 아버지의 뒤를 이어 1625년 왕위에 올랐는데, 그는 최초로 청교도 혁명으로 왕위에서 끌려 나왔으며 참수당한 유일한 왕이었다. 놀라운 역사인데 모든 갈등의 원인은 종교적인 문제였다. 그는 성공회를 모든 국민들에게 특히 스코틀랜드인들에게도 지나치게 강요하였고, 우리가 역사적으로 잘 알고 있는 '메이플라워' 호를 타고 대서양을 건너 신대륙으로 건너간 사람들이 종교의 박해를 피하여 영국을 떠났다는 이야기가 바로 이 시대에 해당된다. 즉 개신교에 대한 성공회 강요였던 것이다. 일부는 네덜란드로 이주하여 배를 타고 신대륙으로 새로운 세상을 찾아서, 아마 유토피아를 꿈꾸며 떠나갔고 일부는 찰스 1세에 반기를 들어 청교도 혁명을 일으킨 것이다.

1649년 찰스 1세가 처형당하고 11년 동안 올리버 크롬웰이 주도하는 공화정이 지속되었는데, 영국 역사상 왕위가 중단되었던 유일한 시기였다. 그러나 영국 역사상 최초이자 마지막인 '잉글랜드 공화국'을 수립한 크롬웰도 군사독재의 정권이었으며 국민의 다수가 가톨릭인 아일랜드를 개신교 보호를 구실로 징벌했을 때는, 그 잔인무도함은 악명을 떨쳤다.

공화정을 추구했지만 호국경이 된 후 종신을 원했고 끝내 왕이 되려 했던 크롬웰의 자취를 따라가면 권력에 대한 욕망은 어쩌면 아주 오래되고 보편적인 인간의 욕망임을 알 수 있다. 그렇게 해서 1660년 처형된 찰스 1세의 아들이 찰스 2세로 왕위에 오르자 왕정복고는 마무리된다. 1685년 찰스 2세가 후손이 없는 채로 사망하자 동생 제임스 2세가 왕이 되는데, 이때가 영국의 정당 정치의 시초가 되는 토리당과 휘그당이 시작된다.

지금 되돌이켜 보면 아주 아이러니칼한 이야기지만 토리당과 휘그당의 출현이나 주장도 그 원천은 종교적인 문제이다. 즉 로마가톨릭 신앙의 회복에 힘쓰는 제임스 2세가 영국의 왕으로 적합한지를 두고 적합하다고 주장하는 쪽은 토리당이고 반대하는 쪽은 휘그당이었다. 그러니 오늘날 보수당이 된 토리당과 19세기에 '자유당'으로 이름을 바꾼 휘그당의 대립은 정책이나 정치적 강령을 가진 정치적 집단이라기보다는 제임스 2세의 즉위 문제 하나만을 두고 대립하던 정당이었다. 결국 제임스 2세가 즉위하자 토리당이 정당간의 대결에서 승리를 한 셈이다.

조나단 스위프트는 그 당시 명망 있던 템플경의 비서로 일하면서 정치세계를 맛보았고 이후로 토리당의 기관지를 편집하면서 신학박사 학위를 받아 아일랜드의 영국성공회의 성직자로 임명되기도 한다. 식민지 지배하의 성공을 꿈꾸는 정치적 야망을 가진 젊은이였는데 그러나 제임스 2세는 왕의 종교정책에 불만을 가진 개신교도들의 1688년 명예혁명에 의해 프랑스로 망명하여 영국으로 돌아오지 못하고 거기서 사망한다. 명예혁명 이후 1689년 네델란드에서 태어나고 자란 윌리엄 3세가 즉위하고 1702년 앤 여왕이 그 뒤를 이어 즉위한 후 1714년 후손이 없는 채로 사망하면서 스튜어트 왕조도 막을 내리고 독일계의 하노버 왕조가 시작된다.

스위프트의 일대기에서 앤 여왕이 사망하자 이제는 휘그당이 세력을 잡게 되고 조나단은 런던에서 제대로 정치적 야망을 펼 수 없게 되자 아일랜드로 돌아가서 런던의 성 패트릭 성당의 사제직을 수행한다. 세상의 권력의 끈을 놓고 나니 그에게는 영국의 압제하에서 신음하는 조국 아일랜드의 현실이 눈앞에 보였던 것일까? 자신이 "비참한 아일랜드에 있는 형편없는 더블린"이라고 표현한 더블린에서 사제직을 수행하는 동안 영국의 지배와 착취에 시달리는 아일랜드 국민을 깨우치게 할 필요성을 절감했다. 그래서 <드레이피어의 서한>(Drapier's Letters)을 익명으로 발간하는데, 그 당시 영국의 계략으로 아일랜드에 저질 화폐를 유통시키려는 음모가 있었다. 가난한 아일랜드를 더 가난하게 만들 이 음모를 막고자 스위프트는 이 화폐 유통를 거부하고 영국에 맞서 싸울 것을 종용하는 편지를 드레이피어라는 이름으로 발간하였다.

이 내용이 너무 선동적이고 효과적이어서 영국 정부는 익명의 저자에게 현상금까지 걸었으나 모두 조나단 스위프트가 저자라는 걸 알았음에도 불구하고 아무도 밀고하는 사람은 없었다. 따라서 이 저질 화폐의 유통은 저지되었고 스위프트는 갑자기 아일랜드의 애국자로 추앙받게 되었다. 16세기에 시작된 영국의 아일랜드 식민 지배는 아일랜드가 1801년 정식으로 영국에 합병되어 1922년 독립전쟁을 통해 아일랜드공화국을 수립할 때까지 지속되었다. 그러나 그 오랜 세월의 식민지배하에서도 아일랜드인들은 그들 고유의 언어를 지켜내었기 때문에, 지금도 아일랜드에 가면 모든 문서가 -길거리의 간판이나 안내사항 등- 영어와 함께 제1 공용어인 게일어(Gaeilge)로 되어 있음을 볼 수 있다. 물론 이 독립은 아일랜드섬의 32개 주 가운데 남쪽 26개 주를 말하고 북부 6개 주는 영국의 영토이다.

16세기에 시작되었던 영국 본토인들의 후손은 자신들은 영국인이고 종교도 남아일랜드의 가톨릭과는 다른 영국성공회를 따르는 별도의 국가라고 생각을 한다. 아마 조나단 스위프트에게는 런던에서 겪은 정치의 실체에도 환멸을 느끼고, 조국 아일랜드의 현실에도 눈을 뜨게 되었으며, 『걸리버 여행기』의 작가로 명성과 부를 얻게 되어 더블린에서 제2의 인생을 시작한 것 같다. 그의 작품은 그 이전과는 다른 풍자의 요소가 가장 두드러진 특징인데, 영국의 착취와 고통받는 아일랜드의 참상을 직설적으로 쓰기 보다는 풍자적으로 표현한 것은 시대 상황과 분리해서 볼 수는 없는 문제다. 그가 직접 라틴어로 쓴 자신의 묘비에는 다음과 같은 글이 새겨져 있다.

> 여기에 스위프트가 쉬고 있다. 그 격렬한 분노도 여기서는 그의 가슴을 찢지 못하리라. 속세에 도취한 나그네여! 그를 감히 모방해보라. 그는 인간의 자유에 이바지했느니라. (362)

스위프트의 일대기를 잘 살펴보면 그가 느낀 격렬한 분노나 인간의 자유를 좀 더 잘 이해할 수 있다. 식민지 아일랜드를 탈출하여 영국 본토에서 대주교나 사제직을 받는, 말하자면 성공한 성직자가 되기를 원했으나 그에게 주어진 자리는 그가 말한대로 '비참한 아일랜드'의 사제직이었다. 그가 젊은 시절 명망가 아래에서 배우고 익힌 정치와 인간관계 등을 이용하여 세속적인 성공을 원했으나 좌절된 꿈, 그것이 초기에 느낀 좌절감이 아닐까. 그러나 중년에 접어 들며 세속적인 욕망도 서서히 사라지고 새로운 세계-즉 억압받고 착취당하는 동포 아일랜드인들의 참상에 눈을 뜨게 되면서 어쩌면 자신이 이루고자 했던 야망의 덧없음을 깨달은 건 아닐까? 거기에서 느끼는 자괴감 같은 것이 있다면, 그는 작품에서 영국과 아일랜드의 현실을 직설적으로 쓰는 대신 풍자와 비유를 사용하지 않을 수 없었다. 주인공 르뮤엘 걸리버가 스위프트 작가 자신인가에 대한 논의도 많이 있지만 문학은 문학으로 보는 것이 더 열린 해석인 것 같다.

앞에서도 이야기했지만 4부로 구성되어 있는 전체 작품 중 흔히 1부 소인국(릴리퍼트)과 2부 거인국(브롭딩낵)의 내용을 줄이고 편집하여 마치 신기하고 재미있는 상상의 모험기인 아동문학인 것처럼 통용되어 왔다. 그러나 특히 3부 떠다니는 공중의 섬나라 라퓨타는, 한국에선 일본 애니메이션 미야자키 하야오 감독의 '천공의 성 라퓨타'로 더 유명한 것 같기도 하지만 아일랜드에 대한 영국의 지배와 강압적 정책을 신랄하게 풍자하고 있다. 또한 영국의 토리당과 휘그당의 권력투쟁에 대한 비판을 담고 있다.

따라서 여기서 다룰 부분은 4부 후이넘(Houyhnhnm)의 나라인데, 마(馬)인국이라고도 한다. 후이넘의 뜻은 '자연의 완성'이란 뜻으로 후이넘은 후이넘스랜드(Houyhnhnms Land)를 다스린다. 걸리버는 매번 여행을 떠나지만 다시 영국으로 돌아와서 가족과 행복한 시간을 보내다가 또 다시 여행을 떠난다. 라퓨타 여행을 하고 5년 6개월 만에 고향에 돌아온 걸리버는, 5개월 만에 다시 350톤짜리 어드벤처호의 선장이 되어 항해를 시작한다. 그러나 부하 선원들이 반란을 일으켜 그를 어느 해안에 버려두고 떠난다. 그곳에서 바로 후이넘을 만나는데 걸리버의 생각에는 가장 이상적인 종족으로 이 곳이야말로 이상적인 나라라고 생각하고 계속 머물기를 바란다. 그 곳에는 병이라는 것이 없으며 다치면 약초로 치료하며 이성을 최대한 개발하는 우수한 교육도 모든 주민이 동등하게 받으며 모든 재물을 공동 소유하는 평등한 사회주의 사회이다. 전쟁도 없으며 빈자와 부자의 개념조차 없는 사회인데, 가장 눈에 띄는 특징은 그들에게 없는 것들, 즉 의심, 불신, 거짓말, 권력과 재산에 대한 욕망, 정욕, 무절제, 악마, 권력, 정부, 전쟁, 법률, 처벌 등의 단어이다. 특히 '거짓말'을 뜻하는 단어가 없어서 '그렇지 않은 것'(things which are not)이라고 표현을 한다. 추상적이기도 하고 윤리적이기도 한 표현이다.

그들 종족에게는 모든 것이 진실이고 모든 행동이 이성적이며 감정도 사랑과 우정과 같은 감정이다. 또한 배우자나 자식에 대한 특별한 애정이 아니라 모든 후이넘에 대한 박애의 감정이 지배적이다. 따라서 진정한 공동 사회인 거죠. 말을 이성을 가진 완벽한 인격체로 삼고 야후라는 인간종족을 가장 비열한 존재로 그리고 있다.

저자는 인간에게 진정 환멸을 느낀 것일까? 프랑수아 라블레가 거인을 작품의 소재로 삼은 것처럼 풍자에 알맞은 대상을 찾아서 인간과 말을 바꾸어 인격을 바꾸었을까? 이 점에 대해 스위프트는 이렇게 말한다.

> 나의 모든 작업에서 내가 하려고 하는 주요 목표는 세상 사람들을 즐겁게 해주려는 것이 아니라 화나게 하려는 것이다. 나는 언제나 민족이니, 직업이니, 사회니 하는 것을 미워했고, 개개인은 전적으로 사랑한다...(중략) 나는 인간이 '이성적인 동물'이라는 정의가 거짓임을 증명하고, 그것은 다만 '이서의 능력이 있는' 동물이라고 논증할 자료들을 가지고 있다. 이 거대한 인간혐오의 바탕 위에 나의 『걸리버 여행기』라는 건물이 세워졌다. (368)

스위프트가 알렉산더 포프에게 보낸 편지에서 인용한 내용인데, 그가 겪었던, 한때는 동경했던, 영국 사회와 정치에 대한 혐오가 묻어나오는 말 같다. 어떤 비평가는 이 모든 것이 재미와 농담이며 이런 유머는 로마 시대의 유산이라고도 말한다. 어쨌거나 가장 순수한 이성을 가진 존재는 말이고, 인간종족인 야후는 가장 비열하고 천박하며 미덕이 없으며 온갖 탐욕과 음탕과 질투의 덩어리로서 휴이넘의 지배를 받는 종족이다. 야후를 묘사하는 장면은 더 이상 추한 존재는 없는 듯 읽기만 해도 비열한 모습이 상상되는 그러한 모습으로 그려지는데 마치 하이에나와 같다고 할까? 휴이넘이 던져주는 음식을 게걸스럽게 먹는 모습을 보며 걸리버는 "그 어떤 지각을 가진 존재 중에서, 어느 모로 보나 그렇게 혐오스러운 동물은 본 적이 없다고 시인합니다."

반면 처음 걸리버를 마주한 휴이넘은 걸리버가 그들의 종인 야후와 닮았다고 생각한다. 그러나 걸리버가 그들의 말을 배우려고 노력하고 5개월 만에 그들의 말을 거의 알아들을 수 있고 자신이 하고 싶은 말도 대부분 표현할 수 있게 되자, 그들은 걸리버와 다양한 주제에 대해서 이야기한다. 걸리버의 여행담과 영국의 정치제도, 전쟁을 하는 이유, 법률제도 등의 이야기를 나눈 후 그들이 걸리버에 대해 내린 결론은 야후와 비슷하게 생긴 동물이지만 우연히도 '이성의 한 조각'을 나눠 가지게 된 '일종의 동물'이란 것이다.

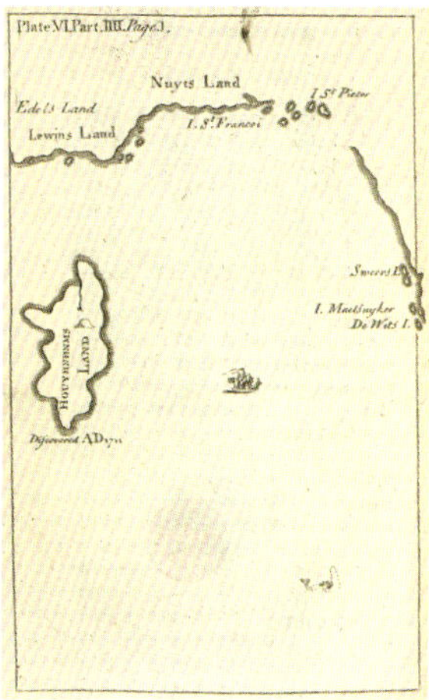

휴이넘즈랜드 지도 〈위키미디어 commons〉

휴이넘즈랜드에 온 지 1년도 되기 전에 걸리버는 휴이넘에게 완전 매료되고 강한 애정과 존경심을 가지게 되어 이 곳에서 여생을 보내기로 결심한다. 다시는 인간 세상으로 돌아가지 않고 사악함에 대한 유혹도, 본보기도 없는 이 세상에서 휴이넘과 함께 모든 미덕을 실천하면서 사는 꿈을 꾸었다. 여기가 바로 유토피아 세상인 것이다.

휴이넘과 걸리버 〈위키백과 Public domain〉

이렇게 유토피아 사회를 만난 걸리버는 이곳에서 평생 살겠다고 마음먹지만 휴이넘의 총회의 결과에 따라 걸리버를 데리고 있던 주인(걸리버는 이렇게 불렀다)은 걸리버를 다른 야후들처럼 사용하든지, 아니면 원래 왔던 곳으로 걸리버를 헤엄쳐서 돌아가게 하라는 '권고'를 받았다. 이 총회의 결과도 그들은 이성적인 존재이므로 강요나 명령 같은 개념은 아예 없으며 가장 비슷한 뜻으로 권고라고 번역할 수 있는 정도였다. 주인의 말을 듣고 극도의 슬픔과 비탄에 빠진 걸리버는 기절을 했다. 차라리 죽는 것이 백배, 천배 낫다고 생각할 정도였으니까. 헤엄을 쳐서 바다를 건널 수 없으므로 걸리버는 두 달의 기한을 허락받고 배를 만들어 휴이넘즈랜드를 떠난다. 다음은 작별 장면이다.

> 바람이 내가 가려고 하는 섬 쪽으로 아주 유리하게 부는 것을 보고, 나는 주인에게 또다시 작별을 고했다. 그러나 그의 발굽에 키스하려고 엎드리려고 할 때, 주인은 황공하게도 그의 발을 살며시 나의 입까지 들어 올려주었다. 나는 이 사실을 밝힌 것에 대해서 얼마나 많은 비난을 받았는지를 잘 알고 있다. 왜냐하면 나를 비방하는 자들은, 그렇게 훌륭하신 인물이 나처럼 열등한 동물에게 그런 칭찬의 표시를 해줄리 만무하다고 생각하기 쉽기 때문이다. (337)

이렇게 해서 휴이넘과 작별을 한 걸리버는 영국에 돌아가지 않고 무인도를 발견하여 혼자 살기를 소망했다. 왜냐하면 야후들의 사회로 돌아가서 야후들의 정부하에서 산다는 것이 끔찍했기 때문이다. 그러나 여러 가지 우여곡절을 겪은 후 고향에 돌아온 걸리버는 야후들의 냄새를 맡고 기절한다. 부인이 반가운 마음에 걸리버를 꽉 껴안고 키스를 했기 때문이다. 그가 한 첫 번째 한 일은 두 마리의 젊은 수컷 말을 사고 마구간을 지어서 적어도 매일 네 시간은 말들과 대화하는 일이었다. 그리고 야후들에게서 나는 냄새가 역겨워서 약초나 라벤더로 코를 늘 막고 다닌다. 그리곤 휴이넘들의 미덕과 고결한 정신을 잊지 않고 실천하려고 노력한다.

이렇게 마무리를 하면서 끝이 나는데, 조나단 스위프트의 『걸리버 여행기』(1726)와 동시대의 다니엘 디포의 『로빈슨 크루소』(1713) 같은 작품이 초기 소설 형태라고 앞에서 설명했다. 그 이유는 완전한 서사라기보다는 작가의 말, 즉 작품의 마지막 구절, "따라서 이 악덕의 기미가 조금이라도 있는 자는 나의 시야에 감히 나타날 엄두도 내지 말아달라고 간절히 바라는 바이다. 끝."처럼 주인공의 서사와 작가의 말이 섞여 있는 형태가 일반적이다. 작가는 작품 바깥에 존재하지 않고 계속해서 작품 안으로 끼어든다. 이러한 점이 소설 장르가 완전히 정착되지 않은 시대의 특징이라고 볼 수 있다.

앞서 프란시스 베이컨 경의 『새로운 아틀란티스』가 과학적 유토피아를 시작했다고 설명했는데 크게 보면 유토피아 문학은 환상 문학의 범주에 속한다. 어디에도 없는 가상의 세계이니까. 『새로운 아틀란티스』 출간 후 100년이 지나 출간된 『걸리버 여행기』 역시 환상 문학이기는 하지만 18세기 작품의 특징은 그 과학이 좀 더 구체화되어 있다는 점이다. 걸리버가 16년 7개월에 걸친 여행담이었음을 증명이라도 하듯이 지도와 나침판을 이용한 해도와 여행한 나라를 묘사하는데 사용한 수학이 그 이전의 문학과는 차이가 나는 점이다. 실제로 18세기에는 수학적 개념과 증명, 수학소의 개념들의 시대였으며 수학적 지식이 축적된 후 문명이 발전한다는 것도 주지의 사실이다.

걸리버의 첫 번째 여행국인 '릴리퍼트'에서 소인국 사람의 신체 크기의 비율을 나타내는데 기하학적 모델을 이용한다. 자신은 그들보다 "12 대 1의 비율로 더 크며 이에 따라 몸도 그들 1728명을 수용할 만한 크기이며 따라서 필요한 음식도 1728인분 정도일 것이다. 소인국 주민들의 평균 신장은 대략 6인치 정도로" 묘사되며, 이는 환상 문학에 구체성을 제공하여 독자들이 그가 제시하는 이야기를 완전한 허구가 아님을 믿도록 하려는 전략이라고 볼 수 있다. 작가가 수학자도 아니며 이 기하학과 모든 수치를 완벽하게 검증을 한 것도 아니지만 적어도 작품에서 허구성을 배제하고 구체성을 담으려는 18세기적인 특징이라는 점은 분명한 것 같다.

이렇게 각 시대 마다 그 시대의 특징이 나타난다. 또한 항해와 미지의 신대륙에 대한 탐험의 역사는 15세기에 시작되어 19세기 말 빅토리아 왕조에 이르기까지 계속되는 항해 모험과 식민지개척의 역사를 보여주고 있다. 다음에 다룰 사무엘 버틀러의 『에레혼』도 마찬가지다. 그 이전 시대에서 발견한 새로운 땅으로의 모험을 다루고 있다.

06

근대 3대 유토피아 『에레혼』, 『유토피아에서 온 소식』, 『뒤를 돌아보며』

사무엘 버틀러(Samuel Butler)는 1835년에 태어나서 1902년에 사망한 영국 작가인데, 그가 1872년 출간한 『에레혼: 또는 다양성 너머』가 근대의 유토피아 문학으로 평가받는다. 재미있는 것은 이 작품의 제목인데, 유토피아가 아무데도 없는 곳이라는 뜻이다. 영어로 "아무데도 없는"이란 단어는 "nowhere"인데 이 철자를 거꾸로 하면 "erehwon"이 되지만 영어식으로 바꾸어 "erewhon"으로 사용한다. 이 단어를 철자대로 발음하면 '에레혼'이 된다. 결국 어디에도 없는 단어인 셈이다. 이젠 풍자의 시대를 지나 본격적인 식민지땅을 배경으로 하는 작품이 탄생한다.

에레혼 초판 〈위키피디아 Public domain〉

뉴질랜드는 약 700여 년 전 폴리네시

아인들이 이 땅을 발견하고 정착해서 마오리족 문화를 정착시켰는데, 1642년 최초의 유럽 탐험가가 뉴질랜드에 도착한 후 1840년 뉴질랜드는 마우리족과의 조약을 통해서 영국의 식민지가 되었다. 왜 갑자기 영국에서 먼 뉴질랜드 이야기냐고? 사무엘 버틀러의 『에레혼』이 작가의 뉴질랜드 경험에서 비롯된 작품이기 때문이다. 『걸리버 여행기』 출간이 1624년이고 『에레혼』이 1872년 출간이니 150년 이상의 시간이 흘렀다. 이제는 신대륙 발견이나 식민지 개척 시대를 넘어서서 식민지에서의 생활이 소재로 등장하는데, 이 시기의 영국은 '해가 지지 않는 나라'로서 전 세계에 식민지를 가진 나라, 즉 식민지시대의 절정에 이르렀을 때이다.

그럼 먼저 빅토리아시대부터 알아보자. 빅토리아 여왕은 1819년에 태어나서 1837년 즉위하여 1901년 사망할 때까지 무려 64년 동안 그레이트 브리튼 아일랜드 연합왕국의 왕이었다. 하노버 왕조는 독일계로 동군연합의 전통을 이어받아 조지 1세부터 빅토리아 여왕 이전 윌리엄 4세까지는 영국과 독일의 동시 군주였지만 독일에서는 여성 상속권을 인정하지 않았기 때문에 영국의 왕위만 계승하게 되었다. 여왕은 재위기간 동안 제국주의를 가속화하여 영토 확장에 힘을 기울여 세계 전체 대륙의 4분의 1을 확보하였고 4억 명의 인구를 보유한 "해가 지지 않는 나라"를 이루었다.

여왕은 강하고 소박하며, 정직한 성격으로 국내외의 중대한 문제들을 교묘하고 과단성 있게 해결하여 제국의 번영을 이루었으며 국민의 절대적 지지와 존경을 받았고 여왕의 재위기간 동안 대영제국은 사상 최고의 번영을 누린 시기였다. 엘리자베스 2세 여왕 다음으로 긴 재위기간 동안 즉위 50주년인 1887년 골든 주블리를, 즉위 60주년인 1897년에 다이아

몬드 주블리를 거행했다. 빅토리아 시대를 간단히 설명하기는 어려울 정도로 세계정세가 변화무쌍하고 과학과 기계 문명의 발전이 놀라운 시대였다. 따라서 여기에서는 빅토리아 시대의 문학과 관련된 특징만을 살펴보겠다. 가장 중요한 특징은 식민지개척의 절정기라는 점이다. 3C 정책(3C Policy)이라고 불리는 이집트의 카이로(Cairo), 남아프리카의 케이프타운(Capetown), 인도의 캘커타(Calcutta)를 거점으로 하는 식민정책을 추진하였으며 그 과정에서 프랑스, 러시아, 독일과의 충돌도 발생했다. 이 식민지 영토를 둘러싼 갈등이 후일 20세기 들어서 1914년에 시작된 1차 세계대전의 원인을 제공하게 된다. 그러나 1858년 인도제국을 세워 인도를 영국이 직접 통치를 하는 식민제국에 편입시켜, 1877년 빅토리아 여왕은 최초로 인도의 황제로 즉위하기도 한다.

그리고 과학 기술의 발전 역시 그 이전 시대와는 다른 괄목적인 성과를 나타내는데, 19세기 말에는 이미 사진술, 영화, 축음기, 소총, 수혈 등 모든 분야에서, 그 시대 사람들 생각에는 인류의 과학 기술이 정점에 이르렀다는 생각을 하게 된다. 기계 문명에 대한 찬양과 동시에 그것이 불러올 미래의 불안감이 동시에 있었다. 그 점이 『에레혼』에도 나타난다. 그리고 마지막으로 1859년 발간된 찰스 다윈의 『종의 기원』의 영향이다. 이 저서가 그 시대에 미친 영향은 빅토리아시대 사람들의 문학, 문화, 종교, 세계관, 우주관 모든 분야에 걸쳐 나타난다.

사무엘 버틀러 〈위키백과 Public domain〉

사무엘 버틀러는 19세기 영국의 사회계층 중 귀족, 젠트리 다음 계층인 요먼 출신인데, 넓게 보면 중산층이다. 아버지는 목사인데 아주 엄격한 가정 분위기를 만들고 자녀에게 그 당시 드문 매질도 했다고 한다. 버틀러는 후일 부모에 대해 "선천적으로 잔인하고 어리석은" 사람들이라고 평가를 했다. 부모와 사이가 좋지 않은 건 당연한 일이다. 캠브리지 대학을 졸업한 후 아버지의 희망대로 잠시 런던의 교구 목사직을 수행했지만 가족과 가능한 멀리 떨어져있기 위해 1859년 뉴질랜드로 이민을 간다.

이 시대가 영국의 식민지 건설이 최고조에 이를 때이므로 새로운 삶을 찾아 본국을 떠나 호주와 뉴질랜드로 떠나는 사람들이 많았던 때이다. 현재도 뉴질랜드에 가면 찾아볼 수 있는 메소포타미아 스테이션(Mesopotamia Station), 즉 양 목장에서 목부(牧夫)로 일한다. 그림 같은 초원 위에 양들이 평화롭게 풀을 뜯는 그러한 목가적인 풍경을 상상하면 될 것이다. 그런데 버틀러는 1859년에 출간된 다윈의 『진화론』을 읽고 생물학적 진화이론에 매료되었다. 그 지역의 잡지 *The Press*에 익명으로 편지를 기고하는데, 인간의 진화를 기계의 진화에 비교하며, 장래에는 결국 기계가 열등한 존재인 인간을 대신해서 지구를 지배할 것이라고 말한다. 『걸리버 여행기』에서 말이 인간 종족을 지배하던 시대에서 한 시대가 지나간 것을 볼 수 있다. 컴퓨터가 인간보다 더 빠른 속도로 진화하며 폭발적인 기술 변화를 통해 인간은 미지의 미래로 달려가고 있다는 내용은 엄청난 반향을 일으키며 논쟁거리가 되었다.

1864년, 5년간의 뉴질랜드 생활을 정리하고 목장을 팔아 큰 수익을 남긴 버틀러는 영국으로 돌아온다. 그리고 그 때의 경험을 바탕으로 1872년 유토피아 소설인 『에레혼』을 출간한다. 앞선 유토피아 소설과 마찬가지로 항해 중 미지의 섬을 만나게 되고 거기에서 알게 된 이상적인 사회 모습을 전달하는 패턴의 문학이다. 상상여행 소설의 전통을 따르고 있으며 특히 『걸리버 여행기』와 함께 풍자소설로도 볼 수 있다. 이번에는 말 대신에 기계이지만.

앞에서 에레혼은 nowhere를 거꾸로 읽은 것이라 했는데 자세하게 살펴보면 erehwon의 철자가 만들어져야 하겠지만 h와 w의 순서를 바꾸어 이중의 풍자라고 할까 erewhon이 된다. 한 번 더, 어디에도 없는 단어, 어디에도 없는 나라라는 점이 강조된다. 작품 초판 서문에 "저자는 에레혼이 모두 단모음인 3음절의 단어, '에-레-혼'으로 읽히길 바란다"(15)라는 구절이 쓰여 있다.

작품은 화자 '나'가 어떻게 에레혼에 이르게 되었는가를 설명하는 데서부터 시작한다. 뉴질랜드 산맥을 헤매다가 에레혼으로 들어가는 모험을 다루는데, 이 나라에서는 주인공이 빅토리아조 영국에서 습득한 거의 모든 가치와 판단, 이성을 뒤집어놓는다. 몇몇 예를 찾아보자. 처음 에레혼에 도착했을 때 간수의 집에서 간수의 딸 이람이 주인공 힉스를 돌보아 주었는데 힉스가 그들의 말을 한 달 만에 익혀서 의사소통에는 문제가 없을 정도가 되었다. 하루는 지독한 감기에 걸려 몸이 아프다고 이람에게 말했을 때 그녀의 반응은 예상 밖이었다. 이람은 화를 내면서 어떻게 감히 그런 말을 하냐며 쏘아붙였다.

> 에레혼에서 모든 질병은 죄악이자 비도덕으로 여겨지며, 감기에만 걸려도 영주 앞에 끌려가서 상당 기간 투옥될 수 있다고 일러준 것이다. 무척 놀라서 뭐라 대꾸도 할 수 없었다. (94)

질병을 범죄로 취급하는 것과 달리 범죄 행위는 중요하게 여기지 않는다.

> 에레혼 사람들은 신체적 질병에 대해서는 크게 잘못된 죄악이라 생각하면서 정작 범죄 행위에 대해서는 아무런 죄의식도 없다. 그럼에도 이기적인 에레혼 사람은 친구가 은행 강도짓을 하면 회복될 때까지 외면하고 무시하는 경우도 있다. 드러나 적어도 에레혼 사람들은 범죄자를 경멸하고 무시하며 "내가 너라면 그따위로 굴지 않았을 텐데"와 같은 말을 하지 않는다. (113~4)

모든 것이 거꾸로인 이 사회는 그가 떠나온 영국의 제반 풍속과 제도에 대한 비판을 담고 있다. 특히 그 당시의 영국에는 범죄도 많았지만 범죄에 대한 처벌이 아주 심각했다. 소매치기에 대해서도 교수형이 집행되기도 하는 등 사회가 생산한 환경적인 문제로 인한 범죄에 대한 관용이 없었던 점을 이렇게 풍자적으로 비판하는 것이다. 또한 에레혼 사람들은 이성보다 부조리를 선호하여 '비이성대학'(College of Unreason)을 운영할 정도이다. 22장 <비이성의 대학 II>에서는 비이성의 주장이 드러난다.

> 에레혼에서는 누구나 각자 다른 의미에서 천재라고 말하면서 전작 천재가 무엇인지에 대해서는 아무런 설명도 하지 않는다. 육체가 완벽하게 건강한 사람은 없으므로 누구나 몸 어딘가에는 문제가 있다. 한편 육체가 완벽하게 병든 사람도 없으므로 누구나 몸 어딘가는 건강할 것이다. 또한 정신적으로든 도덕적으로든 완벽한 사람은 없으니, 누구든 마음 한구석은 건강하며 다른 한 구석은 사악할 것이다. 즉, 어떤 사람이든 어딘가 현명하고 존중받을 구석이 있는 것이다. 마찬가지로 천재치고 바보가 아닌 이가 없으며 바보치고 천재가 아닌 이도 없다. (232)

이 작품에서 가장 중요하게 다루어지는 부분은 전체 28장 가운데 23~25장 '기계의 책'(The book of the machines)이다. 이미 뉴질랜드에서 발표한 글을 수정해서 이 책에 포함시킨 부분인데, 여기에 미래의 인공지능이나 컴퓨터와 같은 개념들이 등장한다. 조금 길지만 본문을 보자. 주인공이 일정한 기간을 보내고 언어도 완전히 습득한 후 드디어 왕과 왕비를 만나러 가는 기나긴 여정 중에 만나게 되는 비이성대학에서 교육을 받은 에레혼 사람들에게 다음과 같이 질문한다.

> 오래된 기계들을 전시하는 박물관과 모든 예술과 과학, 발명의 분명한 퇴보에 대해 물어보았다. 약 400년 전만 해도 이들의 기계에 관한 지식이 우리보다 훨씬 뛰어나고 대단히 빠르게 진보했다고 한다. 그때 가장 학식 있는 가설학hypothetics 교수가 기계는 궁극적으로 인류를 대체하게 되며, 식물에 비해 동물이 우세하듯이 기계는 동물보다 우월하고 동물과는 다른 생명력을 지닌 약동하는 존재가 될 것임을 입증하는 뛰어난 저서(나중에 이 책의 내용을 발췌하여 알려주겠다)를 발표했다..(중략) 결국 271년 이상 사용되지 않은 모든 기계가 말소되었으며, 기계 개량이나 발명은 법률상 최악의 범죄라 여겨지는 발진티푸스의 고통으로 간주되었다. (102)

기계 문명의 흔적은 있으나 지루한 옛날 방식으로 살아가는 주민들의 모습을 이상하게 여겼던 주인공을 그 답을 찾게 되었다. 그들은 "지금은 의식을 가진 기계가 없다는 점을 감안하면 기계 의식의 궁극적인 발전에 대비하는 방어책이란 있을 수 없다"고 생각한다. 그러나 생물체의 오랜 기간 동안의 진화를 생각해보면 앞으로 2000만년 후에는 기계가 진화하여 어떻게 될지 상상조차 못하므로, 기계의 싹을 자르고 더 이상 발전하지 못하게 만드는 편이 안전할 것이라고 생각한다. 작품의 서사 구조에서 기계 문명에 대한 경고의 글이 3장이나 삽입되어 있는데, 이야기의 흐름을 따라가면 힉스는 병에 걸려 이 섬을 탈출한다. 질병은 처벌의 대상이니까. 열기구 풍선을 타고 거기에서 사귀게 된 연인 아로헤나와 에레혼을 빠져 나왔지만 대양에서 표류하던 중 이탈리아 선박에 의해 무사히 구조되고 본국으로 돌아왔다는 내용이다. 이전의 작품들과는 달리 에레혼의 주민인 여성과의 목숨을 건 위험한 사랑과 그 사랑을 이루기 위해 탈출 계획을 세우는 등의 서사가 가미되므로 소설의 형태가 완성되었음을 알 수 있다.

이 작품을 정리하자면 다음과 같이 요약할 수 있다. 에레혼에서 작가는 빅토리아 시대 영국의 종교와 인간중심주의(anthropocentrism), 범죄자를 처벌하는 법률체계 등을 비판하고 있다. 가장 큰 특징은 기존 질서의 전복이라고 할까? 범죄자는 병을 앓고 있는 병자로 보아 치료가 필요한 대상이며, 병에 걸린 사람은 범죄자로 여겨 감옥에 갇히기도 한다. 또한 기계의 부재라는 특징이 있는데, 그 잠재적인 위험성을 알기에 없애버린 것이다. 그리고 기계의 진화 이론을 뒷받침하기 위해 다윈의 진화 이론을 곳곳에서 사용한 점이 눈에 뜨인다.

이 작품의 중요성, 혹은 특징 등을 논할 때 보통 여기까지를 다루며 비이성과 거꾸로 된 가치 체제, 기계 문명이 가져다 줄 해악을 미리 차단한 사회가 빅토리아조의 영국 사회와 대비되어 이곳이야말로 유토피아가 아닌가하는 주장이다. 그러나 중요한 점은 이 모든 이야기의 구조는 힉스가 영국으로 돌아온 후 에레혼에서의 경험을 재구성한 것인데 그 목적은 앞서 언급한 식민주의적 발상에서 비롯된 점이라는 것이다. 힉스는 돈을 모금하여 에레혼 탐험대를 꾸려 다시 그곳을 방문할 계획을 짠

다. 에레혼 주민들을 기독교로 개종시키는 것 이외에도 퀸즐랜드 정착지에 에레혼 주민들을 보내 사탕수수 농장에서 필요한 노동력을 공급하고 에레혼 주민들에게는 상당한 재산을 모을 수 있다고 홍보하여 정착지로 데리고 나올 계획이다. 에레혼 주민들에게는 화약이 없기 때문에 충돌은 면할 수 있을 것이고, 따라서 적어도 700~800명 정도의 포로는 잡을 수 있을 것이라고 확신한다. 이 지점이 유토피아 사회인 에레혼을 대하는 산업주의자 힉스의 자세가 걸리버의 태도와 다른 점이다.

이성의 집합체인 휴이넘에게 감화되어 그들과 함께 살기를 바라던 걸리버 시대에서 150년간의 산업혁명 기간을 거치면서 19세기 말에는 힉스와 같은 빅토리아시대 인물이 탄생한 건 아닐까? 로빈슨 크루소가 도착한 무인도에서 만난 프라이데이를 대하는 태도와 마찬가지로 힉스에게서도 식민주의자의 모습이 어른거린다. 영국인들이 원주민을 대하는 자세, 즉 그들의 종교를 강요하는 점, 그들을 개화시켜 문명인으로 만들고자 한 의도, 이런 것들이 침략적 제국주의의 발로라고 보인다.

토마스 모어의 『유토피아』에서 시작하여 『에레혼』에 이르기까지 각 시대의 문제점을 고발하고 그 시대에서 이루지 못하는 이상사회의 구현이 유토피아 문학에 구현되어 왔다면, 19세기 말 과학 문명이 정점에 이르렀을 때는 앞으로의 유토피아 사회가 기술문명이 가져다 줄 유토피아인지, 기술문명의 노예가 되고 지배를 받는 디스토피아가 될 것인지에 관한 기로에 서 있다는 생각이 든다. 프란시스 베이컨은 과학적 유토피아를 꿈꾸며 과학의 발전이 인류에게 유토피아를 선물할 것이라는 확신을 보여주었다. 사무엘 버틀러는 다윈의 영향을 받아 기계도 진화할 것이라는 암울한 예언, 혹은 경고를 말하고 있다. 기계 앞에 '생각하는'만 덧붙이면 인공지능이 되지 않을까? 이제부터 다루게 될 작품들은 조금 더 다각도적인 접근 방법이 필요한 시점이다. 버틀러의 『에레혼』은 사실 20세기의 철학자들에게 무한한 영감을 주어 다른 작품, 다른 이론들을 생산했지만 여기서는 다루지 않겠다. 문학 작품을 대할 때 여러 각도에서 바라볼 수 있는 태도를 가질 수 있는 계기가 『에레혼』부터 시작되기를 바란다.

일반적으로 3대 유토피아 문학이라고 불리는 토마스 모어의 『유토피아』, 토마소 캄파넬라의 『태양의 제국』, 프란시스 베이컨의 『새로운 아틀란티스』를 모두 살펴보았다. 16세기에서 17세기의 작품들이다. 근대의 3대 유토피아 문학이라고 불리는 작품도 있다. 1872년에 출간된 사무엘 버틀러의 『에레혼』, 1888년 미국작가 에드워드 벨라미의 『뒤를 돌아보면: 2000-1887』, 1890년 윌리엄 모리스의 『유토피아에서 온 소식』 혹은 『노웨어에서 온 소식』이라고도 번역된 세 작품이다. 노웨어는 영어 nowhere이다. '아무데도 없는', 그래서 아예 『유토피아에서 온 소식』이라고 번역하기도 한다. 이 작품들은 영국과 미국이라는 다른 나라에서 출간되었지만 시기적으로 19세기 말이라는 공통점이 있고 『노웨어에서 온 소식』은 『에레혼』의 영향을 받았을 거라는 생각도 든다. 19세기 말에 쓰여진 유토피아 문학을 조금 더 살펴보자.

사무엘 버틀러에 이어 일단 영국 작가인 윌리엄 모리스(William Morris)에 대해 알아보겠는데, 모리스는 소설가보다는 디자이너로 더 유명합니다.

그의 활동 영역은 시인, 소설가, 디자이너, 번역가, 사회주의자 등 다양한데, 서로 다른 영역이어서 놀랍다. 그의 디자인은 빅토리아시대를 대표하는 예술품으로 각광받고 지금도 빅토리아 알버트 박물관과 휴스

윌리엄 모리스 1887 〈위키피디아Public domain〉

모리스 디자인 〈위키미디어 Public domain〉

턴 미술관 등에 전시되어 있으며 모리스협회가 그 전 예술작품을 보존하는 활동을 하고 있다. 그런데 사회주의자의 경력은 이채롭다. 모리스는 실제 사회주의 혁명을 꿈꾸며 이상적인 사회주의국가를 건설하려는 실천적 운동의 형태를 나타내고 있다. 그러나 모리스가 꿈꾸는 노동과 예술이 하나가 되는 이상적인 사회주의 국가는 아주 순수한 형태의 이론임을 알 수 있다.

모리스는 특이하게 실제 혁명 사회 활동에 헌신한 인물이며 공상적 사회주의가 아니라 사회주의적 이상을 실천할 수 있는 실천적 사회를 꿈꾸었다고 볼 수 있다. 옥스퍼드 대학교에서 서양 고전을 전공한 때문인지, 모리스는 중세 사조에 심취했고 중세가 이상적인 시대라고 생각했다. 작품 『유토피아에서 온 소식』은 일인칭 소설로 주인공인 '나'가 꿈속에서 2150년경의 런던을 여행하면서 본 것을 기록한 여행기이다.

이 소설이 1890년에 출간되었으므로 출간년도를 기준으로 보자면 약

News from Nowhere 1893 〈위키피디아 Public domain〉

250년 후의 사회주의 사회를 상상하는데, 그가 상상하는 미래사회의 모습은 22세기 문명사회가 아니라 14세기의 중세 사회였다. 이것은 디스토피아 문학에서 중요하게 다룰 올더스 헉슬리의 『멋진 신세계』와 대조를 이룬다. 1932년에 출간된 이 작품은 2496년을 배경으로 하며 기계문명의 발전이 가져올 비극적 미래를 그리고 있다. 이와 비교하면 250년 후의 미래 사회를 중세사회로 복귀하는 이상사회로 그리고 있다는 점이 모리스 작품의 특징이라고 볼 수 있다.

17세기 베이컨의 과학적 유토피아인 『새로운 아틀란티스』에서는 과학과 기술이 가져다줄 미래 세계를 아름다운 이상사회로 그리고 있는 것과 비교하면 100년 후 19세기 빅토리아조에 출간된 유토피아 문학은 『에레혼』에서 보듯이 기계 문명에 대한 불안과 염려에서 기계 자체의 부재를 다루고 있다. 따라서 모리스의 이상사회도 버틀러와 같은 빅토리아조 사람들이 느끼는 과학과 기계 문명의 정점이라고 여겼던 그 시대에서의 성찰이라고 볼 수 있겠다.

헉슬리의 25세기는 인간의 존엄성과 가치가 사라진 미래의 문명사회를 그리고 있다면, 윌리엄 모리스의 사회는 교육과 노동, 가족, 사유재산에 관한 사회주의적 이상사회를 그리고 있다. 앞에서 마르크스, 엥겔스의 『공산당 선언』이 1848년에 발표되었다고 이야기했는데, 1859년에 출간된 찰스 다윈의 『종의 기원』 이 두 저서가 그 이전 시대와 이후의 시대를 나누는 분수령이 된다고 주장하는 사람들이 많다.

모리스는 1883년경 마르크스의 『자본론』을 읽었는데, 마침 그 때가 마르크스가 런던에서 사망한 해였다. 모리스는 마르크스의 영향을 받아 모든 예술을 타락시키는 상업주의가 사실은 모든 것을 상품화하고 인간의 노동을 인간 자신으로부터 소외시키는 자본주의 경제의 하부구조에서 비롯된다고 생각했다. 모리스의 사회주의 사상을 요약하면 다음과 같다.

> 부자도 빈민도 없고, 주인도 노예도 없고…모든 사람이 평등한 조건 속에서 살 수 있고…공동선을 실현하는 사회
>
> 그 경제적 목표로서는 평등한 조건의 실현을, 그 도덕적 규범으로서는 영원한 인간애의 성취를 목표로 한다. 그러한 상태의 사회에서 억압적인 법률은 최소한의 것이 되리라. (『윌리엄 모리스 평전』 158)

『모리스 평전』에서 인용한 내용인데, 그러나 마르크스보다 모리스에게 더 직접적인 영향을 준 철학자는 프랑스의 프랑수아 마리 샤를 푸리에(1774~1837)이다. 자세히 다룰 수는 없지만 공상적 사회주의자로 일컬어지는 푸리에의 주장은 '자본주의'라는 표현이 생겨나기 이전, 과거 중세에 비해 생산성은 올라갔지만 인간의 정신을 타락시킨 것인 상업화라고 정의내린다. 그리고 구체적인 팔랑스테어(Phalanstère)라는 사회주의적 공동생활체 계획을 수립하여 노동생산성과 경제적 평등성을 달성할 수 있는 거대한 집산주의 체계를 구축하려 했다. 이 계획은 앞으로도 이상적 사회/커뮤니티를 꿈꾸는 작가들에게 큰 영향을 미친다.

하여간 푸리에의 영향을 받은 모리스는 처음으로 사상사에서 조직

1887년 11월 13일 피의 일요일 〈위키피디아 Public domain〉

화된 노동자 계급의 역사적 잠재력에 보편적 가치를 부여했다는 점이 중요한데, 작품에도 나오는 1887년 11월 13일의 '피의 일요일'(Bloody Sunday)에 직접 참가한다. 이 사건은 런던의 트라팔가 광장에 모인 노동자들이 일으킨 시위를 군경이 폭력으로 진압해 2명이 사망한 사건인데, 모리스 이외에도 작가 버나드 쇼도 참가한 실업자들의 노동운동의 전투성을 드러낸 역사적 사건이 되었다.

『유토피아에서 온 소식』에서 주인공은 꿈속에서 2150년경의 런던을 여행하는데 1880년대부터 1952년, 2003년의 런던 사회의 변화를 그려내고 있다. 1880년대인 현재에서 꿈을 꾸는 동안 미래 사회는 런던을 중심으로 전개된다. 1952년 런던의 트라팔가 광장에서 사회주의 혁명에 불이 붙고, 반세기가 지난 시점인 2003년에 사회주의로 가는 과도기가 끝이 난다. 그리고 혁명이 시작(1952년)된 이후 200년이 지난 미래 사회를 꿈속에서 5일 동안 여행하는 이야기이다. 그 미래 사회가 14세기의 중세 전원사회이다.

5일간의 꿈속 여행 중 첫날은 런던 시내를 마차로 여행하고, 나머지 4일은 템즈강을 보트로 여행하는데 첫날의 런던 여행이 작품의 4분의 3, 3~20장을 차지한다. 4일 동안의 템즈강 여행은 21장~31장에 소개된다.

꿈속의 이상적인 중세사회에서 만난 여성들은 건강하고 날씬하며 아름다웠고, 아이들은 학교에 다닐 필요가 없었다. 학교라는 게 애당초 없는 사회였으며 일찍 책을 좋아하도록 권장하지 않기 때문이다. 단지 숲 속에서 며칠씩 지내며 자연을 관찰하는 것이 교육의 일종이다. 이런 이유에서 이 작품 *News from Nowhere*를 『에코토피아 뉴스』로 번역한 학자도 있다. 번역어가 다양한데, 여기에서는 『유토피아에서 온 소식』으로 통일하겠다. 또한 이 사회에는 가난한 사람이 없으며, 물건 값을 치르는 것은 사라진지 오래된 거래이다. 상점에서 주인공은 해먼드라는 노인을 만나게 되는 데 그는 대화의 상대가 되어 이 사회를 소개하는 가이드의 역할을 한다. 해먼드 노인에 의하면, 여성의 지위는, 남성이 여성을 억압하는 관행은 없으며 여성은 자신이 좋아하는 일을 하고 모성은 명예로운 것으로 존중된다. 19세기 영국의 여성의 지위를 생각하면 정반대의 혹은 꿈에 그리는 여성의 지위라고 하지 않을 수 없다.

아이들은 학교에 다니지 않는다. 가장 중요한 점은 생존경쟁을 할 필요 없이 모두가 풍요롭게 살기 때문이다. 아이들의 능력과 기질을 무시한 채 일정한 나이가 되면 학교에 보내는 19세기의 교육은 이 사회에서는 과거의 유물이 되어있다. 뿐만 아니라 19세기 런던의 뒷골목에서 어린 나이에 굴뚝 청소부로 일하거나 빈민가에서 소매치기로 자라는 아이들이 있는 현실을 비판하고 있다고 볼 수 있다. 런던의 최악의 빈민굴이 있었던 장소에서 지금도 그들은 5월 1일 메이데이에 '빈민일소'라는 것을 기념하는 엄숙한 축제를 열고 있다는 사실은 19세기 런던의 빈민가 참상을 고스란히 보여주고 있다. 22세기의 사람들에게 잊어서는 안 되는 역사라고 볼 수 있다.

그날에는 과거 오랜 기간 매일 같이 계급살해(class murder)라는 저 끔찍한 범죄들이 일어났던 바로 그 땅에서 가장 아름다운 소녀들로 하여금 옛 혁명의 노래를 몇 곡 부르게 하거나, 과거에는 그토록 절망적으로 사회적 불만의 신음을 표현한 노래를 부르게 하는 관습이 생겼다. 그들이 기억하는 런던의 빈민굴의 묘사를 보자.

> 과거에 집이라고 부르기도 어려운 초라한 집, 좀 더 정확하게 말하자면 남자와 여자들이 통 속의 밴댕이들처럼 꽉 낀 채 오물 속에서 서로 뒤섞여 살던 굴이 있던 작은 언덕 위에서,...과거에 그곳 굴에 있던 집에서는, 제가 방금 말했듯이 인간다움으로부터는 벗어나 타락함에 의해서만 견뎌낼 수 있는 방식으로 남자와 여자들이 살았다고 합니다. (『에코토피아 뉴스』 124)

22세기가 말하는 19세기 런던의 참상이다. 또한 19세기의 옥스포드와 케임브리지 대학은 특수한 기생충 계급의 양성소였지만 지금은 옥스퍼드가 과거의 상업주의 학문 대신에 지식 그 자체를 위해서 개발되는 참된 학문을 추구하게 되었다고 말한다. 그리고 사유재산이 폐지됨에 따라 사유재산 방어를 위한 민법도 없어지고, 형법 역시 사유재산이라는 폭력 범죄의 원인이 없어짐에 따라 필요 없게 되었다. 폭력 행위의 뿌리에는 여성이 남성의 소유물이라는 관념이 있는데, 그러한 관념은 사유재산과 함께 사라졌다.

해먼드 노인의 입을 통해 설명하는 22세기의 현재는 바로 윌리엄 모리스의 이상향인 것이다. 특히 힘주어 강조하는 부분은 1952년 트라팔가 광장의 노동자들의 집회인데, 이 광장에서 시민혁명이 일어났으며 사회주의 혁명을 통해 새로운 세상이 열리고 새로운 시대정신, 즉 이 세상에서의 삶이 즐거워야한다는 관점을 주장하고 있다. 이 부분은 소설이라기보다는 노동자가 중심이 된 시민혁명의 당위성을 주장하는 사상서와 같은 성격을 띠고 있어서 집중하기는 어려울 듯하다. 하여간 해먼드 노인의 설명과 안내로 그가 구경한 미래의 이상사회는 꿈이었다는 것을 깨달은 주인공은 작품 마지막에 다음과 같이 말한다.

> 아니면, 그것은 정말 꿈이었는가? 만일 그렇다면, 나는 의혹과 고투에 찬 이 시대의 편견과 불안감, 그리고 불신에 여전히 사로잡힌 채 그 모든 새로운 생활을 그야말로 외부자로서만 바라보는 것이라고 그렇게까지 철저히 의식했던 것은 왜일까?..."설령 어떤 고통과 노고가 필요하다고 해도 우정과 평안, 그리고 행복의 새로운 시대를 조금씩 건설해가기 위해 분투하면서 살아가십시오." 그래, 정말 그렇다! 내가 본대로 다른 사람들도 볼 수 있다면, 그것은 하나의 꿈이라기보다 오히려 하나의 비전이라고 말할 수 있으리라. (357~9)

지금까지의 유토피아 사회와는 다른 성격의 이상향이다. 토마스 모어의 『유토피아』에서부터도 사유재산 제도 폐지 등 이상적인 정치체제, 노동, 문화 등에 관한 그 시대 나름의 해법을 찾으려고 한 것이 16세기에서부터 19세기까지 이어져온 유토피아 문학의 큰 줄기인데 모리스에 이르러서는 마르크스, 엥겔스의 사회주의 이론이 강하게 투영되고 있으며 유토피아 사회의 기초를 사회주의 사상에 두고 있다는 점이 다르다고 볼 수 있다.

다음은 근대 유토피아문학으로 일컬어지는 에드워드 벨라미(Edward Bellamy)의 『뒤돌아보며: 2000~1887』로 넘어가자. 이 작품의 출판 연도가 1888년이므로 영국의 두 작품과 함께 대표적인 근대 19세기말 유토피아문학으로 분류된다. 윌리엄 모리스의 『유토피아에서 온 소식』과 마찬가지로 꿈속에서 시간여행을 한다. 제목에서도 알 수 있듯이 1887년 잠이 들어 깨어보니 2000년에 와 있다는 말이다. 그럼 먼저 작가에 대해 알아보자.

에드워드 벨라미 〈위키미디어 commons〉

에드워드 벨라미는 1850년 메사추세츠주에서 목사의 셋째 아들로 태어났다. 웨스트포인트 육군사관학교에 응시했으나 신체검사에서 불합격이 되자 유니온 칼리지에 입학했다. 공부보다는 광범위한 독서로 인문학적 소양을 쌓았는데, 큰형의 갑작스런 죽음으로 학업을 중단하고 독일로 가서 유럽의 사상과 문물을 경험했다. 아메리카 대륙의 초기 식민지 역사에서 알 수 있듯이, 지금은 다르지만 미국에 건너온 초기 이민자는 대부분 유럽인들이다. 따라서 그들이 본국에서 가져온 신앙, 문화, 체제, 사상 등은 모두 유럽적인 것인데, 그들이 동경하는, 혹은 모범으로 삼는 문화는 영국적인 것, 유럽적인 것이다. 하여간 미국에서 공부를 하려면 일단 유럽이나 영국의 옥스퍼드에 가는 것을 당연시하던 때였다.

벨라미가 독일에서 접한 유럽의 사상과 문명은 미국을 훨씬 앞지르는 것이었다. 아마 이때 독일에서 마르크스 사상을 접했을 것이다. 미국으로 돌아와 법학을 공부해서 변호사가 되어서 맡은 첫 사건이 집세를 내지 못한 과부를 강제 퇴거시키는 소송이었는데 변호사의 일이 돈과 권력을 가진 자들의 하수인 노릇에 불과하다는 사실을 깨닫고 변호사 사무실을 닫고는 신문에 글을 기고하거나 직접 신문사를 운영하기도 한다. 1888년에 출간된 『뒤돌아보며: 2000~1887』는 베스트셀러가 되어 삼십만 부 이상 팔렸으며 곧 여러 나라의 언어로 번역도 되었다.

Looking Backward: 2000~1887
1888 〈위키피디아 Public domain〉

지금도 미국 고등학생과 대학생들의 필독서로 선정되어 있다.

작품의 키워드를 보자면 미국의 유토피아문학, 인문주의운동, 사회주의운동, 산업국유화운동, 여권운동 등을 꼽을 수 있다. 동시대의 사회적 모순에 대한 대안을 사회주의 체제에서 찾았다는 점이 이 작품의 의의라고 볼 수 있다. 이 작품이 미친 영향이 얼마나 큰지 이 작품에 감명을 받은 독자들은 이 책에서 제시된 사상을 실제로 구현하기 위해서 산업국유화론자 클럽(Nationalist Clubs)을 결성했고 1891년에는 클럽 숫자가 165개에 이르렀다. 벨라미는 이러한 반응에 부응하기 위해 『신국가』(*The New Nation*)라는 주간지를 창간하여 산업국유화 운동을 확산시키려했지만 폐결핵에 걸려 1898년 39세의 젊은 나이로 사망한다.

벨라미는 처음 소설의 시간적 배경을 2000년이 아니라 3000년으로 잡았는데, 상상의 여지를 두고 이상적 사회 구조와 실제 세계의 사실이 어색하게 충돌하지 않도록 하기 위해서였는데, 3000년이 되면 누구라도 사회 제도에 관한 자신의 공상을 비판하기 힘들 거라고 생각하고 1000년이란 시간을 변경했다고 한다. 산업국유화라는 희망이 아주 빠른 시일 내에 현실이 되리라는 확신이 생겼기 때문이다.

그리고 이 작품을 쓰면서 사회 개혁 운동에 진지하게 기여할 의도는 전혀 없었다고 하는데 작품이 세상에 나오면 작가의 의도와는 다르게 세상이 작품을 읽고 평가하고 그 안에 담긴 사상을 받아들이거나 부인하는 등 작가의 손을 떠나게 되는 것이다. 그러나 작가는 처음 작품을 구상할 때는 단지 문학적 환상, 사회적 행복에 관한 동화를 쓸 생각이었고 이상적인 인류가 살, 암담한 현재의 물질 사회에서 벗어나 구름 속 궁전 정도를 지을 생각이었다고 한다. 그런 작가의 의도와는 상관없이 이 책은 벨라미를 미국식 사회주의라는 새로운 질서의 주장자이자 이론가 반열에 올려놓고 미국 유토피아 소설의 선구자로 자리매김하게 했다. 물론 일부에서는 벨라미의 문학적 비전이 결국 산업국유화 클럽의 실제 정치에 영향을 미친 점을 비난했다. 문학을 입력했더니 정치가 출력된 셈이다. 이상적인 미래 사회에서 민주주의식 통제를 의식적으로 배제해 반민주주의 성향을 띠고, 경제와 사회를 관리하는 군대 같은 조직으로 통제를 대신했다는 점도 비판받았다. 그럼 작품으로 들어가서 어떤 점에 대해 일부의 사람들은 환호하고, 또 일부의 사람들은 비판하는지 살펴보도록 하겠다.

미국은 1776년 7월 4일 미국독립을 선언하고 영국과의 독립전쟁을 벌인 후 1783년 드디어 독립을 이루었다. 그 때 미합중국은 13개주로 이루어졌으며 19세기까지 45개주가 편입되었으며 오늘날 50개주는 20세기 들어서 1959년 하와이가 미국의 50번째 주가 됨으로써 완성되었다. 헨리 데이비드 소로가 월든 호숫가에서 생활을 하던 1845년에서

1847년까지는 미국이 29개주로 이루어진 합중국이며 영토 확장 중이었다. 따라서 거대한 영토 확장과 그에 수반되는 기계, 과학문명에 대해서는 소로와 같은 개인적 반성과 성찰의 단계가 이해된다.

반면 에드워드 벨라미의 『뒤돌아보며』가 출간된 1888년에는 미합중국의 영토가 38개주로 확장된 때이므로 말 그대로 '위대한great' 국가가 되어가는 중이었다. 책을 저술하는 1887년에는 온갖 사회문제들이 산적해 있던 미국 사회의 산업화의 부작용이 절정에 이르고 있었다. 그러므로 50년 전의, 어쩌면 좀 더 목가적이고 평온했던 소로와 초월주의로 대변되는 1830년대와는 아주 다른 사회상이었다. 1888년 작품 출간 후 65만부나 책이 팔려나가는 종전의 히트를 기록하자 1889년 벨라미는 『내셔널리스트』(*The Nationalist*)지의 기고문에서 작품의 집필의도를 밝힌 바 있는데, 작품 자체가 다루고 있는 산업개혁과 사회운동 분야에 대해 전혀 개입할 의도가 없었으며 또한 개혁운동가들과의 교류도 없었다고 밝혔다. 벨라미는 이 작품이 "온전히 문학적 판타지이며 사회의 행복에 관한 동화" fairy tale라고 언급하면서 작품에서 다루고 있는 사회가 구체적인 현실을 극복해서 이루어나가고자 하는 사회라기 보다는 이상사회에 대한 일종의 환상 같은 이야기일지도 모른다는 뜻을 밝혔다. 그러나 작품은 작가의 손을 떠나면 독자의 몫이다.

작가의 의도와는 상관없이 19세기 말에 미국사회에 미친 벨라미의 영향은 거대한 해일과도 같아서 작품에 등장하는 19세기의 미국사회와 2000년의 미국사회의 비교는 산업화와 도시화로 인해 파생된 수많은 사회문제들에 대해 동시대인들이 돌아보는 계기가 되었고, 시민운동의 실천이론의 틀을 제고하게 되었다. 이 점에서 소로의 19세기 중반과 벨라미의 19세기 후반은 사회적으로 차이가 난다는 것이다. 19

세기 말의 미국은 이제 이러한 사회적 문제를 되돌아볼 여유가 생겼다는 말이다. 우연히 작품의 제목과 일치하는 표현이다. 뒤돌아본다는 말이.

토마스 모어의 유토피아는 공간적 개념의 유토피아라면 근대산업주의시대가 시작되면서부터는 유토피아에는 시간 개념이 추가되었다고 볼 수 있다. 19세기의 산업주의는 과학기술이 가져오는 자본주의적 생산관계로 인해 개별 인간의 삶에 커다란 변화를 가져왔다. 더불어 당시 시대에 대한 비판과 새로운 해결책에 대한 사유가 동시대 지식인들의 지배적인 화두였음을 부인할 수는 없다. 따라서 미래에 대해 전망하면서 사회변혁을 목표로 하는 유토피아가 등장하는 것을 보면 당연한 결과라고 볼 수 있다. 그러므로 그 시대의 유토피아는 시간적 과정의 미래에 대한 전망이었고, 동시대 삶에 대한 역설적 반영이었으며 또한 동시대 삶을 전복시키고자 하는 하나의 기준을 제시하고 있다고 볼 수 있다. 이 정도로 19세기말 미국사회에 끼친 벨라미의 영향이 이렇게 컸다는 것을 말하려고 한 것이다.

『유토피아』에서는 라파엘 히슬로다에우스가 유토피아섬을 소개하는 역할을 맡고 윌리엄 모리스의 『유토피아에서 온 소식』에서는 해먼드 노인이 22세기의 이상향을 안내하고 있다. 마찬가지로 벨라미의 『뒤돌아보면』에서는 1887년에 잠이 들어 2000년에 잠에서 깬 주인공 웨스트에게 2000년의 사회를 안내하는 인물은 리트 박사이다.

소설의 시작은 1857년 12월 26일 보스턴에서 태어난 주인공 '나' 줄리안 웨스트는 1887년 5월 30일 결혼을 앞두고 있다. 건설 노동자들의 파업으로 신혼집 완공이 늦어지자 스트레스를 받아 심한 불면증을 겪는다. 그 때문에 3대째 이어오는 자기 집 비밀 지하실에서 최면술사의 도움을 받아 잠을 잘 때가 있는데 바로 그날 집이 완전히 불타 없어지는 바람에 그대로 땅 속에 묻혔다가 113년이 지나 2000년이 되어서야 발견된다.

2000년의 미래 세계는 순수한 유토피아로, 물질적 풍요와 기술적 진보 속에서 모든 인간의 평등과 자유가 보장되고 있다. 사람들은 경쟁이 아니라 협동을 하며, 사유재산도 화폐도 존재하지 않는다. 모든 공공 서비스와 물자 분배는 국가가 관리하고, 국가 공동체는 모두에게 보편적 교육과 여가 기회를 주어 전 국민을 위한 경제 복지의 자율을 실현한다. 또한 이 작품의 두드러진 특징은 사회를 지탱하는 정치구조 이외에도 소비문화의 특징을 들 수 있다. 화폐가 없는 사회, 즉 화폐 대 사물의 교환경제가 아닌 현대개념의 직불카드를 이용한 교환경제라는 점이다.

<2000년의 경제체제>

"그럼 필요한 물건을 사야할 때는 누가 물건을 팝니까?"

"지금은 사고파는 행위가 없습니다. 재화의 분배는 다른 방식으로 이루어지지요.

은행가는, 우리가 돈을 사용하지 않으니 필요가 없고요." (78)

웨스트는 필요한 물건을 사야할 때는 누가 물건을 파는 거냐고 묻는다. 그 질문에 대해 리트 박사는 "지금은 사고파는 행위가 없다. 재화의 분배는 다른 방식으로 이루어진다. 은행가는, 우리가 돈을 사용하지 않으니 필요가 없고요."라고 대답한다. 즉 수없이 많은 독립적인 사람들이 제각각 생활과 편의에 필요한 다양한 물건을 생산했을 때는, 자기가 원하는 물건을 공급받으려면 개인 간에 끝없는 교환이 이루어져야했고, 이런 교환이 상거래를 만들었으며 그 돈이 필수였으나, 국가가 모든 상품을 만드는 유일한 생산자가 되는 동시에 원하는 물건을 얻기 위한 개인 간의 교환은 필요 없어진 체제이다. 모든 물건은 한 곳에서 조달하고, 다른 어느 곳에서도 조달하지 못하게 되어있다. 국가 창고에서 직접 상품을 분배하는 제도가 상거래를 대신하게 되었고, 따라서 화폐는 필요 없게 되었다. 현대의 신용카드 개념이 벨라미의 소설에서 시작된 점이 아주 흥미롭다. 경제 부분은 아무래도 딱딱하고 어려운 것 같으니 2000년의 유토피아 사회에서의 교육에 대해 살펴보겠다.

2000년의 유토피아 사회에서는 국가가 교육비를 부담하면서 각 개인은 교육의 기회를 스스로 선택할 수 있다. 교육에 관해 웨스트와 리트 박사가 나누는 대화를 보자. 리트 박사는 웨스트가 살았던 당시 즉 1887년, 19세기 말의 교육을 비판한다.

> 선생이 살던 시대에 교양과 세련 면에서 가장 운이 좋았다는 사람들이 바로 이런 상황에 있었죠. 가난하고 무지한 사람들이 부유하고 교양 있는 사람들을 부러워한 것은 압니다. 그러나 우리 눈에는 그렇게 더러움과 야만성에 둘러싸여 살던 부유하고 교양 있는 사람들도 가난하고 무지한 사람들에 비해 형편이 썩 좋아 보이지는 않아요. 그 시대 교양 있는 사람은 목까지 구역질나는 수렁에 빠져 있으면서 냄새 맡는 약병으로 혼자 위안을 삼는 사람이나 마찬가지입니다. (204)

따라서 2000년의 사회에서는 국가가 모든 인간의 행복을 증진시키기 위해 교육을 한다고 말한다. 그 교육은 일부를 위한 선택적 고등 교육이 아니라 가장 수준이 낮은 삶도 교육을 시킴으로 인해서 엄청나게 수준이 높아지고 야만성도 제거되며, 인간성이 무엇인지, 정신에 대한 것을 어느 정도 인식하게 하는 보통 교육을 강조하고 있다. 리트 박사가 말하는 교육 제도의 기반은 세 가지로 정리할 수 있다.

> 첫째는 모든 사람이 나 자신을 위해, 그리고 나 자신이 즐기는 데 필요한 만큼 국가가 제공하는 가장 완전한 교육을 받을 권리, 둘째는 다른 시민이 나와 교제를 즐기는데 필요한 만큼 나를 교육받게 할 권리, 셋째는 아직 태어나지 않은 아이들이 지적이고 교양 있는 부모를 보장받을 권리. (206)

교육에 관해서는 웨스트가 큰 흥미를 가지지 않아서 다른 주제로 넘어가는데, 사실 이 작품에서 가장 중요하고 가장 많은 부분을 차지하는 분야는 산업군 즉 Industrial army인데 이 사회 전체가 산업군을 중심으로 돌아간다고 해도 과언이 아니다. 심지어 1930년대 미국 대공황 시절, 프랭클린 루즈벨트 대통령의 경기 부양책인 '뉴딜정책'도 벨라미의 사상과 연관이 있다는 연구도 이루어져오고 있다. 뉴딜 정책이나 산업군은 경제와 관련된 주제이므로 마지막으로 여성의 지위에 관한 부분을 다루겠다.

사실 19세기 말 미국에서 여성의 역할은 가정 내로 국한되어 있었다. 집안일과 육아를 전담했으며 교육을 받기 위해 대학을 간다는 것은 아주 드문 일이었다. 비록 1837년에 미국 최초의 여자대학이 설립되었지만 대학 교육은 아주 소수의 여성에게만 허용되는 기회였다. 여성의 권리가 가장 보장받고 있다고 생각되는 미국에서도 1920년에야 여성에게 투표권이 주어졌다. 그러니 19세기 말의 여성 인권과 사회적, 가정 내에서의 지위는 예상할 수 있을 것이다. 1887년 당시 웨스트의 약혼녀 이름은 이디스였는데 2000년이 되어 깨어난 후 만나게 된 리트 박사의 딸도 이디스이다. 웨스트는 대화 중에 점점 이디스에게 끌리고 있음을 느끼는데, 두 사람은 2000년 사회에서 여성의 역할과 지위에 관해 이야기합니다. 다음은 이디스가 설명하는 말이다.

> 우리가 보기에 웨스트 씨 시대의 문명에서 여성들은 어떤 계급의 남자보다 더 가련한 희생자였습니다. 이렇게 긴 시간이 흐르고 봐도 결혼에 묶여 따분하고 발전 없던 여성들의 삶이나 물리적으로는 가정이라는 사방 벽에 갇히고 도덕적으로는 개인의 이익이라는 시시한 테두리에 갇혔던 그 좁은 시야를 보면, 정말 비애감이 마음 깊이 스며들지요...그런데 이 모두가 지금은 변했지요. 이제는 자기가 남자였으면 하는 여자도 없고, 딸 대신에 아들을 바라는 부모도 없습니다. 여자아이들도 남자아이들과 마찬가지로 큰 야망을 갖고 성장하지요. 지금은 결혼도 여성에게 감금 생활을 의미하지 않고, 결혼한 여자라고 해서 더 큰 사회의 이익, 떠들썩한 세상으로부터 격리시키지도 않습니다....오늘날 여성들은 세계 역사상 그 어느 때보다도 아주 행복하게 살고 있으며, 그에 따라 당연히 여성이 남성에게 행복을 줄 힘도 훨씬 커졌지요. (240~1)

이디스의 입을 빌어 19세기 말 여성들의 한정된 역할과 일종의 구속을 비판하고 진정한 여성 평등사회를 보여주고 있다.

여기까지 벨라미의 『뒤를 돌아보며: 2000~1887』를 살펴보았다. 윌리엄 모리스의 『유토피아에서 온 소식』과 사무엘 버틀러의 『에레혼』 세 작품을 3대 근대 유토피아 문학으로 부르는 이유를 알 것 같다. 특히 모리스와 벨라미의 유사성이 눈에 띄는 것 같다.

07

『월든』과 『월든 투』

연대순으로는 에드워드 벨라미의 작품보다 앞서지만 상상의 유토피아가 아니라 현실 세계에서 구현 가능한 유토피아 혹은 이상적인 생활방식이라는 측면에서 미국 문학에서 발견하는 미국적인 유토피아 문학인 『월든』을 시작하자. 20세기 들어서, 아니 21세기 들어서 점점 환경문제가 글로벌 이슈가 되어가고 환경을 해치지 않는 행복한 삶, 아무것에도 속박되지 않은 자유로운 삶에 대한 현대인의 갈증이 커가는 상황에서 그 목마름을 해소해주는 문학이 바로 『월든』인 것 같다. 요즈음은 『월든』이 친환경적인 삶의 모습을 그리고 있기 때문인지 생태문학으로 분류가 되기도 한다.

우리가 영국 역사를 공부한 뒤 미국 역사를 보면 그 역사가 짧은 것을 알 수 있다. 스튜어트 왕조의 시대로 잠깐 돌아가 보면 그 시대에 왕의 성공회 강요로 인해 개신교도인들은 종교의 박해를 피해, 종교의 자유를 찾아 신대륙으로 떠났다. 신대륙은 1492년 콜럼버스가 대륙을 발견한 이후 미개척의 거대한 땅으로 남아 있었다. 원주민들이 살고 있긴 했지만 개척하지 않은 황무지의 대륙이라고 볼 수 있는데 17세기 들어서 유럽 국가들은 이 신대륙에 속속 자신들의 식민지를 건설했다. 영국, 프랑스, 네델란드, 스페인, 심지어 스웨덴도 자신들의 배가 도착한 지역에 깃발을 꽂고 식민지를 건설했다. 그중 1620년 '메이플라워'호를 타고 보스턴 근교 플리머스에 도착한 청교도인들이 오늘날의 미국의 시작이라고 본다.

17세기에서 18세기로 가면서 영국과 프랑스의 식민지가 가장 큰 세력이 되었고 이 두 세력도 주도권을 잡기 위한 전쟁을 벌여 결국 영국 식민지가 승리한다. 그래서 신대륙은 영국의 식민지가 된 것이다. 그러나 본국 영국이 신대륙에 대해 지나친 세금을 부과함으로 인해 독립의 기운이 싹트게 되고 1776년 7월 4일 독립선언문을 채택하고, 7년간의 독립전쟁을 치른 후 1783년 드디어 영국에서 독립한 아메리카 합중국이 탄생한다. 지금도 미국인들은 "July the 4th"라고 하여 불꽃놀이도 하고 가장 큰 축제로 기념하고 있다. 아메리카 합중국이 탄생한 때가 1783년인데 19세기가 되면서 국가 체계가 정비되고 사회가 안정되어 가는 중이었다.

헨리 데이비드 소로 1856 〈위키피디아 Public domain〉

헨리 데이비드 소로(Henry David Thoreau)는 1817년 메사추세츠주 콩코드에서 태어났다. 하버드 대학을 졸업한 후 일정한 직업을 가지지 않고 교사, 측량일 등에 종사했다. 소로에게 가장 큰 영향을 준 사람은 랄프 왈도 에머슨

(Ralph Waldo Emerson, 1803~1882)인데, 에머슨과 소로를 "초월주의 철학자"로 부른다.

초월주의 철학(Transcendentalism)은 편협한 종교적 독단이나 형식주의를 배척하고 자신을 신뢰하며 인간성을 존중하는 개인주의적 사상을 주장하여 자연과 신과 인간은 궁극적으로는 하나로 돌아간다는 범신론적인 철학이다. 에머슨의 이상주의는 젊은 미국의 사상계에 큰 영향을 끼쳤고 소로는 그 이상주의를 몸소 실천한 사람이라고 볼 수 있다. 소로를 시인, 수필가, 철학자로 부르는데 초월주의 철학을 몸소 실천한 철학자라고 볼 수 있다. 즉 일생을 물욕과 인습의 사회 및 국가에 항거해서 자연과 인생의 진실에 관한 파악에 바친, 삶이 곧 철학적 실험의 연속이었다. 하버드를 졸업한 후 다른 친구들과는 달리 세속적인 성공이란 것에 깊은 회의를 품고 전문 직업 대신 측량일이나 목수일 같은 정직한 육체노동으로 생계를 유지하는 것을 더 선호했으며 자유로운 인간의 길을 탐색했다. 그 여정에서 콩코드 숲속의 월든 호숫가에서 집을 짓고 2년 2개월 동안 살면서 그 생활을 기록한 결과물이 『월든』이었다.

Walden 1854 〈위키피디아 commons〉

이 책에는 네 권의 책이 들어가 있다고 한다. 첫째는 가장 낮은 차원에서 『로빈슨 크루소』와 같은 모험기로 볼 수 있다. 문명사회의 온갖 편의를 털어버리고 숲속에 들어가서 원시생활을 하면서 마치 무인도에 홀로 버려진 로빈슨 크루소처럼 개척자와도 같이 자연환경에 대처해 나가는 모습을 작품에 나오는 관광객/방문객뿐만 아니라 독자도 지켜보게 된다. 소로가 먹고 자고 입는 모습을 보면서, 소박한 숲속 생활에서 그가 느끼는 여러 가지 만족감을 함께 느끼기도 한다. 둘째는 자연 묘사에 있어서 가장 뛰어난 작품이란 점이다. 계절이 바뀌면서 변화하는 월든 호수 및 주위 숲의 모습 등을 너무나도 생생한 필치로 그리고 있다. 셋째는 『걸리버 여행기』처럼 사회에 대한 통렬한 풍자성을 담고 있다는 점이다. 소로는 사회의 여러 가지 통념, 특히 세속적인 성공의 개념에 강한 의문을 제기한다. 즉 산업의 발전이 인류에게 안락과 행복을 가져올 것이라는 19세기의 일반적인 기대감에 대해 물질문명의 폐해를 예측하며 엄중한 경고를 하고 있다. 특히 18세기 말 독립과 새로운 국가의 탄생 이후 미국은 영토 확장을 위해 멕시코와 분쟁을 벌이고 있으며, 남부에서는 흑인 노예 문제가 대두되고 있었다. 소로는 멕시코전쟁과 노예제도에 항의하기 위해 홀로 숲에서 오두막을 짓고 사는데, 국가가 전쟁 비용 마련을 위해 인두세를 거두자, 납부를 거부한 결과 감옥에 투옥되기도 했다. 친척이 대신 세금을 납부해서 풀려나기는 했지만, 소로는 이 일에 항거하여 <시민 불복종>(Civil Disobedience 1849)을 써서 출판하기도 했다. 소로의 이러한 정신은 후일 마하트마 간디의 인도 독립운동과 마틴 루터 킹 목사의 시민권 운동에 영향을 주었다. 네 번째는 앞에서도 이야기한 최초의 생태 문학이라는 점이다. 16세기에서 18세기까지는 각 열강들이 영토 확장을 위해 배를 타고 신대륙을 찾아다니던 식민지건설의 시대였다. 19세기가 되면서 그 양상은 조금 달라져서 북극과 남극 탐험 시도가 이루어지고 있었으며 아프리카의 오지 탐험, 미국 내에서는 미개척지의 땅, 서부 탐험이 주류를 이루고 있었다. 탐험에 뒤따르는 필연적인 결과는 자연의 훼손이다. 소로는 산업의 발달과 미개척지 탐험으로 지구의 환경이 훼손되어 가고 있는 점을 목도한 인물이었다. 작품의 시작은 다음과 같다.

> 내가 이 글을 쓸 무렵 나는 메사추세츠주의 콩코드 마을 근처에 있는 월든 호숫가의 숲속에 집 한 채를 손수 지어 홀로 살고 있었다. 그곳은 가장 가까운 이웃과도 1마일쯤 떨어진 곳이었으며, 나는 순전히 노동으로 생계를 유지하고 있었다. 거기서 나는 2년 2개월 동안을 살았다. 그러나 지금은 다시 문명 생활의 일원으로 돌아와 있다. (11)

소로는 처음부터 2년 2개월을 살 계획은 아니었다. 마침 친구이자 선배로, 스승으로 지내는 에머슨이 유럽을 방문하는 동안 집 관리를 부탁해서 월든 호수를 떠나왔던 것이다. 1860년 혹한의 겨울날 숲에 들어가 나무 그루터기들의 나이테를 세다가 독감에 걸렸으며 이어 기관지염으로 악화되었고, 1861년 남북전쟁이 시작된 해 병은 폐결핵으로 판명 나고 다음 해 1862년 45세의 나이로 콩코드에서 사망한다. 임종 시 한 지인이 그처럼 행복한 죽음을 본 적이 없다는 말을 전한 것으로 볼 때 소로는 생각과 말과 글이 일치하는 정직한 인물일 뿐 아니라, 평생을 자신이 추구하는 초월적 사상을 실천하며 정신적인 유토피아를 추구한 인물이라고 평할 수 있겠다.

소로는 최소한의 노동으로 생계를 유지하고 나머지 시간은 사색과 독서를 하며 자연과 교류하기를 원했다. 자연의 순수한 상태를 느끼기 위해 그는 빵을 만들 때 이스트조차 사용하지 않았으며 음식도 가장 단순하게 먹고, 호수에서 낚시를 하거나 나무의 열매를 따서 먹는 등 요즈음 말로 미니멀리즘의 생활을 했다. 최소한의 필요만을 충족하는 삶. 처음 소로가 숲속 생활을 시작했을 때 그의 가족들은 소로의 건강이 염려

되어 음식을 만들어 광주리에 담아 오기도 했다고 한다. 또한 소문이 나자 그의 생활을 구경하기 위해 일종의 관광객들이 몰려오기도 했다. 소문과 실제 생활이 맞는지 확인이라도 할 생각이었던 것이다.

이런 단순한 생활로 얻게 되는 시간을 소로는 초월적인 사색에 할애한다. 다음 인용문은 자연과 시간과 영원에 대한 깊은 사색이 없이는 표현할 수 없는 구절인 것 같다.

> 시간은 내가 낚시질하는 강을 흐르는 물에 지나지 않는다. 나는 그 강물을 마신다. 그러나 물을 마실 때 모래 바닥을 보고 이 강이 얼마나 얕은가를 깨닫는다. 시간의 얕은 물은 흘러가 버리지만 영원은 남는다. 나는 더 깊은 물을 들이키고 싶다. 별들이 조약돌처럼 깔린 하늘의 강에서 낚시를 하고 싶다. (115~6)

이외에도 작품 전체가 아름다운 문장들로 가득 차 있는데, "내 집에는 세 개의 의자가 있다. 하나는 고독을 위한 것이고 다른 하나는 우정을 위한 것이며, 세 번째 것은 사교를 위한 것이다."(163)라고 소로는 쓰고 있다. 고독한 사색에서 영혼의 위로를 얻을 수 있을 것 같은 구절이다.

> 생활비를 버느라고 자기의 모든 시간을 다 뺏기고 있는 바쁘고 여유 없는 사람들, 신에 관한 화제라면 자기들이 독점권을 가진 것처럼 말하며 다른 어떤 견해도 용납하지 못하는 목사들, 의사와 변호사들, 그리고 내가 없는 사이에 나의 찬장과 침대를 들여다보는 무례한 가정주부들, 안정된 전문 직업의 닦여진 가도를 걷는 것이 가장 안전하다고 결론을 내린 더 이상 젊지 않은 젊은이들. (178)

이러한 우리 주위에서 볼 수 있는 평범한 사람들의 평범한 욕망을 멀리하는 삶이 소로에게는 영혼의 평안을 제공해주었다고 할 수 있다.

지금까지의 유토피아는 한 사회를 그리고 있는 반면 소로의 『월든』은 개인이 만드는 정신적인 유토피아라는 점이 가장 큰 차이라고 볼 수 있다. 그러나 작품이 출간되었을 당시에는 큰 반향을 일으키지 못했지만, 20세기 들어서 재평가를 받으며 미국 문학에 있어서 확고부동한 입지를 지니고 있다. 19세기 독자들은 이해하지 못했던, 미래의 사회가 가져다 줄 비인간적이고 기계화되어 가는 세상에 경고와 동시에 위안을 주는, 시대를 앞선 작품이라고 볼 수 있겠다. 벨라미와 영국의 윌리엄 모리스의 유토피아는 사회주의 사상을 기본으로 하는 유토피아 사회라는 점이 특징이라면 소로의 『월든』은 종류가 다른 개인적인, 정서적인 유토피아 공간이라고 결론을 내리고 『월든 투』로 넘어가기 전 '아메리칸드림'에 대해서 간단히 살펴보자.

20세기로 넘어와서 1931년에 발표된 제임스 트러슬로 애덤스(James Truslow Adams)의 『미국의 서사시』(*The Epic of America*)는 유토피아 문학이 아니라 미국의 역사를 다룬 역사서인데, 이 책에 처음으로 아메리칸드림(American Dream)이라는 용어가 나온다. 애덤스는 1878년 뉴욕에서 출생하여 1949에 사망한 미국의 저술가인데, 뉴잉글랜드의 역사를 다룬 3부작으로 퓰리처상을 받으면서 유명해진 작가이다.

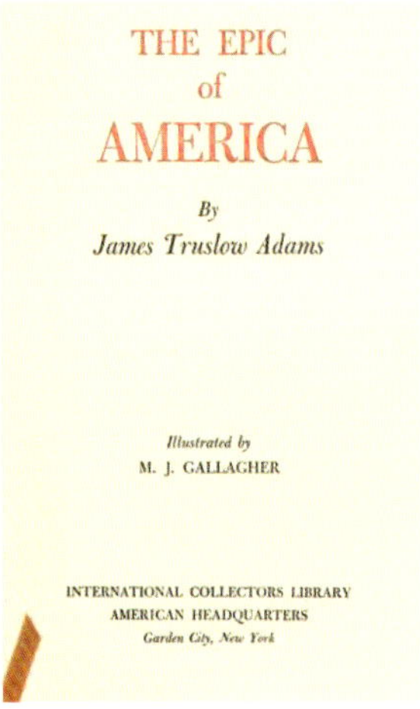

The epic of America 1941〈출처: https://openlibrary.org/works/OL5367088W/The_epic_of_America〉

그가 1931년에 출간한 『미국의 서사시』에 아메리칸드림을 이렇게 정의하고 있다.

각자의 능력에 따라 모든 사람이 기회를 가지며 삶이 더 나아지고 풍요로워지며 충만해지는 나라에 대한 꿈입니다. 이러한 것은 유럽의 상류 계층은 적절하게 이해하기는 어렵습니다. 또한 우리들 자신도 너무 지치고 그러한 꿈을 불신합니다. 그것은 단지 자동차나 높은 임금에 대한 꿈이 아니라 각각의 시민이 선천적으로 가질 수 있는 최대의 사회적 지위를 얻을 수 있는 사회적 질서를 의미합니다. 그리고 타인들에게 우연히 처해진 환경이나 태생이나 지위에 관계없이 그들의 있는 그대로의 모습으로 인정받는 사회를 의미합니다. (*The Epic of America* 404)

이 부분이 아메리칸드림을 이야기할 때 자주 인용되는 문장이며 미국식 민주주의의 요점이 들어가 있는 표현이다. 왜냐하면 그 당시 유럽에는 아직도 왕실이나 귀족 계층이 존재했고 1차 세계대전을 거치면서 계급사회가 흔들렸다고는 하지만 2차 세계대전까지는 구시대의 제도가 아직 잔존하고 있는 상태였다. 그러한 유럽과 미국이 다른 점은 그 땅에 국가가 건설되었을 당시부터 계급이 존재하지 않았다는 점이다. 원주민을 제외하고는 주로 유럽에서 신대륙으로 건너온 사람들은 신분의 차이가 없었으니까, 말 그대로 평등한 사회였다. 이후 재산과 인종, 학력에 따른 새로운 계층이 점차로 생겨났지만 그 부분은 차치하고 어쨌든 미국의 건국이념과 일치하는, 모든 삶은 평등하고 똑같은 기회를 가지며 개인으로 존중받는다는 이 표현은 멀리 대서양을 건너 새로운 세계를 꿈꾸던 이민자들에게는 한줄기 등대의 불빛과도 같았을 것이다. 이런 아메리칸드림이 어떻게 무너지고 타락하는지 디스토피아 부분에서 다시 살펴보도록 하겠다.

애덤스 또한 이 아메리칸드림이 1920년대와 30대 들어서 위기에 처해졌다고 우려한다. 그가 말한 아메리칸드림은 물질적 풍요만이 아니라 구 문명, 즉 유럽에 존재했던 사회적 장벽에 방해받지 않으며 한 개인으로서의 발전이 가능한 꿈이었지만 그 시대 상황은 물질문명에 의해 도덕적으로 타락한 시대 상황이었다. 즉 아메리칸드림이 강조하는 정신적 가치와 도덕이 훼손되고 있다는 점을 간파한 것이다. 디스토피아 문학에서 다루는 『위대한 개츠비』나 『세일즈맨의 죽음』은 이 아메리칸드림의 타락 혹은 실패를 다룬 작품이다.

그리고 책의 서문 앞 장에 미국의 국민 시인이라고 불리는 월터 휘트먼의 "민주주의의 노래"(Song of Democracy)가 실려 있다.

> Sail-sail thy best, ship of Democracy!
> Of value is thy freight -- 't is not the Present only,
> The Past is also stored in thee!
> .... (*The Epic of America* v)

시를 번역하기가 쉽진 않지만, 대략의 뜻은 "돛을 달고 나아가라, 민주주의호여, 최선을 다해 나아가라. 네가 싣고 있는 짐은 너무도 소중하다. 그것은 단지 현재만이 아니라 과거 역시 너에게 저장되어 있다..." 민주주의에 대한 찬양의 분위기는 충분히 느낄 수 있다.

시대 순서대로 다루다 보니 1931년의 『미국의 서사시』를 언급했는데, 다음에는 버러스 프레더릭 스키너(Burrhus Frederic Skinner)의 『월든 투』(*Walden Two*)를 살펴보자. 보통 B. F. 스키너라고 말하는데, 분명히 1854년 소로의 『월든』에 영감을 받은 책 제목이다. Two는 월든 2탄이란 뜻도 되고 발음으로는 Walden Too로도 들리므로 이것 역시 월든이다라는 뜻이다. 이 작품 역시 유토피아 문학이란 뜻이다.

스키너는 1904년에 출생하여 1990년에 사망한 미국의 영문학자이며 심리학자이다. 특히 1958년부터 1974년까지 하버드 대학교의 심리학과 교수로 재직했으며 작가보다는 행동주의 심리학자로 더 유명하다. 그가 고안한 '스키너의 상자'(Skinner Box)는 동물의 행동을 연구하기 위해 고안한 장치로 상자 안에 쥐를 넣고, 쥐가 먹이를 얻기 위해 누를 수 있는 막대기가 있어서 쥐가 막대기를 누르면 먹이가 튜브를 통해 나오기 때문에 쥐는 이 행동을 반복하게 된다는 실험이다. 먹이가 쥐의 행동을 반복시키는 강화의 역할을 하므로 사람 역시 어떤 행동을 반복하게 되는 것도 행동의 결과로 얻게 되는 강화물 때문이라는 이론이다. 비판을 받기도 하지만 심리학에서는 주요 이론이다. 따라서 스키너 박사라고 하면 이 실험으로 인해 행동주의 심리학으로 유명한 인물이다. 스키너는 이 행동주의를 인간에게 적용하여 행동주의가 사회를 형성하는데 사용된다면 어떤 일이 발생할까에 관심을 가져, 그가 설정한 이상적인 공동체에 대한 아이디어를 문학의 형태로 그리고 있다.

1948년 출간된 『월든 투』에는 '월든 투'라는 공동체가 등장한다. 책 제목과 공동체 이름이 같은데, 이 공동체를 버리스 교수를 비롯한 몇 명의 방문객이 방문하여 공동체를 둘러보는 방문기 형식이다. 이번에도 유토피아 문학의 전형적인 패턴대로 이 사회를 안내하는 월든 투 공동체의 설립자인 프레이저가 등장하여 방문단을 안내한다.

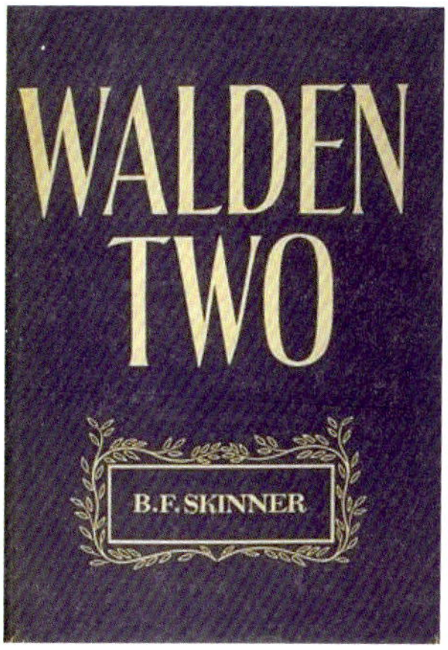

WALDEN TWO 1948 〈출처: https://www.goodreads.com/book/show/55990.Walden_Two?from_search=true&from_srp=true&qid=nYj0iCWDAT&rank=4〉

내용의 중심은 전통적인 유토피아 사고의 범위에 포함되는 교육, 경제 같은 일상의 사회적인 요인이 포함되어 있으며, 가족구조의 부정적 효과를 원인무효로 만들 필요성을 강조하는 점이 특히 눈에 뜨인다.

스키너는 이미 토마스 모어와 윌리엄 모리스와 같은 유토피아문학의 전통을 따라 여러 관습적 틀을 자주 언급하며 행동 교정과 교육철학, 정치윤리, 여성 처우 문제, 공공의 선, 사료의 편찬, 자유와 자유의지, 결정론의 딜레마, 미국의 민주주의와 소련의 공산주의 그리고 파시즘 등의 주제가 프레이저와 방문객들 사이의 대화에 드러나고 있다. 하지만 이 공동체에서 가장 놀라운 내용은 육아에 관한 내용이다. 이 공동체 안에서 행복한 삶을 누리도록 심리적으로 세심하게 조건화된 시민들을 아기 때부터 길러내는 계획에 기초하고 있다. 이 계획은 지속적인 테스트 결과를 통해 더 나은 대안에 수렴하도록 꾸준히 수정되어 실험 결과는 공동체의 정체성을 훨씬 더 짜임새 있게 발전시킨다. 덕분에 대부분의 사회들이 붕괴하거나 기능장애에 빠지는 잘못을 월든 투 공동체만은 피해갈 수 있다고 프레이저는 주장한다.

이 작품이 1948년에 출간되었는데, 아마도 2차 세계대전을 겪은 이 시대의 사람들은 과연 인간의 어떤 면이 이러한 전쟁의 참상을 불러일으켰나에 대해 깊은 회의와 참담함을 느꼈을 것이다. 특히 나치를 비롯한 파시즘의 발생과 종말-종말이라고 확신도 할 순 없지만-을 목도한 1940년대 후반의 인류는 승전국의 경우에도 큰 트라우마를 겪은 것이다. 혹자는 이 시기가 오히려 선과 악의 대결에서 선의 승리라고 오히려 안심하는 시대였다고도 한다. 그러므로 새로운 질서, 새로운 사회에 대한 열망이 커진 시대라고 볼 수 있겠다.

따라서 행동주의 심리학자인 스키너는 인간의 행동을 통제하는, 서로가 갈등하지 않는 '행복한 사회'를 만들어내고자 했다. '행복한 사회'는 불필요한 일을 줄이는 사회이며 가사에서 정신적 중노동에 이르기까지 인간이 원하지도 않고, 하고 싶지도 않은 일을 최대한으로 줄여주는 사회가 행복한 사회라고 주장한다. 현재 우리 사회에서는 8시간 노동을 하고 토마스 모어의 『유토피아』에서는 오전 3시간 오후 3시간 노동을 한다고 했는데 월든 투 공동체에서는 하루 4시간의 노동만 해도 충분히 의식주가 해결되고 욕구가 충족된다고 한다. 그럼 이 사회는 행복한 사회일까? 월든 투 공동체에는 소수의 운영위원회를 제외하면 이 공동체 안에는 구성원들이 어떤 행동을 하도록 강제할 실질적인 통치기구가 존재하지 않는다. 구성원들은 자발적인 동기부여가 되고 있으며 하루에 4시간의 노동만 하는 여유로운 삶을 산다. 그리고 나머지 시간에는 창의적인 활동이나 여가 시간을 즐긴다. 프레이저의 주장대로라면 정신과 영혼 같은 무형의 자산으로는 인간의 행동을 규제할 수 없으며 자유의지는 조기교육과 세뇌에 의해 쉽게 실종되고 만다. 대신 인간을 비롯한 유기체들의 행동은 환경변수들에 의해 결정되므로 환경변수들을 어려서부터 체계적으로 조작하면 거의 유토피아에 가까운 사회체제를 만들 수 있다는 주장이다. 여기에서 비슷한 시기에 2차 세계대전 이전이지만 1932년 영국에서 출간된 올더스 헉슬리의 『멋진 신세계』와의 이상한 대조를 볼 수 있다. 25세기 2496년을 배경으로 하는 디스토피아 소설에서 배아와 육아를 모두 통제하는 미래의 세계를 암울하게 묘사한 것과 묘한 대조를 보여준다. 통제에 의한 행복하고 완벽한 월든 투 공동체 안에는 디스토피아로 갈 수 있는, 변할 수 있는 여지가 있다는 것이다.

이 공동체의 조혼과 육아에 대해 한 번 살펴보자. 공동체 안의 소녀가 16세에 아기를 가지는데 대해 방문객인 바바라가 놀라자 프레이저는 다음과 같이 설명한다.

> 임신이 가능하게 된 때부터 일이 년 만에 어린 소녀가 결혼한다는 것은 틀림없이 원시 문화나 이 나라 안에서도 가장 형편없는 지역사회의 특징으로 보일 것입니다. 조혼은 권장할 수 없는 것으로 생각되어 왔으니 말입니다. 통계적으로 보건대 조혼은 실패율이 상당히 높으며 경제적 관점에서도 분명히 불가능한 것으로 보입니다. 그러나 월든 투에서는 나이가 어떻든 결혼하는데 경제적인 장애가 없다는 것을 새삼 지적할 필요는 없겠죠? 젊은 부부는 결혼 전이나 후에나 마찬가지로 윤택하게 생활할 수 있습니다. 아이들은 모두 똑같은 방법으로 키우니까 부모의 나이, 경험, 돈 버는 능력과는 전혀 무관합니다. (201)

프레이저는 조혼과 출산, 육아 방식에 대해 상당히 자부심을 가지고 있는 것 같다. 이렇게 조혼과 이른 출산으로 낳게 되는 아이들에게는 어린 부모 이외에도 생존해 있는 조부모와 증조부모들 그리고 많은 친척들이 육아에 도움을 주고 아이에게 관심과 사랑을 줄 수 있다고 주장한다.

이 공동체에 관한 설명을 듣고 직접 체험해 본 방문객은 두 그룹으로 나누어진다. 스티브와 메리는 공동체에 가입하기로 하나 캐슬은 프레이저가 폭군형 독재자라고 의심한다. 민주주의를 강력하게 믿고 있는 캐슬은 프레이저가 어떤 식으로든 일종의 폭정을 저지르고 있는 게 틀림없다고 비난한다. 캐슬과 프레이저의 토론을 한번 살펴보자.

> "우리의 부는 우리의 행복입니다. 공동 사회의 유형적 설비들은 회

원이 없으면

아무런 가치가 없게 되죠. 그리고 기획위원들은 권력욕이 하나의 호기심 거리밖에 안 되는 비경쟁적 사회의 일부라는 것을 기억하십시오. 그들이 권력을 남용할 이유가 없어요. 이곳의 전통이 그것과 배치됩니다. 개인적 지배의 어떤 움직임도 플래시 앞의 도둑처럼 분명하게 노출되지요."

"하지만 어떤 문화에서나 지배하려고 하는 것이 인간의 특성입니다." 캐슬이 말했다. "그건 실험적 문제에 불과하죠. 캐슬씨,...기획위원들의 통치는 긍정적 강화를 통해서이죠. 그들은 폭력을 사용하거나 사용한다는 위협도 안 합니다. 그렇게 할 기구조차 없으니까요." (380)

조금 긴 논쟁인데, 짧게 줄인 내용이다. 이 논의에서 캐슬은 공동체의 지배구조와 권력구조에 대해 의심을 가지지만, 프레이저는 월든 투 공동체는 어떠한 형태의 폭정으로부터도 안전한, 자유로운 사회라고 주장한다. 결국 방문객을 인도한 버리스 교수는 바깥세상의 교수직을 버리고 월든 투 공동체의 일원이 되기로 결심한다.

소로의 『월든』과 스키너의 『월든 투』를 한번 비교해보자. 100년 정도의 시간 차이는 있지만 프레이저의 말대로 월든 투 공동체는 제2의 월든(a Second Walden)이므로 두 작품을 비교해보는 것도 의의가 있을 것이다. 소로의 월든은 소로가 사회로부터 월든 호숫가로 이주해서 지낸 2년 2개월의 생활 기록인데 그곳에서 소로는 생활에서 필요한 부분을 극단적으로 줄여서 오히려 자연과 친밀하고 정신적인 관계를 만들었다. 마찬가지로 월든 투 방문객 중 스티브와 로저스 역시 자신들이 살고 있던 사회에 만족하지 못하고 월든 투 공동체를 대안으로 받아들인다.

소로에게 월든 호숫가에서의 생활은 기본적으로 세 가지 면에서 고귀한 실험이었다. 첫째, 소로는 산업혁명의 악화되어가는 영향과 물질주의적 인생관, 공장 노동이라는 멍청한 반복성에 대해 열심히 거부했으며, 월든 호수의 실험으로 소로는 과거로 되돌아가서 급격하게 사라지고 있던 농업생활 양식으로 되돌아갔다는 점이다. 두 번째는 소로는 생활에 필요한 비용을 줄임으로써 먹고 사는데 필요한 시간 역시 줄일 수가 있었다. 따라서 소로는 자신의 삶과 예술의 완전성에 더 많은 시간을 쏟아 부을 수 있었다. 월든 투 공동체에서도 강조하는 점 중의 하나도 개인의 노동 시간을 하루에 4시간으로 줄였다는 사실이다. 셋째, 소로는 월든 호수에서 자연을 통해서 이상(Ideal)을 가장 쉽게 경험할 수 있다고 주장했으며 매일매일 자연과 가까이 살면서 이 이론의 타당성을 끊임없이 시험했다.

그럼 가장 큰 차이점은 무엇일까? 소로는 각 개인의 완벽한 개인성의 중요성을 강조하는 반면 월든 투 공동체에서 스키너는 행동주의 공학이 사람들의 삶을 구조화한다는 점이다. 이 위험성에 대해 작품 안에서 두 그룹의 생각이 다른 점이 이미 나타나있다. 소로가 『월든』에서 자신이 머무는 월든 호수가가 바로 천국이라고 말한 것과 마찬가지로 스키너도 유토피아 사회를 먼 미래에 꿈꾸는 것이 아니라 워싱턴 DC근처의 장소에 설립한 월든 투 공동체, 즉 지금 바로 이곳에서 이상향을 꿈꾼다는 것이 공통점이라고 정리할 수 있다.

08

한국적 유토피아 『이상촌』, 『완전사회』

이제 한국문학으로 가보자. 한국에서는 유토피아 문학이라는 용어가 사용된 지는 얼마 되지 않은 것 같다. 어떻게 보면 유토피아 문학 전체가 공상과학 소설인 셈이므로 언급하려고 하는 『이상촌』, 『완전사회』 모두 과학소설로 분류되고 있다. 그 중 한국 최초의 과학소설로 알려진 정연규의 『이상촌』은 1921년 출간되었는데 흥미롭게도 1888년 에드워드 벨라미의 『뒤돌아보며: 2000~1887』과 연관성이 있다는 점이다.

정연규는 1899년 경남 거창군에서 태어나서 마부(馬夫)라는 필명으로 작품 활동을 했는데, 1920년에 출간한 『혼』(魂)과 1921년 출간한 『이상촌』이 검열에 의해 압류되자 1922년 일본으로 건너가서 주로 일본에서 일본어로 소설을 쓰며 활동을 하다가 1979년 사망했다. 정연규의 작품은 일제 식민지 강점 하에서 미래사회를 그리고, 식민지 자본주의의 문제점을 그리고 있으므로 식민지 체제에 대한 불만과 비판으로 인식되어 소설이 압류되었던 것이다.

이 작품과 벨라미의 『뒤돌아보며』가 유사점이 있다고 했는데. 벨라미의 작품이 1888년 미국에서 출간되었을 때, 조선에서 처음 언급된 것은 1892년 윤치호가 미국에서 쓴 자신의 영문일기이며, 1923년 『동명』지에 '욕명생'이라는 필명을 쓴 작가가 『이상의 신사회』(理想의 新社會)라는 제목으로 번역을 하여 조선에 처음 알렸다. 정연규의 『이상촌』은 『동명』지에 벨라미의 작품이 번역되어 실리기 2년 전인 1921년 작품이지만, 몇 가지 이유로 『이상촌』이 벨라미의 작품에 많은 부분 영향을 받았거나, 정연규 자신이 번역을 했다는 주장도 제기되고 있다.

『이상촌』은 작가 자신이 추구하고자 했던 이상사회를 그리고 있다. 시종일관 낙관적인 삶을 살고 있는 '이상촌'에 주인공이 우연히 들어가게 되면서 겪는 일을 다루고 있는데, 그 이상촌에는 과학기술이 발달하고, 질병도 없으며, 범죄도 없고, 무엇보다 돈에 구애받지 않는 사회이다. 이 사회에는 모든 물건들을 공유하며, 노동자가 오히려 대우를 받고, 직업에 귀천이 없다. 이 이상촌의 모습에서 토마스 모어의 유토피아 모습도 볼 수 있고 윌리엄 모리스나 에드워드 벨라미의 사회주의적 유토피아의 모습도 볼 수 있다. 『이상촌』과 『뒤돌아보며』의 유사점을 자세하게 살펴보자.

『이상촌』과 『뒤돌아보며』 비교 (모희준 264)

『이상촌』	『뒤돌아보며』
배에서 잠들어있는 주인공을 발견	지하실 공사를 하던 중 주인공 발견
1921-2023(102년)	1887-2000(113년)
배경은 경성	배경은 보스턴
시커멓고 연기 속에 파묻힌 경성에 연기가 없어짐	굴뚝과 굴뚝에서 나오는 연기가 존재하지 않음
노동시간은 1시간	24년간의 산업복무 기간이 노동 강도에 따라 노동시간이 다름
화폐가 없음	화폐는 없으며 신용카드로 물건 구입
벽면의 기계를 통해 왈츠 감상	벽면의 기계를 통해 왈츠 감상
인도에 투명한 지붕 같은 것이 설치되어 있어 비를 맞지 않음	인도 위에 방수 지붕이 설치되어 있어서 비를 맞지 않음
범죄는 없으며 범죄자는 치료해야할 환자로 취급	교도소가 존재하지 않으며 범죄자는 격세유전으로 병원에서 치료해야 할 대상자로 분류
주인공이 잠에서 깨어나면서 끝남	주인공이 잠에서 깨어나면서 끝남

이러한 점을 보고 벨라미의 소설을 필명으로 번역한 작가가 정연규 자신이 아닌가하는 추측을 한 것 같다. 노동과 경제의 문제는 어느 시대, 어느 사회에 살든 이 땅에 사는 한, 피해갈 수 없는 가장 큰 문제라는 점을 알 수 있다. 그리고 범죄자를 환자로 보는 개념은 이미 1876년 사무엘 버틀러의 『에레혼』에 등장한 개념이다. 범죄자는 환자로, 환자는 범죄자로 보는 에레혼 사회가 다시 호출된다. 『에레혼』에서 주인공이 병이 들자 감옥에 갇히기 싫어 그 나라를 탈출한 것이다.

『이상촌』의 줄거리를 조금 더 살펴보자. 1921년 현재 주인공, 작가 자신이인데, 주인공이 방문하는 사회에는 '정도령'을 숭배한다. 우리나라 역사에서 정도령은 오래 동안 민간 신앙과 같은 역할을 해왔고 아마 누구든지 '정도령'이란 말을 들어보았을 것이다. 실제로 『정감록』에 예언된 구원자로 조선 중후기에 민간에 유행했던 가상의 인물이다. 즉 정도령 혹은 정씨 성을 가진 인물이 이씨 조선을 끝내고 계룡산에 정씨 왕조를 세운다는 한국판 메시아라고 할까? 언젠가 정도령이 나타나서 힘든 삶을 살아가는 민중을 구해줄 것이라는 민간 설화와 신앙, 민중 신화가 어울려진 공상 속에 존재하는 인물이다.

주인공 정도령이 잠에서 깨어나자 한 청년이 나타나서 주인공에게 현재 있는 곳이 한강이라고 말해준다. 분명 안국동의 자신의 집에서 잠이 들었는데 깨어나니 한강 위 배안이었다. 청년은 주인공을 '역사가'의 집으로 안내한다. 그리고 역사가는 현재가 2023년이라고 말한다. 역사가는 전기로 움직이는 차를 타고 주인공에게 2023년의 경성을 소개시켜주는데, 21세기의 경성은 시커먼 연기 속에 파묻힌 경성이 아니라, 선명하고 화려하고 온 장안이 모두 꽃밭이며 말할 수 없는 아름다운 경치를 자랑하는 도시였다. 돈은 아예 존재하지도 않고 모든 것을 공유하는 사회이며, 전기와 자력이 연구되어 일 이분만에 수천 리를 다녀올 수 있고 전선도 없는데 전화가 되며 공중에서 갑자기 비행기가 내려오며 수학, 물리, 화학이 발달하여 기계만으로도 신체가 건강해지는 사회이다. 이 사회의 모습이 17세기의 프란시스 베이컨의 『새로운 아틀란티스』, 사무엘 버틀러의 『에레혼』이나 그 이후의 유토피아 문학에 나타난 미래 사회의 기술문명의 여러 모습이 나타난다. 소설에 나타나는 기술 문명의 발달 양상을 몇 가지 살펴보자.

전 세상에는 비행기가 제일 속하다하지만 지금은 세상물건 자체에

> 전기와 자력이 연구되어 불과 일이분간에 사람이 수천 리를 내왕하니 한 군데 집합해 불결한 공기를 마실 까닭이 있소. (59)

> 지금은 우리 몸이 모두 건강하고 제일 사람이 유쾌하고 재미있고 쾌락하니 병이 날 이치가 없소.... 전염병 그것은 우리 신체가 약할 때 말이오. 또는 의학이 발달되고 물리화학이 발달되고 정신과학이 발명되어서 그런 병충이 이 세상에 존재할 때가 없소....여기 보이는 저 기계를 누르면 영자(靈子)가 파동(波動)하오. 그 앞에 우리가 서면 우리 신체는 건강해지고 우리 신체 내에 불결한 것 병충 기타 제반 병은 다 낫소. (87)

1920년대 말투여서 지금 보니 약간 어색하고 한자식 표현도 많다. '속하다'는 말은 빠르다는 말이다. 그리고 어떤 기계 앞에 서면 몸의 온갖 병들이 제거된다는 아이디어가 제일 재미있는데, 1921년에 이런 상상을 한다는 것이 놀랍다. 2013년에 개봉된 미국 영화 <엘리시움>(*Elysium*)이 있는데, 이 영화도 서기 2154년을 배경으로 하는 SF영화이다. 인류는 하나지만 두 개의 세계가 존재하는 시대인데, 빈부격차로 인해서, 버려진 지구에 사는 사람들이 있고, 소수의 1%의 인류는 가난과 질병, 전쟁이 없는 호화로운 우주 정거장인 '엘리시움'에 산다. 지구와 분리된 우주세계로의 이주라는 측면에서 지구에서 유토피아를 찾던 기존의 탐색보다는 일보 더 전진하여 이상향을 우주에서 찾는다는 점이 이채롭다. 한 영화 안에 지구라는 디스토피아와 엘리시움이라는 유토피아가 공존하는 것이다. 빈부격차에서 오는 두 집단을 극적으로 다루었다는 점에서 봉준호 감독의 한국 영화 <기생충>과 주제는 같지만 <기생충>이 같은 주제를 다루는데 있어서 좀 더 콤팩트하다는 느낌을 받는다. 어쨌든 이 영화에서 기억에 남는 장면은 엘리시움에서는 아무리 위중한 질병이라도 오늘날의 MRI기계와 같은 기계에 누워서 한 번 스캔만 받으면 모든 질병이 치료되는 장면이다. 이 기계가 『이상촌』에 나오는 기계와 같다는 생각이 든다.

여기에서 한 가지 더 말하자면 엘리시움이라는 단어의 뜻인데, 엘리시움은 그리스신화에 등장하는 사후의 낙원이다.

고대 그리스 종교와 철학의 특정 분파 혹은 학파들이 오랜 시간 동안 유지해온 사후세계의 개념이다. 같은 사후세계라도 하데스는 지하세계를 의미하고 엘리시움은 천국이라고 해야 할까? 서쪽 바다에 있는 '행운의 섬'(Fortunate Isles) 혹은 '축복받은 자들의 섬'(Isles of the Blessed)로서 신들의 왕인 크로노스가 지배하는 일종의 이상향이라고 볼 수 있다. 그럼 영화 <엘리시움>에서 지구를 떠난 우주정거장인 이상향을 왜 엘리시움이라고 명명했는지 이해가 될 것이다. 한 가지 더 말하자면 2018년 11월 미항공우주국 나사(NASA)에서 화성 탐사선 '인사이트'(INsight)를 화성에 보냈는데, 그 탐사선이 성공적으로 도착한 화성의 적도 부근의 지점을 '엘리시움 평원'(Elysium Planitia)로 명명했다. 미래의 제2 지구가 될지도 모를 화성의 한 지역 이름을 엘리시움으로 정한 것은 미래의 인류의 유토피아가 되기를 바라는 희망이 반영된 것으로 읽힌다. 영화 <엘리시움>과 구도와도 아주 유사한 재미있는 지점이다.

다시 『이상촌』으로 돌아와서, 정연규는 자신의 소설책도 압류당하고 일본으로 건너가서 일본어로 소설을 썼지만 그는 항상 조선의 독립과 항일을 염두에 두고 산 작가였다. 식민지배에 항거하는 방법 중의 하나가 일본이 지배하는 1921년의 현 상황을 에둘러 비판하는 『이상촌』을 쓴 것도 그러한 이유에서였다. 그는 조선이 일본의 지배를 받게 된 이유 중의 하나가 학문의 후진성이라고 생각했던 것 같다. 그 중에서도 과학 기술의 기초가 되는 수학이 학문연구의 중심이며 수학의 후진성이 국력 쇠퇴의 원인으로 보았던 것이다. 앞에서 『걸리버 여행기』를 공부할 때 수학자도 아닌 조나단 스위프트가 얼마나 상세하게 수학적 묘사를 작품에서 표현했는지 이미 살펴보았다. 그때가 18세기였고 이미 서구에서는 수학을 비롯한 과학이 진일보하고 있던 시대였다.

소설에서 "보시오마는 전 세상에 제일 진보 못된 수학은 지금은 생활난이니 그런 거 없으니 대단히 진보 되었소"라는 표현을 보더라도 조선의 현실과 학문연구의 관계를 작가가 중요하게 여기고 있다는 점을 알 수 있다. 또한 소설 속 등장인물 중 '물리학자', '천문학자' 등의 등장 또한 같은 맥락이라고 볼 수 있다. 식민지배하의 작가의 고뇌가 느껴지는 내용이다.

그럼 다음으로는 문윤성의 『완전사회』로 넘어가자. 정연규의 『이상촌』이 일제 식민지하의 유토피아 소설, 과학 소설이란 점에서 의의가 있는 반면에 문윤성의 『완전사회』는 본격적인 과학소설의 출발을 알리는 최초의 작품뿐만 아니라 '페미니스트 유토피아'라는 특징이다. 페미니즘이 요즈음 가장 많이 회자되는 용어이기도 하지만 한편으로는 가장 많은 논쟁에 휩싸이기도 하는 개념이지만 현재 우리 사회에서 논쟁중인 페미니즘 문제와는 결이 조금은 다른 주제이다.

어디서부터 시작해야할까? 신약성경에 오병이어(오병이어)의 기적을 다루는 부분이 있는데, 예수의 산상복음을 듣기 위해 모여든 군중의 수를 헤아리는데 '여자와 아이는 그 셈에 들어가지 않는다'에서부터 시작하여 여성의 인권이 보장되지 않은 점을 영국에서 살펴보면, 영국에서는 오랜 동안의 참정권 운동을 통하여 드디어 1928년이 되어서야 보통참정권이 여성에게 주어졌다는 점을 보더라도 여성은 어느 사회든 그 사회에서 정당하게 대우받지 못하는 정치적, 사회적, 법적 문제 등 어려움을 겪고 있는 것은 보편적인 문제로 볼 수 있다.

1960년대 한국사회는 여성의 치마길이 하나에도 관심이 집중되던 시기였다. 그러한 시대 즉 1960년대의 한국 남성이 그리는 이상사회가 테크노 유토피아와 페미니스트 유토피아가 결합된 사회라는 점이 매우 흥미롭다.

그럼 먼저 여성으로만 이루어진 여인국에 대한 기원부터 살펴보자. 남성이 없는 여성으로만 이루어진 여인국을 상상해보았는가? 서구 문학에 한정하지만 그리스 신화에 '아마조네스'라는 여인국가가 등장한다.

여자 왕, 여자 각료, 여자 전사들로만 이루어진 국가로 여성들이 튼튼한 왕국을 유지한다. 영화에 자주 등장하는 여인국인데, 전쟁을 가장 잘하고, 가장 즐기는 부족이다. 이 나라는 역사가에 따라 현재의 우크라이나라고 하거나 혹은 소아시아, 리비아, 또는 인도에 위치해 있다고 하니 신화인 것이 틀림없는 것 같다.

이러한 여인국이 1960년대 한국 소설에 등장한다는 사실이 그 자체로도 놀랍고 흥미로운 일이다. 그러나 이 여인국에 유일한 남자 즉 작가 자신이 방문함으로써 한 명의 남자와 모든 여자들이 존재하는 완전사회는 1960년대의 과거의 남자 그것도 가부장적 사고를 가진 남성이 부딪치게 된다. 따라서 주인공을 통해 주인공이 가지고 있는 이데올로기, 쉬운 말로 보수적 가치관이 같이 따라서 등장하게 된다.

작가 문윤성은 1916년 강원도 철원에서 출생했으며 본명은 김종안이다.

경성 제2교보 재학 중 일본인 교사에게 반항하다 퇴학당한 후 공사장이나 광산에서 일하며 시와 소설을 썼다. 늦은 나이인 51세가 되던 1965년, <주간한국>의 제1회 추리소설 공모전에 '완전사회'로 당선되

문윤성 작가와 대표작인 완전사회.〈문윤성기념사업회 제공 한국일보 News read〉

어 문단을 깜짝 놀라게 했으며 1967년 그 작품을 책으로 출간했다. 그 이후로도 집필 활동을 하다가 2000년에 사망했다.

1966년에 <주간한국>에 '완전사회'를 연재하고 있었는데, 그 당시 신문에 실린 기사 내용 중에는 여성들이 짧은 미니스커트를 입고 미니스커트 패션쇼가 열린다는 기사들이 있었다. 본문을 잠깐 보자. 여인국에서 주인공 우선구는 과거를 돌이켜 볼 때 그 당시 가장 비극적인 현상은 무엇이냐는 질문을 받고 다음과 같이 대답한다.

> 선구는 잠시 궁리하였다. 과거사에 있어 범세계적인 비극에는 여러 가지가 있을 것이다. 빈부의 차, 사상의 대립, 천재지변 등등. 그러나 뭐니뭐니해도 전쟁과 이에 대한 공포가 으뜸일 것이다....'전쟁'이라고 말하려다 선구는 다시 생각하였다. 이건 너무 단순하지 않을까 하여 잠시 망설이던 중 얼핏 머리에 떠오르는 게 있기에 즉흥적으로 대답을 하였다. "내가 아는 가장 큰 비극은 그 시대 여성들의 치마가 몹시 짧았다는 것." (206)

유머가 포함되어 있어서 재미있게 생각한 부분이다. 이 대답을 듣고 사람들이 어리둥절해하자 우선구는 자신이 살던 구시대에는 “대다수의 여성은 스스로 자신의 취약성을 노출하고 남성의 자제력을 마비시키는 데 노력한 것 같아요. 그 본보기가 여성의 짧은 치마였습니다. 오직 자신의 육체미를 남성들에게 자랑하겠다는 아무 실속도 없는 이유 하나로 추운 날씨에도 여성들은 자신의 하체를 노출하고 있었죠, 그 결과 거의 모든 여성의 내장 기관은 형편없이 됐어요,” (207)라고 부가 설명을 한다. 이런 대답이 라블레식 유머가 생각나게 하는 대목이다.

소설의 줄거리 설명에 앞서 이 부분을 먼저 다룬 이유는 페미니스트 유토피아라는 말을 글자 그대로 받아들이는 실수를 막기 위함이다. 다시 줄거리로 돌아가 보자. 완전사회는 여인천하의 ‘진성(眞性) 사회’이다. 테크노피아, 곧 과학 기술의 발전을 통해 유토피아를 성취한 곳으로 제시되어 있다. 1967년 시간여행을 떠난 주인공 우선구가 도착한 161년 후인, 2128년의 완전사회인 헤어지루는 이미 세 번의 아마겟돈과 한 차례의 성(性) 전쟁을 치룬 후에 성립된 세계정부의 임시수도이다. 헤어지루를 포함한 세계정부는 궁극적으로 유토피아가 실현된 지구로 표상되는데, 그 지구는 12년 동안 계속된 남녀의 성 전쟁 끝에 남성이 완전히 패배하고, 추방된 “8천명의 남녀” (197) 이주민들로 구성된 사회구성체의 대표인 화성, 즉 소설에서는 남성사회의 대표인 화성과 적대관계에 놓여 있다. 그리고 그 적대의 한가운데는 언제든 쌍방을 전멸시키고도 남을 광자포 등의 첨단 무기기술이 놓여 있다. 앞에서 다룬 『이상촌』에는 일제 식민지하의 상황이 담겨있다면 『완전사회』에는 1960년대 장발과 미니스커트라는 새로운 문화의 분위기와 2차 대전 후 심각해지고 있던 미국과 소련간의 냉전 분위기도 반영되어 있다. 화성과 지구에 살고 있는 사람들을 서로 전멸시킬 수 있는 무기라는 것은 22세기를 배경으로 하지만 실제 역사에 있어서는 1960년대 첨예하게 대립한 미·소의 군비 경쟁을 반영하고 있다고 볼 수 있다.

『완전사회』에서 테크노 유토피아의 산물들이 많이 소개된다. 우선구가 미래로 시간여행을 떠나는 수면용 캡슐과 우주선과 광파유도기, 섭식과 수면에 이르는 갖가지 장치 등 놀라운 기술문명을 선보이고 있다. 이렇게 완벽하게 보이는 사회에 남성 우선구를 등장시킨 것은 아마겟돈 이후의 테크노피아·페미니스트 유토피아는 성차(sexual difference), 섹슈얼리티와 젠더의 문제가 해소된 것이 아니라, 오히려 그 유토피아가 문제시되는 사회라는 점이 남성 우선구의 시각과 의견에 의해 교정되기를 바라는 것이다. 남자와 여자가 조화롭게 살아가는 사회야말로 작가가 생각하는 진정한 '완전사회'가 된다는 것이다. 그러니 완전사회는 결국 불완전한 사회였다는 뜻일 것이다.

이러한 의도는 한국 문학에서 근대적인 의미의 소설이 아직 제대로 정립되어 있지 않은 상태라는 점을 보여주고 있는 것 같다. 소설이 허구인데 그 소설에 작가의 의도가 명백하게 드러나는 점은 장르로서 소설이 태동하는 시기의 특징이라고 볼 수 있다. 굳이 해석을 덧붙이자면 테크노피아에 도달한 '진성사회'라 하더라도 성적 갈등의 해소와 남녀의 공존, 나아가 여성을 보호하고 지배하는 남성적 주체성은 결코 변하지 않을 인간본성에 대한 믿음과 상통한다고 볼 수 있다. 이것은 역사적으로 변화하는 남성중심주의를 인간본성으로 자연화하는(neutralize) 봉쇄전략이라고 보는 견해도 있다.

이 작품에서 가장 눈에 뜨인 부분은 여성과 남성의 대결 부분에서 신화적 요소가 가미되어 있다는 점이다. 2051년 "남성의 존재를 부인"하고 "여성을 인류 유일의 참된 모습으로" (175) 선언하는 '진성선언'이 등장하는데, 여성들로만 구성된 칼렘공화국이 건설되고 이 공화국에 대항한 남성 테러리스트 집단인 스톤만 일당의 습격이 패배하는 사건이 벌어지고 12년간에 걸친 성 전쟁을 벌인 후 남성이 패배함으로써 결국 남성은 화성으로 추방되거나 멸종해버린다.

이 전쟁에 사용된 첨단 테크놀로지가 결국 진성인 국가의 건설을 가능하게 했지만 이 대결 혹은 전쟁은 오히려 고대 신화에서 나타나는 부족 간의 전쟁을 연상시킨다는 점이다. 이 지점이 바로 테크놀로지와 신화가 결합되는 부분인데, 과학기술이 첨단화될수록 인간 사이에 해결해야 할 문제는 오래된 원시의 형태로 귀환한다는 점이다. 소설은 근본적으로 픽션이고 이 픽션의 원천적인 소스는 바로 신화라는 점에서 『완전사회』가 많은 비판을 받고 있음에도 불구하고 문학의 본성을 가지고 있다는 점을 말하고 싶다.

지금까지 다룬 내용이외에도 『완전사회』에는 국가기구와 사회조직, 의학, 노동, 사회복지, 언어, 종교, 교육 등의 분야가 세분화되어 제시되어 있다. 이것을 보면 소설의 상상은 놀라운 정도로 섬세하고 흥미로운데, 이 작품을 연구한 국문학자의 논문에서 인용해보자.

제도	형식	내용
정치 (국가)	세계정부 단일중앙 집권제	인민은 평등하며, 일정한 권리와 의무가 있다. 인민원, 현자원, 원로원의 입법기구가 3년에 한 번씩 세계정부의 최고책임자인 '따루'를 선출
경제	정부의 통제경제	모든 생산시설이나 판매 기구는 사회권 직영이며, 인민은 표준 4시간 노동
언어	헤민어	가장 합리적인 표음문자인 한글을 에스페란토어처럼 교정, 정착시켜 세계의 단일 언어로 사용
교육	자율교육	초급5년제, 단련학교 3년제, 성인학교 4년제. 전문학교 순
의학	평행상태 유지	약물만능을 벗어나 자연의 원칙에 순응하며 생명체와 반생명체의 평형상태를 유지하는 것이 건강
종교	수양 단체	개인의 신앙은 허용되지만 종교단체의 형성은 금지되어 있으며 수양단체가 집단적 종교 활동을 대신함

(복도훈 357)

이 표를 보면 완전사회는 각종 유토피아 기구와 테크놀로지를 활용한 프로젝트를 통해 이상 사회를 염원하고 있다는 것을 짐작할 수 있다. 정치는 세계정부로 단일중앙집권제이며 모든 인민은 평등하며, 일정한 권리와 의무가 있다. 인민원, 현자원, 원로원의 입법기구가 3년에 한 번씩 세계정부의 최고책임자인 '따루'를 선출하는 체제이며, 경제는 모든 생산시설이나 판매 기구는 사회권 직영이며, 인민은 표준 4시간 노동을 한다. 언어는 헤민어로서 가장 합리적인 표음문자인 한글을 에스페란토어처럼 교정해서 정착시켜 세계의 단일 언어로 사용한다. 우선구에게 젊은 여인이 자기나라말을 공부하라고 준 사전의 겉장이 한글로 되어있는 것을 보고 깜짝 놀라며 "아, 한글!"이라고 하자 여인국의 사람은 헤민어를 영어로 풀이한 사전이라고 말을 하고 미간을 찌푸린다.

그리고 교육은 자율교육 형식이며 초급 5년제, 단련학교 3년제, 성인학교 4년제. 전문학교 순이며, 의학은 약물만능을 벗어나 자연의 원칙에 순응하며 생명체와 반생명체의 평형상태를 유지하는 것이 건강이라고 한다. 그리고 종교는 개인의 신앙은 허용되지만 종교단체의 형성은 금지되어 있으며 수양단체가 집단적 종교 활동을 대신한다. 완전사회의 종교는 토마스 모어의 유토피아 섬의 종교생활과 유사한 점이 있다. 토마스 모어는 종교적 신념으로 헨리 8세에 의해 처형당했지만 그가 꿈꾸는 유토피아에는 모든 거주민이 다양한 종교를 믿을 수 있으며, 자신의 열망에 따라 원하는 방식으로 신의 모습을 형상화할 수 있었다. 16세기의 잉글랜드의 유토피아 종교와 20세기 한국의 유토피아 종교가 유사한 점이 있다는 것이 흥미롭다. 『완전사회』는 한국이라는 상황에서 여인국을 다룬다는 점이 특이했다. 심지어 1985년에 출간된 개정판에서는 『완전사회』가 제목이 『여인공화국』으로 바뀌고 내용도 조금 수정되었다.

09

21세기 유럽인의 유토피아 『유러피언 드림』

이미 애덤스의 아메리칸 드림이라는 용어에 대해 잠깐 살펴보았다. 『미국의 서사시』에서 밝히는 아메리칸 드림은 계급이 없는, 모두에게 평등한 기회가 주어지는 꿈이었다. 그런 아메리칸 드림이 애덤스 당대에도 그리고 그 후 더욱 추락하거나 변질되고 있음을 알 수 있다. 그렇다면 아메리칸 드림의 대척점에 있는 유러피안 드림에 대해 알아보자.

제러미 리프킨(Jeremy Rifkin)은 1945년 콜로라도주의 덴버에서 출생했으며, 1994년부터 펜실베니아 대학교의 와튼 스쿨의 최고경영자 과정의 교수로 재직하고 있으며, 과학과 기술의 발전이 경제, 사회, 환경에 미치는 영향에 대해 광범위한 연구를 진행해온 경제학자이며, 작가, 사상가, 사회운동가이다. 미국 출신이지만 아메리칸 드림의 종말을 선언하고 유럽의 사회체제에 대한 연구와 미국과는 다른 유럽인들의 사고와 사상 등을 연구한 『유러피언 드림』을 세상에 내놓으면서 새로운 시대의 비전을 제시한다.

리프킨은 2004년 출간된 『유러피언 드림』 이전 이미 수많은 저서를 출간함으로써 종합적인 사고와 신선한 시각으로 전 세계의 수많은 독자를 확보하고 있다. 『노동의 종말』(1995)은 노동 시간 삭감을 위한 사회 운동의 기폭제 역할을 했으며, 『바이오테크 시대』(1998)는 생명공학 연구가 가져올 수 있는 문제를 제기하여 사회적 경각심을 환기시켰다. 리프킨의 저서에 지금까지 공부한 유토피아 사회에서 제시된 노동 문제와 다른 한편으로는 기술문명의 위험성에 대한 단서가 보인다. 유토피아 섬에서는 오전 3시간 오후 3시간의 노동만으로도 충분했으며 『완전사회』에서도 하루 4시간의 노동 시간이 제시되어 있다. 『이상촌』에서는 하루 1시간만 노동을 한다. 그러므로 오랜 세월 동안 인류에겐 가혹한 긴 노동시간이 삶의 고통을 가중시켜온 것 같다. 20세기 마지막에 미국의 학자가 노동시간 삭감을 주장한 것을 보면. 우리 삶에 있어서 노동은 꼭 필요한 것이지만 어느 정도의 노동 시간이 적절한가에 대해서는 어느 사회든 중요한 고민거리인 것 같다. 그 외에도 『소유의 종말』, (2000)에서 소유의 시대는 가고 시간과 체험의 상품화라는 새로운 국면에 접어들었다고 주장했으며, 『수소 혁명』(2002)은 혁명적인 수소 에너지의 도래를 예고했는데 그의 예측이 거의 맞는 것 같다. 그래서 미래학자로 일컬어지나 보다. 그밖에도 『엔트로피』, 『육식의 종말』, 『생명권 정치학』 등의 저서를 통하여 과학기술의 새로운 조류가 세계 경제, 사회, 환경에 미치는 영향에 대한 통찰력을 보여주고 있다.

저자가 경제학자이며 사회학자, 사회운동가이므로 『유러피언 드림』 역시 문학 작품은 아니다. 따라서 이 책의 내용을 자세하게 다룰 필요는 없을 것 같고, 저자가 이 책에서 말하고 있는 아메리칸 드림과 유러피언 드림의 차이만 찾아보도록 하자.. 특히 이 책의 부제가 '아메리칸 드림

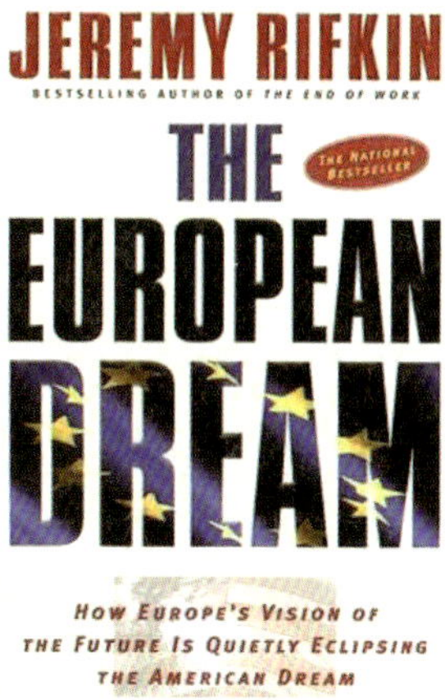

European Dream 〈출처 https://en.wikipedia.org/wiki/The_European_Dream#/media/File:The_european_dream_—_bookcover.jpg 표지〉

의 몰락과 세계의 미래'이므로 미래학자로서 리프킨은 앞으로 인류가 나아갈 방향을 제시하고 있을 것이다. 특히 전후 한국 사회는 아메리칸 드림에 의해 디자인되어 왔다고 볼 수 있으므로 코리안 드림의 실체를 알기 위해서는 아메리칸 드림을 거울에 비춘 것처럼 대조적인 유러피언 드림을 살펴봄으로써 하나의 통찰력을 얻을 수 있다.

리프킨은 550쪽에 달하는 방대한 분량의 저서에서 유럽의 역사에서 시작해서 미국인, 미국이라는 국가와 통합된 유럽 전체로서 유럽인을 여러 측면에서 비교하고 있다. 모든 분야를 다 다룰 수는 없고 몇 가지 중요한 포인트만 살펴보자.

〈아메리칸 드림 VS 유러피언 드림〉 비교

아메리칸 드림	유러피언 드림
자유, 자율	소속되어 있음
경제성장, 개인의 부, 독립	지속가능한 개발, 삶의 질, 상호의존 관계
근로 윤리	여가활동
종교전통, 굳건한 신앙	종교와 분리
애국주의	세계주의적 색체
국익을 보호하기 위해 병력 파견	치안확립 〈 평화유지 작전
개인적	지구 전체의 복리

먼저 '자유' freedom과 '안전' security에 대한 개념이다. 오랫동안 미

국인들은 자유를 '자율' autonomy와 연관 지어 생각해왔다. 자율적인 사람은 타인에게 의존하지 않고 자기 영역 밖의 상황에 영향을 받지 않는다. 자율적이기 위해서는 재산을 가져야한다. 부를 많이 축적할수록 더욱 독립적이 될 수 있으므로 미국인들은 자주적이고 스스로 하나의 고립된 섬이 됨으로써 자유로워진다고 믿는다. 따라서 부에서 배타성이 생겨나고, 배타성으로 안전이 보장된다.

반면 유럽인들은 자유가 자율보다는 어딘가에 '소속되어 있음'(embededness)으로 인해 보장받는다고 생각한다. 더 많은 공동체에 소속될수록 개인은 충만하고 의미 있는 삶을 살 수 있는 선택권이 넓어진다. 상호관계에서 포괄성이 생겨나고, 포괄성으로 안전이 보장된다고 생각한다.

또한 아메리칸 드림은 경제성장, 개인의 부, 독립을 중요시하지만 새로운 유러피언 드림은 지속가능한 개발, 삶의 질, 상호 의존 관계에 초점을 맞춘다. 아메리칸 드림이 근로 윤리를 높이 사는 반면, 유러피언 드림은 여가 활동을 선호한다. 아메리칸 드림은 미국의 종교 전통 및 굳건한 신앙과 불가분의 관계에 있는 반면 유러피언 드림은 철저히 종교와 분리되어 있다.

아메리칸 드림은 애국주의에 집착하는 반면 유러피언 드림은 세계주의적 색체가 강하다. 미국인들은 중요한 국익으로 인식되는 것을 보호하기 위해 필요하다면 세계 어디든 병력을 파견하려 한다. 유럽인들은 군사력 사용을 꺼리며, 주로 외교와 경제 원조를 통해 분쟁을 피하려 하고, 치안 확립보다는 평화 유지 작전을 선호한다. 아메리칸 드림은 철저히 개인적이기 때문에 다른 나라 사람들의 복리에 관심이 거의 없는 반면, 유러피언 드림은 포괄적이고 총체적인 성격을 띠기 때문에 지구 전체의 복리를 좀 더 중시하게 된다. 리프킨이 파악한 아메리칸 드림과 유러피언 드림의 비교가 완전히 맞는 주장이라고 볼 수는 없지만 유토피아 문학에 나타난 유토피아 사회를 염두에 두고 보면 시사하는 바가 크다고 할 수 있다. 이 책을 읽으면서 미국과 유럽이라는 두 개의 큰 사회에 대해 막연하게 가졌던 생각이 좀 더 구체화되고 구조화된다고 할까 굉장히 시각이 뚜렷해지는 느낌을 받았다.

그러나 리프킨과 같은 학자의 견해와는 달리 대부분의 유럽인들은, 유러피언 드림이 무엇이냐고 묻는다면 아주 당혹스러워할 것이다. 유러피언 드림이 유럽 사회가 지향해온 보편적 가치관과 미래에 대한 비전을 담은 개념으로서 아직 생성 중에 있으며, 따라서 그 내용이 불명확하고 구체적이지 않은 부분이 있기 때문이다.

또한 위의 표에서 보면, 어쩌면 유토피아라는 기준점을 가지고 살펴볼 때 유럽이 유토피아가 되었단 말인가라는 의문이 들 것이다. 추상적인 개념과 정체성과 같은 부분에서는 확실히 새로운 유토피아를 지향하고 있는 것만은 틀림없다. 하지만 알다시피 유토피아는 이 세상에 존재하지 않는 사회이다. 이민자와 타문화에 대한 유럽인들의 반응에서 보듯이 아직 사회적 합의에 이르지 않은 문제들이 유럽 곳곳에 존재하고 있는 것도 사실이다. 특히 유럽 곳곳에서 민족과 종교 갈등에 따른 투쟁이 벌어지고 있고 반유대주의가 다시 고개를 들고 있으며 이슬람 및 소수 종교 신자들에 대한 차별이 강하게 표출되고 있다. 그럼에도 불구하고 리프킨의 저서에서 밝히듯이 유러피언 드림의 특징과 방향성을 살펴보는 것은 아메리칸 드림에 의해 디자인된 한국 사회를 되돌아보는 계기가 될 것이다.

2부

디스토피아 문학

10

디스토피아의 의미와 3대 디스토피아 문학 『우리들』, 『멋진 신세계』, 『1984』

디스토피아라는 단어의 뜻을 살펴보면 토피아는 토포스(topos) 장소라는 뜻을 가진 그리스어 어원을 가지고 있고, 디스는 "나쁜, 안 좋은" 뜻을 가진 Dus라는 그리스 어원을 가지고 있으므로 좋지 않은 장소, 즉 유토피아의 반대개념이며 반-유토피아 혹은 역-유토피아라는 의미이다. 이 용어를 최초로 쓴 사람은 19세기 영국의 사회학자이며, 철학자이자 정치경제학자인 존 스튜어트 밀(John Stuart Mill)이다.

밀은 경험주의 인식론이나 공리주의 윤리학 등을 다룬 그의 수많은 저서를 통해 19세기 말 영국 사회가 낳은 위대한 사상가의 목록에 올라가 있다. 밀은 자유주의적 정치경제 사상의 기초를 놓은 인물이며 1865년에서 68년 사이 직접 현실 정치에 참여하여 런던 웨스트민스터 선거구의 하원의원으로 활동한 경력이 있다.

1868년 하원 연설 시 밀은 정부의 아일랜드 토지정책을 비난했다. 그 때 사용한 용어가 "디스토피아"(dystopia)인데 실제로는 그보다 훨씬 앞서 공리주의자의 스승이라고 할 수 있는 제러미 벤담(Jeremy Bentham, 1748~1832)이 1818년 "카코토피아" cacotopia란 말을 먼저 사용했다. 같은 뜻이다. caco 역시 그리스어 어원을 가지고 있는데 그리스어 kakos는 나쁘다(bad)는 뜻을 가지고 있으니 카코토피아는 '나쁜 장소'라는 말이다. 그러므로 디스토피아나 카코토피아는 같은 의미이나 디스토피아가 역사적으로 사용량이나 빈도에 있어서 우위를 점하게 되었다. 이 단어는 예전에는 주로 전체주의적 정부에 의해 억압받고 통제받는 암울한 사회로 정의되었지만, 2024년 인터넷 영어 사전인 dictionary.com에 의하면 다음과 정의 된다.

> dystopia: a society characterized by human misery, as squalor, oppression, disease, and overcrowding[2]

"불결함이나 억압, 질병, 인구과밀과 같은 인류가 겪고 있는 고통의 특징을 묘사하는 사회"라고 번역될 수 있는데, 거기에 "기계문명, 인간소외, 환경오염"을 추가해도 무방할듯하다. 따라서 현실 사회의 부정적인 측면들이 극단화되어 앞으로 초래될지도 모를 암울한 미래상을 나타낸다고 볼 수 있다. 이런 부분이 디스토피아 문학의 주제이며 20세기 SF영화들은 과도하게 이런 주제를 더 비극적으로 다룬다고 생각한다. 그러므로 앞으로 19세기 말에서부터 20세기 초, 중반의 작품들을 중점적으로 다루겠다.

2 https: //www.dictionary.com/browse/dystopia#

<디스토피아 문학>

1921『우리들』(예브게니 자먀찐)
1932『멋진 신세계』(올더스 헉슬리)
1945『동물 농장』(조지 오웰)
1949『1984』(조지 오웰)
1964『시계태엽 오렌지』(앤서니 버게스)
1979『소피의 선택』(윌리엄 스타이런)
2019『클라라와 태양』(가즈오 이시구로)

이 작품들은 꽤나 유명한 작품들로서 1921년에 출간된 소련 작가 예브게니 자먀찐의 『우리들』은 최초의 디스토피아 문학이라는 평가를 받는다. 토마스 모어의 『유토피아』 발간 후 거의 400년 만에 디스토피아 문학이라고 명명된 작품이 출판된 셈이다. 『우리들』은 『멋진 신세계』와 『1984』와 함께 3대 디스토피아 문학으로 불리는데, 20세기가 되면서 1817년 10월에 발생한 러시아의 10월 혁명, 혹은 볼셰비키 혁명과, 1920~30년대의 독일 나치즘, 그로 인한 2차 세계대전에 대한 이해가 선행되어야만 20세기를 제대로 파악할 수 있다.

예브게니 자먀찐 〈https://nn.wikipedia.org/wiki/Jevgenij_Zamjatin〉

먼저 예브게니 자먀찐의 『우리들』(мы), 영어로는 *We*인데 러시아어로는 '므이'로 발음한다. 자먀찐은 1884년에 러시아에서 태어나서 1937년 망명지인 프랑스 파리에서 사망한다.

그는 상트페테르부르크 공과대학 재학 중 1905년 노동자들의 집회가 정부에 의해 유혈 사태로 진압된 '피의 일요일' 사건을 목격하고 볼셰비키에 가담한다. 1차 세계대전이 진행 중이던 1917년 10월, 볼셰비키 혁명으로 레닌의 공산정권이 수립된 후, 자신의 창작의 자유가 제한되자 자먀찐은 체제비판의 작품을 쓰기 시작한다. 따라서 『우리들』을 비롯한 일련의 작품들로 인해 자먀찐은 투옥되기도 하고 석방 후, 파리로 망명하여 남은 생을 보낸다. 작가가 반체제 작가이므로 『우리들』은 1921년에 집필되었으나 소비에트에서는 출판되지 못했고, 1924년 뉴욕에서 영어로, 1927년 프라하에서 체코어로, 1929년 파리에서는 프랑스어로 출간되었으며, 1988년 페레스트로이카 시대가 되어서야 자국에서 러시아어로 출간되었다. 작품으로 봐서도 오랜 망명의 시간을 겪었다.

한때 볼셰비키 혁명에도 가입하고 순수한 공산주의 사회에 대한 열의를 가졌던 자먀찐에게는 마르크스, 엥겔스의 철학적이고 사상적인 공산주의가 아니라 현실의 레닌이 이끄는 공산주의 사회는 자신이 꿈꾸던 프롤레트쿨트와는 다른 사회였다. 따라서 자신이 주도적으로 이끌었던 문단에서도 배척받게 되고 1931년 조국을 떠나게 되는데, 그 당시 소비에트 문단에서 자먀찐의 작품에 대한 평가는 다음과 같았다.

> <자먀찐의 작품에 대한 평가>
> * 묵과할 수 없는 현상
> * 소비에트 체제에 대한 조롱
> * 사회주의 미래에 대한 저급한 풍자작품
> * 자먀찐은 건설되는 사회주의의 나라에서 자신과 같은 작가는 필요없다는 단순한 사실을 이해해야만 한다. (문준일 197~8)

이러한 문단의 평가를 보면 『우리들』에서 집단화, 기계화, 균일화를

우리들 초판 1924 〈위키피디아 Public domain〉

꿈꾸는 이상사회에 대한 풍자를 통해 소련 전체주의의 많은 모습들이 드러나고 있다는 점이다.

『우리들』에서 가장 중요한 부분은 단일제국에 대한 이상인데, 그 단일제국은 '200년 전쟁' 후 황폐한 지구에 생존자들이 세운 나라로, 철저하게 인간의 이성과 과학적 능력에 대한 믿음에 근거해 세워진 국가로 유토피아인 '수정궁'의 모습을 실현하고 있는 국가이다. 녹색 벽으로 자연과 분리된 이 도시에서는 유리로 만들어진 고층 건물에서 유니폼을 똑같이 입은 사람들이 하루에 두 시간의 개인 시간을 제외하고는 모든 사람들이 들여다볼 수 있도록 공개적인 삶을 살아간다.

인간의 가장 본능적인 욕구인 성욕과 식욕을 과학기술의 힘으로 균등화함으로써 욕망과, 자유로 인한 선택의 짐에서 해방된 제국의 시민들은 '나' 개인이 아니라 오로지 '우리'로만 존재한다. 시민들은 문자와 번호의 조합으로 이루어진 이름을 가지고 명령에 다른 이견(異見)을 낼 수가 없다. 이들은 자신들이 이룩한 이성의 승리를 다른 행성에까지 전파하기 위해서 우주선 '인쩨그랄'을 건설하는데, 이 우주선 설계에 참여하는 수학자가 주인공인 D-503이다. 그는 미개한 상태에 있는 외계의 존재에게 단일제국을 선전하고자 하는 목적으로 글을 써서 인쩨그랄에 싣고자 한다. 단일제국의 풍속과 생활에 대해 묘사하는 부분이 바로 소설 속의 소설이 된다. 20세기가 되니 소설의 표현 양식이 앞에서 공부한 17세기나 18세기와는 확연히 달라진 점을 알 수 있다.

이 단일 제국이 완벽한 통제와 규율에 의해 조종되고 있는 점은 후일 올더스 헉슬리의 『멋진 신세계』와 조지 오웰의 『1984』에 영향을 끼쳤다는 것은 주지의 사실이다. 단일제국은 모든 사람들이 '시간 율법표'에 의해 생활하는데, 이 시간 율법표에 따라 매일 아침 동일한 시간에 일어나 일을 하고 동일한 시간에 일을 마친다. 개인 시간은 16시에서 17시까지, 21시에서 22시까지 하루 두 시간이며 이 시간에는 사람들은 분홍색 커튼을 치고 성생활을 하든지, 개인적인 일을 한다. D-503은 시간율법표가 고대인들이 '성상'이라고 불렀던 것을 상기시킨다고 말한다.

> 시간 율법표...바로 이 순간에도 황금빛 바탕에 쓰여진 그것의 자줏빛 숫자가 벽으로부터 나의 눈을 근엄하고, 부드럽게 응시하고 있다. 나는 본능적으로 고대인들이 '성상'이라고 불렀던 그 어떤 것을 상기한다. 그리고 그대, 오, '시간 율법표'여, '단일제국'의 심장이요, 맥박인 그대를 충분히 찬송하기 위해 시나 기도문을(둘 다 똑같은 것이긴 하지만) 쓰고 싶다는 충동을 느낀다. (21)

작품의 배경은 29세기이지만 러시아정교의 흔적들이 곳곳에 산재해 있다. 프롤레타리아 혁명으로 세워진 소비에트는 무신론을 강조하는 사회체제이지만 오랜 세월 이어져 온 러시아 정교 신앙을 가진 민중들의 의식을 잘 나타내고 있다. 가장 통제된 '시간 율법표'가 구약 시대의 민족에게 가장 중요했던 율법을 패러디한 점이 아주 눈에 뜨인다. 성상은 주로 가톨릭에서 예수나 성모 마리아, 성인으로 추대된 성인들의 모습을 조각한 조각상이나 그림을 의미하는데, 러시아 정교에서는 신도들이 성상을 개인의 집에 두고 기도를 하는 대상으로 삼고 있다. 그러므로 러시아 정교에서 신앙의 핵심인 성상과 '시간 율법표'를 동일한 것으로 간주하여 통제된 시간 규율이 단일제국의 시민들에게 얼마나 중요한 대상인지를 보여주고 있다. 여기까지만 보더라도 이 작품은 기독교의 여러 메타포를 사용하는 것이 보인다. 유토피아 문학을 공부할 때 서양문학을 이해하기 위해서는 성경과 그리스·로마 신화 그리고 영문학의 경우에는 셰익스피어를 아는 것이 도움이 된다고 이미 설명한 바와 같이 기독교적 비유가 눈에 띄게 나타나고 있다.

처음 유토피아의 기원은 구약성서에 나오는 에덴동산이라는 말을 앞에서 이야기한 것처럼 아담과 이브가 에덴동산 즉 유토피아에서 추방된 것이 반유토피아이며 그것은 이상적인 에덴동산과는 달리 유혹과 불복종과 수치, 형제 살인, 나아가 소돔과 고모라에서 볼 수 있듯이 온갖 탐욕과 죄가 들끓고 있는 디스토피아의 세계라고 볼 수 있다.

『우리들』에서 200년에 걸친 전쟁 후 세워진 단일제국은 유토피아의 환상을 주민들에게 심어준다. 그 비유를 에덴동산에서 가져온다. 29세기의 완벽한 사회에서 지도자인 "은혜로운 분"의 지도하에 '시간 율법표'에 따라 획일적으로 사고하고 행동하는 단일제국의 사람들의 모습은 이후 『멋진 신세계』와 『1984』에서도 이 작품의 영향을 여러분들이 볼 수 있다. 이 사회의 또는 이 작품의 키워드는 단일제국, 유니폼, 녹색벽, 시간 율법표, 은혜로운 분, 보안요원 등이다.

소설에서 시인인 R-13과 주인공 D-503의 대화에서 시인은 낙원에서 가능한 선택은 두 가지밖에 없다고 말한다. "자유가 없는 행복"과 "행복 없는 자유." 그런데 어리석은 인간들은 자유를 선택했고 그 뒤 몇백년 동안 구속, 즉 비자유를 갈구했다고 말한다. 아마 20세기에서 29세기까지의 역사를 한마디로 요약하면 주어진 자유를 향유한 뒤 오히려 "자유가 없는 행복"을 갈구했다는 말이다. 이 내용이 전달하는 메시지가 울림이 큰 것 같다. "자유가 없는 행복"과 "행복 없는 자유" 인류의 역사는 이 양쪽을 왔다 갔다 하는 진자의 운동과 같다고 볼 수 있다.

『우리들』에서는 100년이나 200년 후 사회의 모습이 이러할 것이라는 구체적인 그림이 아니라 과학기술의 정점과 그보다 더 중요한 것은 비합리적인 것, 감상적인 것, 비효율적인 것을 완전히 배제하고 순전히 이성과 합리주의만을 강조하며 또 그것이 '선'이 되는 사회는 궁극적으로 단일제국과 같은 양상을 보일 것이라는 점이다. 사실 자유와 행복이라는 주제는 자먀찐에 앞서 러시아의 대문호 표도르 도스또옙스키(1821~1881)의 마지막 대작 『카라마조프가의 형제들』(1879) 중 둘째 아들 이반이 직접 썼다는 <대심문관의 이야기>에서 다루어진 주제이다. 이것 역시 메타 픽션이라고 볼 수 있다. 도스또옙스키의 영향을 받은 자먀찐은 『우리들』에서 도스또옙스키의 자유와 행복의 대립을 보다 더 구체적으로 설명하고 있다. 100퍼센트의 비자유와 100퍼센트의 행복이 등가를 이루는 '단일제국'과 '은혜로운 분'은 <대심문관의 이야기>에서 다루어진 주제를 변화시키고 증폭시킨 미래적 재현이다. 따라서 자먀찐은 도스또옙스키의 사상과 이미지, 메타포를 발전시켜서 인간의 보편적 주제로까지 확장시켰다.

사실 유토피아의 외피를 입은 이 작품은 사랑소설, 모험소설, 심리소설의 요소들이 다 섞여있지만 본질적으로는 유토피아의 외피 속에 감춰져있는 디스토피아 소설이라고 본다. 문제는 이 단일제국의 시민들이 이 사회가 유토피아라고 생각하는 것이다. '은혜로운 분'의 독재가 당연한 통치라고 받아들이는 것, '시간 율법표'가 구약의 율법과 같은 행동과 사상을 통제하고 지배하는 율법인 점, 그리고 석유로 만들어진 식품이 최고의 영양가를 가진 완벽한 음식이라고 믿는 점이 견고한 디스토피아의 세계를 이루고 있다. 특히 인류의 10분의 2만 살아남은 현재에 선택받은 인류라는 자부심을 가지게 된 것도 이 단일제국의 시민이라는 자긍심을 더 높여주는 점니다.

R-13은 단일제국이 고대의 낙원에 대한 전설을 실현해 놓은 곳이라고 생각하고 구속을 통해 얻게 된 행복한 낙원이 단일제국이며 이 낙원에 살게 된 인간을 다시 순진무구하게 된 아담과 이브에 비유한다.

> "그리하여 만반의 태세를 갖추었다네. 다시 낙원이야. 우리는 다시 아담과 이브처럼 천진무구해졌어. 선과 악에 관한 그 어떤 분규도 없어. 모든 것은 매우 간단해졌어. 낙원처럼." (83)

> "이 모든 것은 선이야. 이 모든 것은 장엄하고 아름답고 고상하고 고결하고 수정처럼 맑아. 그것들은 우리의 비자유, 즉 우리의 행복을 지켜 주기 때문이지. 이것 대신 고대인들은 윤리니, 비윤리니 하며 이러쿵저러쿵 탁상공론을 하고 머리통을 처박고 했겠지....... 좋아. 어찌 되었건, 한마디로 말해서 이거야말로 나의 낙원에 관한 시 아닐까? 그리고 무엇보다도 어조가 더할 나위 없이 진지하다네..... 어떤가. 이해하겠나? 그럴싸하지, 안 그래?" (83)

R-13이 주장하는 낙원은 오히려 작가가 오랜 세월 동안의 교육과 비밀경찰의 감독으로 인간의 개성과 자유가 완전히 제거된 미래 사회의 모습을 노골적으로 풍자하는 사회이다. 특히 순수한 볼셰비키혁명의 꿈을 가지고 활발하게 활동한 자먀찐에게는 실제로 설립된 사회주의 정권은 자신의 이상과는 다른 참혹한 현실이었다. 먼 미래의 29세기를 배경으로 하고 있지만 그 당시 소비에트의 정치체제가 계속된다면 이러한 사회가 될 것이라는 예언적 소설이라고 볼 수 있다. 1920년대 이후

1980년대에 이르기까지 소비에트의 악명 높은 비밀경찰조직이 생각나는 지점이다.

외계의 존재에 단일제국을 선전하는 글을 써야하는 D-503의 글쓰기가 바로 소설 속의 소설이며 이러한 소설을 메타 픽션이라고 앞서 설명했다. 이 글쓰기에서 단일제국의 업적인 <시간율법표>와 <보안요원>의 통제를 받으며 독재자 <은혜로운 분>의 지도와 보안요원의 감시와 통제하에서의 삶이 과학 문명의 정점에 이른 유토피아라는 것을 강조하고 있다. 이 부분이 헉슬리의『멋진 신세계』에서 놀랍도록 유사한 시스템으로 다시 등장한다는 것을 알게 될 것이다.

그런데 이 단일제국의 업적을 우주에 전달하는 임무를 맡은 D-503에게 이성적인 합리성이 내부에서부터 균열이 오기 시작한다. 소설의 첫 부분에서 단일제국의 업적을 기록하는 D-503은 자부심에 차있다.

> "나, D-503은 인쩨그랄의 조선 담당 기사이다. 나는 그저 단일제국의 수학자들 중 하나일 뿐이다. 숫자에 익숙한 나의 펜은 협음과 압운을 갖춘 음악을 창조할 능력이 없다. 나는 다만 내가 보고 생각하는 것을 기록하려고 시도할 뿐이다. 더 정확하게 우리가 생각하는 것을 기록하려고 시도할 뿐이다. 더 정확하게 우리가 생각하는 것을(바로 그것이다. 우리, 이 <우리>가 내 기록들의 제목이 되도록 하라). 그러나 이것은 단지 우리의 삶, 단일제국의 수학적으로 완벽한 삶의 도함수가 될 것이다. 그리고 만일 그렇다면 이것은 그 자체로서, 나의 의지와는 관계없이, 한 편의 서사시가 되지 않겠는가? 그럴 것이다 — 나는 그렇게 믿으며 또한 그럴 것임을 안다. (8)

작품 첫 부분 인용인데, 그러나 여러 사건들을 거치면서 단일제국을 인류 발전의 정점으로 맹신하던 수학자 D-503은 점차 '푸른 벽' 너머 세상의 존재를 어렴풋이 알아가는 시인으로 변화하고, 우주선 인쩨그랄의 건설 기사에서 반란 조직의 참가자로 변모한다. 이 변화를 일으킨 것은 무엇일까? 여자 주인공 I-330과의 만남과 사랑이다. '비이성'을 나타내는 I-330과의 만남으로 D-503은 인식론적 변화를 겪게 된다.

단일제국의 이데올로기를 한 치의 의심도 없이 받아들이고 선봉에서서 이 제국의 업적을 찬양하는 주인공이 인식론적 전환을 겪는데는 존재 자체가 흔들리는 고통이 수반된다. 이 고통이 바로 작가 자신이 겪은 고통이 아닐까? 자신이 이론적으로 숭배했던 이데올로기가 현실에서 어떻게 구현되는지, 얼마나 왜곡되는지를 목격한 작가의 고통스러운 인식의 대전환이라는 생각이 든다. 작품의 마지막 부분을 보자.

> "그 여성(I-330)과 함께 끌려온 다른 인간들은 그녀보다는 좀 더 솔직했다. 그들 중 대부분이 첫 번째 고문으로부터 입을 열기 시작했다. 내일 그들은 모두 <은혜로운 분>의 처형 기계를 향해 계단을 오를 것이다. 처형을 연기해선 안 된다. 왜냐하면 서부 지역에서는 아직도 혼돈과 노호와 시체와 짐승들이 있기 때문이다. 그리고 유감스럽게도 이성을 배신한 인간의 수는 상당히 많다. 그러나 우리는 40번가의 횡단로에 고압 전류가 흐르는 임시 벽을 건축하는데 성공했다. 나는 우리가 승리할 것을 확신한다. 이성은 반드시 승리하기 때문이다. (293-4)

혁명가 I-330의 영향을 받아서 혁명에 가담한 D-503은 병원에서 '영혼'이 들어오는 병에 걸린 것으로 진단을 받아 수술을 받는다. 그 수술은 뇌를 절단하여 인간의 감정을 담당하는 부분을 잘라내는 수술이다. 그는 사랑했던 여성 I-330에 대한 기억이 없어졌고, <은혜로운 분> 앞에서 행복의 적에 대해 그가 아는 바를 모두 진술하고 <은혜로운 분>

과 같은 방에서 I-330이 끌려와서 고문을 당하는 것을 목격한다. 그녀가 극단적인 고문을 당하는 것을 보면서도 D-503은 아무런 느낌이 없다. 그가 감정을 제거하는 수술을 받았기 때문이다. 그리고는 칼 같은 이성의 상태로 되돌아가 이성의 승리를 환호한다. "이성이 반드시 승리한다"라는 마지막 문장이 아주 차갑게 그러나 깊은 울림을 준다.

이 작품을 최초의 디스토피아 문학이라고 명명한 것도 이데올로기적인 경쟁의 부산물이 아닐까하는 생각도 해 보았다. 소비에트 체재에 대한 풍자이며 전체주의 사회의 독재자의 정치권력을 비판하는 작품이라는 인상을 받는 것도 독자의 몫이며 그런 비평을 넘어서 어떤 특정한 권력 구조에 대한 비판이라기보다는 인간이 인간일 수 있음을 방해하고 압살하는 모든 비인간적인 것에 대한 비판으로 보는 것도 독자의 몫일 것이다. 어쩌면 개인성의 말살이야말로 인간을 인간 아닌 존재로 만드는 과정이니까. 문학은 언제나 열려있는 텍스트이니까 최종적인 판단은 독자의 몫이다.

자먀찐을 설명하면서 볼셰비키혁명과 소비에트 정치체제를 언급했는데, 여기에서 잠깐 역사적 배경이 되는 1차 세계대전에 대해 간략하게 살펴보자. 1차 세계대전은 1914년 7월 28일 시작해서 1918년 11월 11일까지 이어진 최초의 세계적인 규모의 전쟁이다. 그 시작은 오스트리아·헝가리 제국의 왕위후계자인 페르디난트 대공이 세르비아 국민주의자에게 암살당하는 사건이다.

아래 지도에서 볼 수 있듯이 전쟁이 시작될 때인 1914년 유럽의 정치적 지형은 오스트리아·헝가리 제국과 독일제국, 이탈리아왕국이 3국 동맹을 맺은 상태이고, 영국과 프랑스 제3공화국, 러시아제국이 3국 협상을 맺고 있었다. 그리고 세르비아 왕국은 러시아의 동맹국이었다. 오스

1914년 유럽의 군사동맹 지도 〈위키백과 commons〉

트리아·헝가리 제국의 왕위계승자가 암살당했으므로 당연히 이 나라는 세르비아를 침공했고 세르비아와 군사동맹을 맺은 러시아제국이 이 전쟁에 개입하게 된 것이다. 전쟁은 유럽에만 국한된 것이 아니라 아프리카, 중동, 태평양제도, 중국, 남아프리카, 북아메리카해안에 까지 걸쳐 이루어졌으므로 세계대전이 되었고 유럽인 6천만 명을 포함 군인 7천만 명이 참전했으며 900만 명의 군인이 사망했다. 재미있는 점은 원래 3국 동맹국이었던 이탈리아는 전쟁이 시작되자 3국 협상국 팀인 연합국의 일원이 되었으며 영국, 프랑스, 러시아, 미국, 일본과 함께 승전국이 되었다.

왜 1차 세계대전 이야기를 언급하는가하면 이 전쟁 동안 러시아제국에서 일어났던 변화 때문이다. 1차 대전 종전 1년 전인 1917년 11월 러시아에서는 볼셰비키 혁명이 일어났고 1918년 7월 러시아제국의 마지막 왕실인 로마노프 왕가의 일원은 전원 처형당했다. 1차 세계대전이 전 세계적으로 많은 국가들에게 역사적으로 큰 변화를 가져왔지만 러시아에서의 변화가 그 이후 세계 역사에 큰 영향을 주었다고 생각한다. 1차 세계대전 와중에 러시아 왕정이 소비에트 공산주의 체제로 바뀌었다.

유토피아 문학에서 찰스 다윈의 『진화론』과 마르크스·엥겔스의 『공산당 선언』 이후 인류는, 적어도 유럽 사회는 그 이전과는 다른 사고체계, 정치체제를 경험하게 된 것을 볼 수 있었다. 이상적인 공산주의 사회를 열렬히 흠모하며 볼셰비키 혁명에 가담한 자먀찐을 비롯한 러시아의 작가들은 이론과 실제의 괴리를 온 몸으로 느꼈을 것이 틀림없다. 이런 현상에서, 역사에서, 우리는 교훈을 얻는 것이고 역사적 사건이 재현되고 스며들어 있는 문학 작품을 통해 우리 독자들은 간접적이지만 더욱 생생하게, 더욱 진실하게 그 사건들과 그 역사적 소용돌이 속의 개개인과 마주하게 되는 것이다.

이제 마일로 해스팅스(Milo Hastings)의 『끝없는 밤의 도시』(*City of Endless Night*)로 넘어가 보자. 사실 마일로 해스팅스는 소설가라기보다 발명가, 영양학자로 더 명성이 높아서 사람들에게 많이 알려져 있지 않다는 점도 있다. 해스팅스는 1884년에 출생하여 1957년에 사망했는데, 그의 저작은 양계와 세 편의 과학소설(*City of Endless Night* 포함), 건강식, 세 카테고리로 나눌 수 있다.

City of Endless Night 〈https://www.goodreads.com/book/show/8276895〉

『끝없는 밤의 도시』는 1차 세계대전이 끝날 무렵 "Children of Kultur" 이야기를 제목을 바꾸어 1920년에 출간한 작품이다. 'Kultur'는 독일어로 'culture'의 뜻이다. 연합국의 입장에서 보면 미국 내에 대독일 정치선전의 바람이 불었고 3국 협상국에서 비록 패전하였지만 장래의 가장 위협적인 세력은 독일이 될 것이라는 점을 알았던 것일까? 대오스트리아·헝가리, 혹은 대오스만 정치선전의 징조는 없었으니까. 독일에 적대적인 분위기만은 확연했다. 1차 대전 동안 미국 내 금주법 시행이 독일의 상징이라고 여기는 맥주를 못 마시게 하려는 의도도 있었다는 소문도 있으니까. 믿을만한 이야기는 아니지만 그 정도로 독일에 대한 비우호적인 기류는 확실히 있었다. 그러한 흐름에 편승하여 발간된 이 소설은 역시 독일의 부활과 파시즘의 대두를 예상한 작품이다. 배경은 2041년 독일 베를린인데, 집필 당시에서 약 120년 후의 세상이다. 베를린은 60층 높이의 지붕으로 덮여있는 도시로서 태양빛을 갈망하는 3억의 인구가 살고 있다. 소설의 제목이 끝없는 밤의 도시인 이유를 짐작할 수 있다. 1941년 이후 이 도시는 세계국가(World State)에 대해 저항하고 있는데 이곳의 지배자는 호핸졸렘스(Hohenzollerms)로서 독일이 프롤레타리아 사회주의에서부터 발전시켜온 완벽한 정부라고 주장한다. 세계국가, 지도자 호헨졸렘스는『우리들』의 '단일국가'와 '은혜로운 분'과 많이 유사하다는 점을 느낄 수 있다.

이 작품을 언급한 이유는 문학적으로 아주 뛰어난 작품이기보다는 1차 세계대전을 겪으면서 서구 사회는 미래의 잠재적인 위협, 즉 위협적이고 위험한 사상과 정치체제에 대한 예상과 우려를 했다는 점이다. 놀랍게도 해스팅스가 작품에서 언급한 1941년에 독일은 히틀러를 중심으로 2차 세계대전을 일으켰으니 작가의 통찰력은 예언가의 수준을 넘는다고 봐야할 것이다. 앞에서 이야기한 것처럼 20세기 인류사에는 볼세

비키혁명-소비에트국가 건설과 히틀러와 나치즘이 큰 자리를 차지하고 있는 것만은 틀림없다.

독일 이야기를 했으니 무르나우 감독의 영화 이야기로 넘어가자. 1922년은 아니 좀 더 넓게 보아서 1918년 1차 세계대전이 끝나고 패전의 상황에서 독일에서는 새로운 세력이 부상하기 시작한다. 그 분위기가 1920년대, 30년대의 독일인데, 어느 날 갑자기 히틀러라는 인물이 나타나서 게르만 민족의 우수성을 주장하며 전 국민의 눈과 귀를 사로잡고 나찌즘을 선전한 것이 아니라는 점이다. 이미 1920년대는 독일 내 파시즘에 대한 우려와 공포가 펴져있었다. 이러한 분위기가 무르나우 감독의 <노스페라투>에 반영되어 있으므로 이 작품을 언급한 것이다. 빅토리아조 말기인 1897년, 세기말 불안을 고스란히 반영한 흡혈귀 신화를 집대성한 고딕소설『드라큘라』가 출간되었는데 이 작품이 문학으로 나타난 최초의 흡혈귀 문학이다. 아직도 전 세계, 특히 서구에서는 영화산업의 무궁무진한 소재로 사용되어 오고 있다.

여기에서는 브람 스토커의『드라큘라』를 다루지는 않고 이 작품을 원작으로 한 1922년 독일의 무성영화 <노스페라투>가 어떻게 독일의 나찌즘과 연관이 있는지를 잠깐 알아보자. 원 제목이 <노스페라투, 공포의 교향곡> (Nosferatu-eine Symphonie des Grauens)인데 이 영화는 헨릭 갈렌(Henrik Galeen)에 의해서 새롭게 각색되었다고는 하나, 내용적으로는 철저하게 스토커의『드라큘라』(1897)를 모체로 삼고 있다. 드라큘라 백작을 올록 백작으로, 미나를 엘렌으로, 배경인 런던을 독일로 바꾸어서 저작권 분쟁을 피하려고 했지만 누가 보더라도 스토커의『드라큘라』를 각색한 것으로 보여지기 때문에 스토커의 미망인과 저작권 시비에 영화의 원판과 프린트를 모두 파기하라는 법원의 명령이 내

노스페라투 〈https://cm.asiae.co.kr/article/2022073016260638887〉

려졌다. 그러나 1937년에 미망인인 플로렌스 스토커마저 죽고 나자, 세계 여기저기에서 무르나우의 「노스페라투」 복사본이 떠돌기 시작했고 이 영화는 뱀파이어를 다룬 최초이자 최고의 영화라고 아직까지 평가받고 있다.

그럼 왜 독일의 감독이 독일을 배경으로 드라큘라 영화를 만들었는가? 영화 속 화면에서 천천히 다가오는 올록 백작, 즉 드라큘라는 오랜 세월 죽지 않고 살아있는 괴물이며 올록 백작이 클로즈업 될 때마다 관객들은 기묘한 체험을 하게 되는데, 죽지 않는다는 점이 가장 큰 공포가 된다. 햇빛이 있는 낮 동안 관속에 누워 있다가 밤이 되면 희생물인 먹잇감을 찾아다니는 흡혈귀의 존재는 1920년대 독일 국민들, 특히 작가나 감독과 같은 사람들의 눈에는 파시즘의 망령으로 보였을 것이다.

노스페라투(Nosferatu)란 뜻은 흡혈귀의 별칭 중 하나로서, 어원은 그리스어로 '병을 옮기는 자'(nosophoros)에서 따왔다는 설이 있다. 루마니아어라고도하고 고대 슬로바키아어라고도 한다. 무르나우 감독의 영화에서 가장 눈에 뜨인 점은 브람 스토커의 소설 속 드라큘라가 가진 박쥐의 이미지보다 전염병을 옮기는 쥐의 이미지가 강하다는 점이다. 그 점을 강조하기 위해 '노스페라투'란 타이틀을 사용한 건 아닐까? 쥐가 전염병을 옮기듯 히틀러의 부상과 나찌즘으로 드러나는 파시즘의 대두가 마치 전염병처럼 나라 전체를 나아가서 유럽 전체를 전염시킬 것이라는 경고로 읽힌다. 실제로 영화에는 무성영화이기 때문에 대사는 없고 설명이 자막으로 나오는데, 사람들이 원인을 모르는 전염병으로 인하여 매일 죽어 나가고 관을 맨 사람들의 행렬이 영화의 한 장면으로 나온다. 이처럼 간접적이기는 하지만 1차 대전 이후 2차 대전 발발까지 독일의 상황을 보여주며 미래에 대한 공포와 우려가 나타나고 있다.

다음으로 1920년대의 작품과는 달리 더 일찍 1907년 미국의 한 작가가 사회주의 리얼리즘의 독보적인 작품을 출간한다. 잭 런던(Jack London)은 1876년 출생하여 1916년에 사망한 작가이다. 본명은 존 그리피스 체이니(John Griffith Chaney)로 이 작가만큼 다양한 인생 경험을 한 작가도 드물 것이다. 잭 런던의 시기는 1차 세계대전이 발발하기 이전이었고 20세기가 막 시작된 새로운 역동성과 발전의 흐름이 미국 전체를 몰고 가고 있던 시기였다. 세기말의 회의적인 데카당스의 분위기는 사라지고 미국이라는 거대한 국가는 산업발전의 용광로와 같은 시기를 맞이하였다. 문예사조로는 19세기 말부터 시작된 리얼리즘이 영국과 유럽 국가, 또한 미국 문학에 있어서 주류를 이루고 있었다. 사실주의의 펜으로 그 당시 사회의 모순적인 면, 숨겨진 이면 등을 날카로운 펜 끝으로 해부하고 묘사하는 방식이다. 유토피아 문학은 대부분 이상적인 공산국가 혹은 사회의 모습을 그리고 있었는데, 1800년대 후반 마르크스·엥겔스 이후로는 현실에서 그러한 사회를 구현하려는 사회적 운동과 윌리엄 모리스처럼 실제 사회운동가로서, 또한 문학 작품에서도 자신의 이상을 구현해보려는 시도도 있었다.

그러나 1917년 볼셰비키 혁명 이후 러시아가 소비에트 연방 체제로 바뀌고 이상과 이론에만 머물던 공산주의 사회가 실제의 권력, 현실의 정치체제로 나타나자 이러한 정치체제에 대한 두려움과 불안감이 세계를 휘감았다. 그와 동시에 독일과 이탈리아에서 꿈틀거리는 파시즘에 대한 불안도 같이 있었고. 그러나 작가의 예리한 눈과 펜 끝은 미래에 일어날 일에 대한 예측과 경고의 메시지를 전하고 있다는 점을 여러 작품을 통해 알 수 있다.

잭 런던의 일대기를 보면, 떠돌이 점성가였던 아버지가 떠나자 어머니는 재혼을 했고, 사실 이 부분은 내용이 좀 매우 복잡한데, 정식 결혼이 아닌 상태에서 어머니가 임신을 했다고 하자 아버지는 낙태를 요구했고 어머니가 거절하자 아버지는 아이를 가진 어머니를 버리고 떠났다. 그 충격으로 어머니는 자살을 시도하였고 이 사건은 지역 신문에도 실렸는데 런던이 자라서 지역 도서관에서 이 사건을 실은 신문을 읽고 친부를 찾아갔다. 친부는 자기는 불임이므로 너는 내 자식이 아니라 다른 어떤 남자의 자식이라고 대답을 했다.

이러한 사적인 이야기는 중요하지 않을 수도 있지만, 정신분석학적으로 설명하면 남자아이에게는 아버지의 존재, 아버지의 자리가 인간관계에서 가장 중요한 관계이다. 물리적으로든, 심리적으로든 아버지의 자리가 비어있으면 아이는 끊임없이 그 자리를 대신할 누군가를 찾게 된다. 잭 런던의 일생에서 그러한 아버지 찾기의 과정을 볼 수가 있다. 아버지에게 거부당한 아들의 아버지를 대신할 다른 아버지 찾기의 과정이 그의 인생에서, 또한 글쓰기에서도 그 흔적이 보인다. 런던은 어머니가 재혼한 남편의 성이 런던이어서 그 성을 물려받게 된 것이다.

14세에 가출한 런던은 아동노동의 착취 현장인 공장 생활과 거지, 부랑아, 생굴 양식장털이 전문도둑 등 사회의 밑바닥을 경험하며 감옥에도 여러 차례 드나들었다. 1894년 18세 이후 열렬한 사회주의자가 되어 노동운동과 사회주의운동에 투신했다. 수많은 파업과 노동자들의 학살 현장을 겪은 그는 그런 체험을 역사적인 통찰력과 사회과학적인 분석력을 통해 높은 수준으로 형상화시킨 작품들을 남겼다. 간접적인 체험이 아니라 직접적인 체험을 통한 결과물이다.

그러나 이런 노동운동과 사회운동에 전력을 다한 런던도 버클리에 있는 캘리포니아 대학에 무척 다니고 싶어 했다. 제대로 학교를 다니지 않은 그는 몇 달간의 집중적인 공부로 일종의 검정고시와 같은 대학입학 자격시험을 치르고 1896년 원하던 대학에 입학했지만 경제적인 사정으로 졸업은 하지 못했다. 다음 해인 1897년 학교를 그만두고 골드러시에 합류했다. 그 당시 캘리포니아는 금광 채굴의 꿈을 가진 사람들이 전국에서 모여들던 시절이니까. 금광의 환경은 열악하여 영양실조로 런던은 앞니도 잃고 건강도 악화되어 결국 금광을 떠나 글을 써서 생계를 유지해야겠다는 결심을 한다.

마침 1900년대가 시작되면서 인쇄기술의 비약적인 발전이 있었고 저비용으로 출간되는 잡지에 대한 수요가 폭발했다. 런던은 잡지사에 단편을 투고했고 그의 글은 국내외적으로 너무나 인기가 있어서 1900년 한 해에 오늘날 가치로 계산하면 약 1억 원에 가까운 돈을 글을 써서 벌었다. 그의 글은 체험에서 우러나온, 말하자면 그 이전의 글들과는 다른 역동감이 넘치는 단편과 소설이었다. 우리나라에는 『야성의 부름』(*The Call of the Wild*)과 『흰 송곳니』(*White Fang*) 같은 작품들이 번역되고 자연의 이야기를 담은 소설을 쓴 작가로 잘 알려져 있지만, 그의 노동운동과 사회주의 운동가로서의 면모를 보여주는 작품은 『강철군화』(*The Iron Heel*)라고 생각한다.

이론가나 지성적인 사회주의자가 아닌 잭 런던이 사회주의적인 시각에서 『강철군화』을 쓰게 된 것은 오로지 그의 삶에서 비롯된 경험적인 사회주의 인식일 것이다. 그는 1903년에 <나는 어떻게 사회주의자가

되었는가>라는 글에서 다음과 같이 말하고 있다.

"어떤 경제학의 논쟁보다도, 사회주의의 논리성과 필연성에 대한 어떤 명철한 증명보다도 나에게 심각하고 확고한 영향을 미쳤던 것은, 어느 날 사회적인 나락의 구덩이가 내 주변에 벽을 쌓아버리고 내가 그 속으로 끝없이 미끄러져 내려가 맨 밑바닥에서 산산조각이 나는 것을 처음으로 느낀 경험이었다."라고 말하는데, 거친 방랑의 생활 중 뉴욕시 감호소에 갇혀있는 동안 자신은 사회를 구해낼 영웅이나 수퍼맨으로 생각하는데 국가라는 강철군화의 굽이 산산히 자신을 부숴버린다고 느꼈다. 그때의 생각이 위 글에서 잘 나타나고 있다. 또한 작품의 기본 주제도 이 생각에서부터 시작되었다고 생각한다.

윌리엄 모리스가 작품에서 언급한 1952년의 혁명은 일어나지 않았지만 1차 세계대전 중 러시아에서는 프롤레타리아 혁명을 거친 후 1917년 소비에트 국가가 세워졌고 그때 이후 1980년대 고르바초프가 이끄는 '페레스트로이카'(개혁) 시대에 이르기까지 전 세계가 냉전의 공포에 휩싸였다. 미국과 소련을 두 축으로 하는 냉전 시대의 공포는 여러 작품에 반영되어 있는데, 잭 런던의 작품은 이런 시대를 예감하고 전체주의 사회의 도래와 그 폭력성을 그렸다는 점에서 놀라운 작가적 예지력을 보여주고 있다. 예브게니 자먀찐은 직접 그 시대를 살았기 때문에 전체주의 사회의 위험을 고발하는 『우리들』을 썼다면 잭 런던의 혜안은 아주 어린 시절부터 온몸으로 사회의 밑바닥을 경험하며 사회의 부조리와 불평등을 겪은 체험에서 우러나온 것이다.

잭 런던은 여러 직업을 전전하다가 1904년 러일전쟁이 발발하자 종군기자가 되어 한국과 일본을 방문했으며 식민지 조선의 모습을 그리고 있는 『조선사람 엿보기』(*La Corée en feu*)라는 책도 출간했다. 프랑스어의 뜻은 불타고 있는 코리아 즉 조선이라는 의미인데 'en feu'가 일본의 식민지하에서 러시아와 일본 사이의 전쟁 와중에 고통받는 조선이라는 의미를 전달하려고 했던 것일까? 어쨌든 한국어 번역은 '조선사람 엿보기'로 되어 있다. 현재 우리 눈으로 보면 좀 불편한 내용들이 있지만 그 시대 미국의 종군기자인 잭 런던의 눈으로 본 조선사회의 모습이란 점을 감안하고 읽어보면 될 것 같다.

이런 여러 가지 경험을 한 런던은 그의 책들이 인기를 끌게 되고 엄청난 인세를 받아 작가로서 명성과 부를 누리게 되었다. 호화로운 저택에서 그가 느낀 딜레마는 사회주의 운동, 노동조합 결성의 필요성, 노동자 권익 보호를 외치던 자신의 과거 행적과 그러한 내용의 저서 출간으로 쌓아 올린 부와 명성 사이의 갈등이었음을 미루어 짐작할 수 있다. 사회주의 노동자로서의 꿈이 『강철군화』에도 나타나고 있음을 알 수 있다.

런던의 작품은 1907년에 출간되었지만 미국 내에서도 작품에서 픽션으로 그리고 있는 국가적인 비밀조직이 탄생하고, 노동자들의 정치조직에 대한 폭력적인 탄압도 시작되었으며, 이어서 1920년대에는 자본주의 권력의 형태로 파시즘이 유럽 전역을 휩쓸었다. 먼저 이탈리아에서 베니토 무솔리니가 이끄는 파시스트들이 1922년 정권을 잡았으며 그 여파는 스페인, 포르투갈, 루마니아, 불가리아, 헝가리, 독일 등도 파시즘의 영향을 받게 된 것입니다. 즉 파시즘은 자본주의 국가의 지

강철군화 초판 1908 〈위키피디아 Public domain〉

배체제가 자기들의 정치적, 경제적 권력이 노동계급의 혁명으로 심각한 위협을 당하고 있다고 느낄 때 취하는 지배 형태인 것이다.

소설의 배경은 20세기 초에서 700년 가까이 지난 27세기의 시점에서 지구 전체는 사회주의 단일정부로 통일된 세계국가 '아디스'이며 한 문헌학자가 에비스 에버하드의 원고를 우연히 발견한 데서부터 시작된다. 액자 구조의 틀을 가진 구성인데, 소설의 첫 부분을 '서문'으로 표시하였지만 이미 서문에서 잭 런던의 소설이 시작되도록 한 구성이다. 에비스는 이야기의 줄거리를 말하는 화자이며 남편 어니스트 에버하드의 영웅적인 혁명 운동을 묘사한다. 이 서문을 쓴 사람은 앤소니 메레디스로 되어 있고 B. O. M. 419년 11월 27일 아디스에서 썼다고 되어 있다. 메레디스가 잭 런던의 『강철군화』의 서문을 쓴 것이 아니라 작품의 현재 시점 즉 2600년, 여기에서 B.O.M.으로 표시된 인류형제애 시대(Brotherhood of Man) 419년 세계국가 '아디스'에서 작성했다는 말이다. 헉슬리의 『멋진 신세계』는 포드 기원으로 시작된다는 것과 비교하면 재미있는 점이다. 그러므로 앤소니 메레디스가 '아디스' 국가의 문헌학자이다. 혹시 이 작품을 읽을 때 작가의 의도대로 시작 부분에서 오류를 범하지 않도록 이야기하는 것이다. 우리가 몇백 년 전의 사료를 찾아내서 그 시대를 해석하고 사건을 유추하는 것처럼 서문에서 메레디스는 에버하드의 원고를 읽으면서 700여 년 전 1912년에서 1932년까지의 격동의 세월을 살펴보는 것이다. 서문에 이런 표현이 있다.

> "에비스 에버하드가 이 원고를 완성한 것은 제2폭동을 준비하고 있던 마지막 며칠 동안이었음이 틀림없다. 따라서 제2폭동의 참담한

결과에 대해서 전혀 언급이 없다는 사실은 당연한 것이다. 그 여자는 이 원고를 강철군화가 전복되자마자 즉시 출판함으로써, 그처럼 최근에 죽은 자기 남편이 그동안 시도하고 성취했던 모든 업적이 완벽하게 추앙되도록 할 의도였다는 것이 명백하게 드러난다. 그러나 다음에 온 것은 제2폭동에 대한 무자비한 탄압과 분쇄였으며, 아마도 그 여자는 달아나거나 용병들에게 잡히기 직전의 위험한 순간에 이 원고를 웨이크 로빈 산장의 속이 텅빈 참나무 고목 속에 감추었던 것 같다. 에비스 에버하드에 대해서는 그 이상의 기록이 없다. 그 여자는 틀림없이 용병들에 의해 처형되었을 것이다." (21)

사실 이 부분이 주요한 줄거리를 다 포함하고 있는데, 아주 저명한 물리학자인 존 커닝햄의 딸인 에비스는 사회주의자 어니스트 에버하드를 만나면서 그가 주장하는 노동착취 위에 세워진 사회주의 시스템에 대한 불만을 처음에는 믿지 않았지만 점점 노동자들의 삶과 조건들을 알게 되자 어니스트의 주장을 받아들이게 되고 그와 같은 시각을 가지게 되며 함께 제2 노동자 폭동을 계획한다. 에비스를 중심으로 보면 소설의 오랜 전통인 빌덩스로망(Bildungroman) 즉 성장소설의 패턴을 가지고 있다. 소설이 전개됨에 따라 성장해가는 주인공의 이야기이기도 하니까. 주인공 두 사람의 이야기와 주교 모어하우스(Morehouse)가 어니스트의 견해에 동조하게 되자 정신병원에 갇히는 이야기를 빼면 대개는 제1 노동자 폭동, 제2 노동자 폭동에 대한 이야기와 노동 운동이 주를 이루기 때문에 아마도 작가의 명성과 이 작품의 중요도에 비해 연구가 많이 되지는 않는 것 같다. 12장이 모어하우스 주교의 이야기인데, 주교가 겪은 사건은 그 사회 분위기의 핵심을 전해준다.

성품이 온화하고 존경받던 주교의 설교에 어니스트가 주장하는 노동자의 참혹한 상태를 고발하는 내용이 포함되고 "교회가 주님의 가르치심으로부터 크게 탈선했으며 그리스도의 자리에 이단의 물신 맘몬 신을 모셔놓고 있다" (176)고 하자 주교는 즉시 정신병자를 수용하는 사설 요양원으로 끌려갔다. 주교의 지위와 교양, 재력도 정신병원에서 그를 구해낼 수는 없었다. 설교 시간에 말한 내용이 사회에 대해 위험한 것이므로 그런 위험한 견해는 정신적으로 건전한 머리에서 나올 수 있는 것이 아니기 때문에 치료가 필요하다는 논리이다. 그러나 주교는 자신의 위험을 감지했기 때문에 거기서 탈출하려고 사회가 판단하기에 정상적인 정신상태를 회복한 것처럼 행동했다. 신문과 교인들은 주교의 건강 회복과 교회로의 귀환을 환영하였다. 주교의 사회 복귀 후의 모습에 대해 에비스는 다음과 같이 말한다.

> "나도 한 번 그분의 교회에 갔다. 설교는 그 분의 눈이 환상을 보게 되기 훨씬 이전에 하던 바로 그런 의식이었다. 나는 실망했고, 충격을 받았다. 그렇다면 사회가 그 분을 때려서 굴복시킨 것일까? 그 분은 겁쟁이에 불과한 것일까? 억지로 떠밀려서 의견을 다시 철회한 것일까? 아니면 자기로서는 견디기 어려운 압력 때문에, 기존체제의 불가항력에 미온적으로 굴복했을 뿐인가?" (177)

에비스는 슬픔과 실망의 감정을 동시에 느꼈지만 그것은 겉모습이고 주교는 일단 정신병원을 탈출해야겠다는 생각에서 사회가 원하는 모습으로의 회복을 보여주었고 복귀한 후에는 혼자서 자신만의 싸움을 시작했다. 확고하게 진실과 정의쪽으로. 그래서 그 누구에게도 자신의 달라진 모습을 보이지 않고 모든 재산을 정리했다. 대저택, 전원주택, 미술 수집품, 심지어 장서까지도 모두 매각했고 그 사실이 알려지자 교회에서 축출되었다. 그리고는 사라졌다. 자살을 했다거나 정신착란을 일으켰다는 소문이 무성했지만 모든 흔적을 지운 뒤 사라진 주교를 어느 날 에비스가 시장을 보던 중 우연히 만나게 된다. 그는 실제로 '예수 그리스도를 따르려면 모든 것을 팔아라'라는 예수의 말대로 가진 모든 것을 팔아서 빈민과 노동자를 돕고 있었다. 신분을 가린 채로. 주교의 마지막 말은 "에비스는 내가 주님의 양떼를 먹이고 있는 현장을 잡았던 거야. 그리고 자네들 모두가 내 비밀을 지켜주겠지"(『강철군화』 188)였다. 이 우연한 만남 이후 일주일 뒤 주교는 다시 정신병원에 수용되었다는 신문 기사가 났다.

이 작품에서 가장 관심이 가는 부분이 12장 "주교님"인데, 1907년의 작품에서 미래의 가상 시대 즉 1921년에서 1932년간의 기록을 다룬 내용에서 '강철군화'라는 과두정(Oligarch)이 지배하는 사회에서 주인공인 에버하드는 혁명의 선봉장이었지만 주교는 혁명가가 아닌 일반인, 그 가운데 선택된 계층의 일반인이라고 볼 수 있다. 그러나 사회의 모순적인 구조와 불평등에 대해 자각을 하자마자 바로 정신병원에 구금되는 것은 사회에 위협이 되는 요소를 제거하는 방법이다. 앞으로 다루게 될 디스토피아 문학에서 이 점을 관심 있게 보는 것도 주요한 포인트가 된다.

1920년의 자먀찐의 『우리들』에서는 혁명에 가담한 주인공 D-503은 뇌수술을 받고 단일제국의 정상 시민으로 돌아오고, 연인인 I-330은 결국 처형을 당한다. 앞으로 다룰 작품에서 이러한 정치체제, 사회에서 위협적인 인물을 어떻게 신속하게 처리하고 사회와 단절시키는지를 비교해 볼 수도 있겠다. 잭 런던이 이 소설에서 강조하려고 하는 것은 노동자 계층의 결속과 투쟁 그 자체가 아니라 노동자 계층을 양분하여 일종의 귀족 노동자를 양산하여 다른 노동자들을 억압하는 사회 구조를 비판하는 것이다. 사회주의 혁명은 어떻게 보면 단순하게 보이기도 한다. 부르조아 대 프롤레타리아의 양분화된 계급사회를 타파하고 프롤레타리아 혁명을 승리로 이끌어가겠다는 의도인데 잭 런던은 그 점에서 자체 모순을 지적한 것이다. 노동자가 같은 노동자를 억압하고 탄압하는 구조는 보다 교묘해서 그 음모에 가담한 노동자들도 과두정인 여기서는 '강철군화'의 의도를 눈치채지 못한다는 점이다. 에버하드가 주도한 제2폭동과 그 이후 300년 동안 발생한 제3폭동, 제4폭동이 결국 실패로 끝날 수밖에 없었다는 점을 서문에서 메레디스가 밝힌 것도 왜곡된 사회운동의 실체를 말해주는 것 같다.

에비스가 이 기록을 폭동 직전까지 작성하다가 웨이크 로빈 산장의 참나무 고목 속에 숨겨두었다고 했는데 소설은 끝까지 이 긴장감을 지속시키기 위해서 문장이 중간에 끊기도록 한다. 소설의 맨 마지막 문단을 보자.

> "그 모든 와중에서도 강철군화는 착착 움직였다. 무감동하게, 신중하게, 우리 동지들을 수색하기 위해 사회조직의 모든 짜임새를 흐트려 놓아가면서, 용병부대와 노동귀족과 그 모든 비밀정보부를 다시 끌어모으면서, 무자비하게 원없이 처벌해 가면서, 그들에게 가해지는 모든 보복을 소리없이 다 감수하면서, 그들의 전열에 틈이 생기자마자 그것을 메꾸어가면서 움직이고 있었다. 그리고 그와 병행해서 어니스트를 비롯한 우리 지도자들은 혁명세력을 재조직하기 위해 열심히 일하고 있었다. 그 파업의 방대함을 이해하기 위해 감안해야 할 것은" (313)

이것이 에비스 에버하드 원고의 끝인데, 마침표나 쉼표도 없이 문장이 갑자기 끊겨져 있는 것은 그녀를 체포하기 위해 '강철군화'의 명령을 받은 용병부대가 오고 있다는 것을 말해준다. 이런 서술 기법을 써서 1932년의 제2폭동 계획이 실패로 돌아가는 그 순간의 긴장감과 긴박감을 전하고 있다. 그리고 에비스가 잡히기 전 원고를 안전하게 숨겼을 것이라고 생각되었고 그로 인해 700년 동안 보관되었던 원고가 27세기 앤소니 메레디스에 의해 발견되었다는 전체 액자 구조의 소설이 완성된 것이다.

독자에 따라 다르겠지만 이 소설에서 묘사되는 '강철군화'로 대표되는 과두정과 그에 반발하는 노동자, 노예들의 폭동과 대립은 현시점에서 보면 매우 과장되어 있다고도 볼 수 있다. 1907년에 예상한 1921년에서 1932년 사이의 혁명을 묘사하는 것이니까. 그러나 1차 세계대전이 시작되기도 전인 20세기가 시작되자마자 이러한 자본가와 노동자, 가장 비극적인 것은 (물론 잭 런던의 생각에) 노동자 중 일부는 자본가편을 들어 귀족 노동자가 되어 다른 노동자를 탄압하며, 자본의 힘으로 용병 군인을 양산하고 과두정, 자본가-지배층의 명령에 따라 용병이 노동자를 탄압하는 구조의 사회를 예상했다는 점이 이 작품의 의의라고 볼 수 있다. 그 시기가 아직 정치적 세력으로서 노동자가 등장하기 이전의 시대였다는 것을 감안하면 이 소설은 20세기 들면서 자본이 축적되고 계층이 만들어지면서 앞으로 닥칠 세계에 대한 불안과 예상이다.

마지막으로 이 작품은, 잭 런던이 젊은 시절 겪은 사회의 부조리와 노동자에 대한 탄압을 고발하는 사회주의 소설이기도 하지만, 작가 내면의 고통과 고뇌가 포함된 작품이기도 하다. 이 작품에 대한 저자의 개인적인 견해는 앞서 이야기한 것처럼 잭 런던이 아버지 찾기에 실패한 인물이라는 점에서 출발한다. 친부라고 예상했던 인물에게 거부당한 청년. 그렇다면 그에게는 아버지의 자리를 채울 수 있는 인물, 수퍼히어로가 필요하다. 어니스트 에버하드는 바로 그런 인물이며 투쟁의 깃발을 흔드는 영웅적인 모습은 잭 런던이 되고 싶어했던 모습이기도 하다. 정신분석학적으로 자신의 욕망이 투영된 인물이라고 볼 수 있다. 아버지의 자리를 차지한 모습이기도하고 자신이 간절하게 바랐던 영웅의 모습을 소설에서 그리고 있으며 어니스트의 용감한 투쟁과 그의 연설은 런던이 되고 싶어했고 자신이 말하고 싶어했던 자아가 투영된 모습이라는 해석이다. 잭 런던은 결국 노동현장에서 물러나서 글을 써서 부와 명예를 얻었지만 그럼에도 불구하고 그가 느낀 죄책감과 같은 일종의 딜렘마와 이루지 못한 소망에의 욕구, 이런 것을 글로 쓴다는 것이 일종의 자기 치유의 방법이기도 하다. 소설에서 어니스트가 이끄는 혁명의 무리들이 모여서 회의하던 곳에 바로 잭 런던의 별장 이름을 붙여준 것만 보더라도 이러한 해석이 어느 정도 타당성이 있다고 생각된다.

그럼 이제는 3대 디스토피아 문학의 두 번째 작품인 올더스 헉슬리의 『멋진 신세계』로 넘어가 보자. 올더스 헉슬리(Aldous Huxley)는 1894년에 출생하여 1963년에 사망한 영국의 소설가이다. 헉슬리 가문은 영국 명망가로 조부는 19세기 대표적인 생물학자였고 아버지도 수필가이자 시인이었다. 형 줄리언도 영국의 뛰어난 생물학자였는데 조부와 형의 뒤를 따라 생물학을 공부하여 의사가 될 꿈을 꾸었지만 10대에 이미 실명의 위기에 처해져서 이튼 스쿨을 자퇴하고 집에서 가정교사를 통해 점자를 배웠다. 다행히 2년 후 한쪽 눈의 시력을 회복하여 20세에 옥스퍼드대학에 진학하여 영문학을 전공하였다. 조부와 형은 뛰어난 생물학자였지만 아버지는 시인이었고 외가쪽의 매튜 아놀드나 험프리 워드 부인은 뛰어난 문학가였다. 그러니 의사의 꿈을 포기하더라도 문학에 대한 뛰어난 감수성도 지니고 있었고 당대의 위대한 문인들-T. S. 엘리엇, D. H. 로렌스-과의 친분으로 그의 문학적 세계를 확장시켰다.

올더스 헉슬리 1954 〈위키피디아 Public domain〉

헉슬리의 초기 1920년대 작품 세계는 방향을 잃은 상류층 인물들의 생활 모습을 묘사하면서 두뇌만이 거대하게 발달한 현대문명의 불안을 풍자한 것으로 당시 1차 세계대전을 겪은 지식인들의 공통점이었던 파괴적인 회의가 작품 전반에 깔려 있었다. 따라서 헉슬리의 가장 독보적인 문학적 기교의 장점은 풍자 문학이라고 볼 수 있다. 그의 명성을 확고하게 만들어준 작품은 1928년에 발표한 『연애대위법』(*Point Counter Point*)인데, 아주 재미있고 흥미있는 작품이다. 20세기 초의 시대를 반영하는 냉소와 풍자를 적절히 가미한 작품으로 1920년대 소설의 특징인 의식의 흐름 기법의 영향도 나타나고 있다.

1930년대 이후 작가의 문학의 방향성을 제시한다고 볼 수 있는 작품이 바로 1932년 발표된 『멋진 신세계』인데, 앞서 작가의 특징이 냉소와 회의, 풍자 등이라고 이야기 했는데, 소설의 제목에서도 그런 풍자가 보인다. 과연 작품 속 세계가 멋진 신세계일까 하는 의문을 담고 있다.

먼저 제목과 관련하여 영문학 이해에 필수적인 요소 중 하나인 셰익스피어를 다시 언급해야겠다. 이미 유토피아 문학 마지막 부분에서 셰익스피어 작품에서 언급된 유토피아는 셰익스피어의 최후의 작품인 『템페스트』에 프로스페로의 섬을 보고 프로스페로의 충신이었던 곤잘로가 '군주'도 '부자'도 '빈자'도 '계약'도 '직업'도 없는 유토피아라고 생각하는데, "멋진 신세계"라는 표현은 5막 1장 프로스페로의 딸인 미란다가 말하는 대사에 나온다.

> "오 놀라워라!
> 이 많은 피조물이라니!
> 인간은 참으로 아름다워라! 오 멋진 신세계,
> 이런 사람들이 사는 곳."
>
> "O wonder!
> How many goodly creatures are there here!
> How beauteous mankind is! O brave new world,
> That has such people in 't"(Act 5 scene 1, Line 203~6)

『멋진 신세계』는 기본적으로 기계문명이 이룩한 세계를 멋진 신세계로 부르고 그와 반대되는 이전의 세계는 야만인의 세계라는 관점이다. 앞에서 다룬 프란시스 베이컨의 『새로운 아틀란티스』는 과학문명이 가져다 준 완벽한 이상적인 유토피아를 그리고 있었다. 놀라운 과학 혁명이 인간의 모든 욕망을 해결해줄 뿐만 아니라 탐욕, 범죄와 같은 문제는 16세기적인 유토피아에서는 공동생산, 공동 분배, 공동 소유의 제도로 탐욕 자체가 발생하도록 하지 못하게 하는 구조라면 베이컨은 인간의 허약한 욕망을 뛰어 넘어 그 자체가 발생하지 않도록 하는, 발생하더라도 과학 기술이 그 문제를 해결하는 유토피아를 제시한 것이다. 이와 같은 맥락에서 『멋진 신세계』도 과학문명의 쾌거를 이룬 완벽한 세계라는 외피를 쓰고 있다. 『우리들』과 비교해도 소설 전반에 25세기의 놀라운 과학기술에 대한 선전이 깔려 있다.

Brave New World 초판 〈https://en.wikipedia.org/wiki/Brave_New_World#/media/File:BraveNewWorld_FirstEdition.jpg〉

작품은 포드 기원 632년 즉 2496년 25세기가 배경인데, 자동차를 만든 헨리 포드가 태어난 1863년을 인류의 새 기원으로 삼은 것이다. 계산을 하면 맞아 떨어지는데, 과학기술 중 첨단생명공학이 고도로 발달하여 인간은 더 이상 어머니의 뱃속에서 자라지 않고 시험관에서 수정되고 조건에 맞게 배양되어 조건반사 양육을 받으며 자란다. 이 과정에서 유전자를 조작하여 인간을 계급으로 나눈다. 지능뿐만 아니라 키와 외모, 골격같은 외적인 것들도 사회적 계급에 따라 정하게 되는데, 알파계급은 지도층에 속하는 최고 엘리트 계층이고, 베타는 행정업무를 맡는 중산층이다. 그 아래 계층인 감마는 일반인이며 델타는 노동자 계층, 엡실론은 최하위 노동자계층이다. 헉슬리 작품의 계층이 다섯 계급으로 구분한 것을 보면 인도의 카스트제도에서 힌트를 얻은 것일 수도 있다.

작품은 런던의 34층 건물, "런던 중앙 인공부화 및 조절국"의 전 세계국가의 이념인 '공동사회, 동일성, 안정'이라는 현판을 보여주는 것으로 시작한다. 인공부화 및 조절국 국장이 학생들에게 이 실험실의 기능과 앞으로 학생들이 배워서 해야 할 일을 소개한다. 포드 기원 632년, 즉

2496년이다. 이 배양 방법에서 주요한 단계는 '보카노프스키 절차'인데, 이것은 본질적으로 성장발달을 억제함으로써 이루어지고 이 절차는 사회적인 안정의 중요한 도구라고 국장은 설명한다.

사회의 안정화는 자신이 속한 계급을 아무런 저항 없이 받아들이고 그 환경에서 살아가도록 하는 목적을 가지고 있는데, 예를 들면 가장 하위층인 엡실론 계층을 만들기 위한 배양 단계에서 산소공급을 떨어뜨린다는 것이다. 태아에게 산소공급을 적게 공급할수록 유전적으로나 환경적으로 열등한 유전자를 가지게 되므로 최하위층인 엡실론 계층의 태아에게는 가장 산소를 적게 공급한다. 산소가 부족하면 먼저 두뇌가 영향을 받고 그다음은 골격도 영향을 받는다. 따라서 이렇게 다섯 계층의 차이는 의복 색깔뿐만 아니라 외모에서도 분명한 차이를 두어서 넘어갈 수 없는 명백한 선 긋기를 하는 것이다. 산소가 정상치의 70퍼센트이면 난장이가 되고 70퍼센트 이하이면 눈이 없는 괴물이 되어 아무런 쓸모없는 존재가 되니, 산소 주입량을 잘 맞추는 것이 이곳 직원들의 주요한 업무이다.

그다음 국장이 학생들에게 소개하는 방은 '육아실, 신파블로프 조절실'인데 파블로프의 개처럼 육아실에는 '조건반사작용'을 적용한다. 델타계급의 8개월된 아기들에게 활짝 핀 꽃과 화려한 색칠을 한 그림책을 보여준다. 아기들이 꽃과 책을 가지고 재미있게 놀고 있을 때 사이렌을 울리고 가벼운 전기충격을 준다. 당연히 아기들은 비명을 지르고 경련을 일으킨다. 사이렌 소리가 잦아든 다음 다시 아기들에게 꽃과 책을 보여주었을 때 아기들은 울음을 터뜨린다. 꽃과 책은 사이렌 소리와 전기충격과 등가가 되고 어린 아기들의 마음속에 인과 관계가 자리잡는다. 이런 학습을 200번 하게 되면 아기들은 책과 꽃에 대해 본능적인 증오를 가지게 되고 일생 동안 책과 꽃을 멀리하게 된다. 이 조건반사 작용은 인간성을 말살하는 효율적인 방법으로 제시된다.

그다음에는 15층에 있는 수면실로 이동한다. 아이들이 수면 상태에 있는 동안 확성기를 통해 끊임없이 계급에 대한 인식을 고착화하는 내용을 주입한다. 앞에서 계급에 따라 의복색이 다르다고 이야기했는데, 알파 계급은 회색옷, 베타 계급은 빨간색옷, 감마 계급은 초록색옷, 델타 계급은 카키색옷, 엡실론 계급은 검은색 옷을 입는다. 아기 때부터 성인이 되어서도 같은 색 옷을 입으니 옷 색깔로 이미 계급이 구분된다.

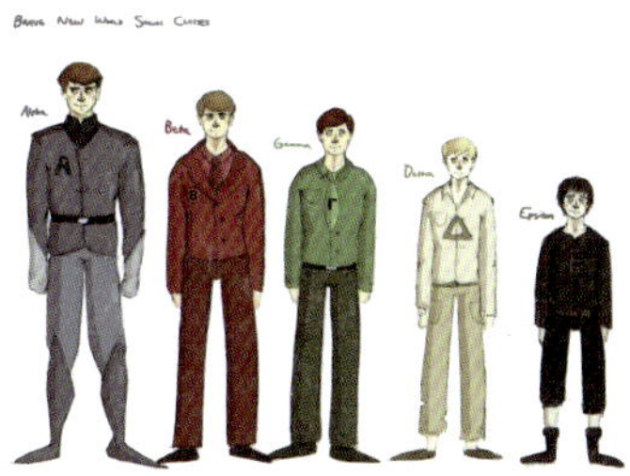

계급별 의복 색깔 〈https://www.unamwiki.org/w/%ED%8C%8C%EC%9D%BC:%EB%A9%8B%EC%A7%84%EC%8B%A0%EC%84%B8%EA%B3%84_%EA%B3%84%EA%B8%89.jpg〉

아이들에게 들려주는 녹음된 소리를 보자.

> "그리고 델타 아이들은 카키색 옷을 입고 있습니다. 나는 델타 아이들과 놀기 싫습니다. 그리고 엡실론 아이들은 더욱더 나쁩니다. 그들은 너무나 어리석기 때문에 글을 읽거나 쓸 줄 모릅니다. 게다가 그들은 까만색 옷을 입고 있는데, 그것은 내가 아주 싫어하는 색깔입니다. 나는 내가 베타인 것을 매우 기쁘게 생각합니다. ... 알파 아이들은 회색 옷을 입고 있습니다. 그들은 놀라울만큼 영리하기 때문에 우리보다 더 열심히 일합니다. 나는 그렇게 열심히 일하지 않아도 되기 때문에 베타가 된 것을 기쁘게 생각합니다. 그리고 우리는 감마나 델타보다는 훨씬 더 좋습니다. 감마는 어리석습니다. 그들은 모두 초록색 옷을 입고 있습니다. 그리고 델타 아이들은 카키색 옷을 입고 있습니다. 나는 델타 아이들과 놓기 싫습니다. 그리고 엡실론들은 더욱더 나쁩니다. 그들은 너무 어리석기 때문에.." (49)

이 내용을 밤새도록 일주일에 3번 120번씩 3개월 동안 듣는다. 이렇게 수면 상태에서 암시를 주게 되면 아이들은 자라면서 자기보다 높은 계급의 아이들은 동경하게 되고 낮은 계급의 아이들은 경멸하고 혐오하게 된다. 그 혐오의 기저가 '다름'이라고 볼 수 있다. 물리적으로도 옷의 색깔로 계급의 다름을 나타내고 자신보다 낮은 계급의 아이들은 부지불식간에 경멸하고 혐오하는 사고 구조가 이러한 수면 교육을 통해 이루어진 것이다. 그렇다면 이런 교육의 목적은 무엇일까? 사회의 안정이다. 세계국가의 이념이 '공동사회, 동일성, 안정'이라고 이야기했는데 소설의 현재 시점에 이 수준의 사회 안정을 유지하는 데는 과거에 여러 시행착오를 거친 결과라고 볼 수 있다.

책을 읽는 계층은 알파 계급뿐이며 사람들이 책을 읽게 되면 기존의 질서에 의문을 가지고 질문을 한다는 점이 사회의 안정적인 질서에 위협이 되기 때문에 사고를 하지 못하도록 책이 금지된다. 또한 꽃을 좋아하게 되면 야외로 나가게 되고 거기에서 뛰거나 놀게 되면 충분한 운동을 하게 되어 어쩌면 '신세계'의 생활 방식-즉 정교하게 계산되고 공급되고 있는 실내 운동기구와 시설의 사이클이 흐트러지는 위험이 발생하게 된다. 낮은 계급을 대상으로 하는 소비주의 행태가 흔들려지면 안 되는 것이다. 따라서 '신세계'의 생활에 만족하며 일과 운동마저도 통제되는 삶에 있어서 균열을 가져오지 않게 하려는 의도라고 보인다. 이 구조에 관한 국장의 말을 인용해보자.

> "우리는 대중이 시골을 증오하도록 조정합니다... 그렇지만 동시에 우리는 그들이 시골에서 하는 모든 운동경기들을 좋아하도록 조정하기도 하죠. 이와 동시에, 모든 시골의 운동들에서 정교한 기계장치가

수반되도록 신경을 쓰죠. 그렇게 되면 사람들은 교통수단이외에 공장 제조품들도 소비하게 되죠. 그래서 아이들에게 저렇게 전기충격을 가하는 것입니다." (43)

이 세계국가를 다스리는 무스타파 몬드 회장은 "사회적 안정 없이는 문명이 있을 수 없고 개인적인 안정 없이는 사회적 안정도 없다."고 주장한다. 사회를 움직이는 바퀴처럼 개개인은 고분고분하고, 확고하고, 건전한 사람이어야만 한다. 개인의 안정을 해치는 요소들은 고대 시대의 유물들, 즉 "울고 있음, 내 아기, 내 어머니, 단 하나밖에 없는 내 연인, 괴로워하고 있음, 내 죄, 내 무서운 신, 고통으로 비명을 지르며 열병으로 중얼거리고 노령과 가난으로 신음하고 있음" 등 감정적인 요인들이다. 이러한 삶은 신세계가 아니라 '미개인의 땅'에 사는 사람들의 몫이다.

사실 소설의 줄거리는 이 작품이 지니는 시사점에 비해 문학적 완성도가 높다고는 볼 수 없다. 작가도 그러한 사실을 알고 1932년 초판이 발간된 지 15년 만에 서문을 추가하면서 작품이 지니고 있는 결점에 대해 이야기했다. 문학 작품으로서의 평가는 이보다 앞서 발표한『연애대위법』이 훨씬 좋은 작품이라고 생각하는데 이 작품은 메시지를 중심으로 읽어야 하는 책이다.

줄거리는 알파플러스 계급이면서도 계급에 걸맞지 않는 열등한 외모를 지니고 있어서 주위에서 따돌림을 받기도 하고 자신도 신세계 사회에 여러 가지 의심을 지니고 있는 주인공 버나드 마르크스가 미개인의 땅으로 여행을 가서 인공부화가 아니라 자연 임신과 분만으로 태어난 존과 존의 어머니 린다를 신세계로 데려옴으로써 갈등의 요소를 가지게 되고 작품이 전개된다. 물론 작품의 실제 주인공 역할은 '신세계'의 대척점에 있는 존이라고 볼 수 있다. 신세계 주민들은 이 모자, 린다와 존을 구경거리로 생각하며 비상한 관심을 보인다. 존은 야만인 존(John the Savage)이라고 불린다. 그는 구세계의 유물인 셰익스피어를 좋아해서 자주 대사를 인용을 하고 신세계 주민들과는 다른 생각, 다른 행동을 하는데, 두 문명이 충돌하는 모습이 많이 나타난다.

원래 신세계의 베타 계급이었던 린다는 인공부화가 아니라 실제 임신을 해서 미개인의 땅으로 추방되었는데, 신세계로 돌아오자 가장 먼저 '소마'(soma)를 찾는다. 마치 마약 중독자들이 약 효과가 떨어지면 약을 간절하게 찾듯이. 『멋진 신세계』에서 주요 키워드 중의 하나는 소마인데 일종의 항우울제같은 약으로 이 약을 먹으면 모든 우울감과 슬픔, 걱정이 사라지기 때문에 멋진 신세계의 주민들은 예외 없이 모두가 완벽하게 행복한 사람들이다. 이 사회에서는 어릴 때부터 아이들에게 교육시킨 죽음에 대한 무감각이나 사랑의 감정조차도 통제되고 무시되며, 소마 몇 알만으로 감정 조절이 가능하다. 어쩌면 법이나 규칙보다도 더 강력한 효과를 가지고 있는 것이 이 소마인 것이다. 따라서 소마를 복용하고 감정이 사라진 인간은 인간이 아닌 로봇과 같은 존재가 되므로 무스타파 몬드의 명령에 따라 포드의 은혜를 감사하게 여기며 복종하게 된다.

소마 알약만으로도 여유로운 기분을 느낄 수 있기 때문에 심미적 만족과 여유로운 사색을 제공하는 자연은 더 이상 이들에게 필요하지 않다. "지금 여기에서 화창한 날씨와 영원히 파란 하늘과 더불어 내부에 안전하다"는 환상에 사로잡힌 상태이다. 사람들은 소마를 복용하면서 행복감에 젖어 자신의 몸이 녹아내리는 듯 느껴지며 "나는 너이고 너는 곧 나"라는 환각을 통해 주체성 소멸을 경험한다. 이제 남은 것은 "우리들"뿐이다. 이 지점에서 자먀찐의 『우리들』과의 유사성이 생각난다.

마지막으로 소마를 두고 벌이는 무스타파 몬드와 존과의 논쟁을 살펴보자. 무스타파 몬드는 소마야말로 문명을 유지하게 하는 것이라고 주장한다.

> "분노를 진정시키는 것, 적과 화해할 수 있도록 하는 것, 사람을 인내심 있게 만드는 것, 이 모든 것을 소마가 합니다. 과거에는 이런 것들을 극복하기 위해 많은 노력과 도덕적 훈련이 필요했죠. 그러나 지금은 아닙니다. 반 그램짜리 정제 두세 개만 먹으면 만사가 해결됩니다. 어떤 사람이든 도덕가가 될 수 있다고요. 누구든지 도덕성의 반을 병 속에 넣어 가지고 다닐 수 있다는 말입니다. 눈물 없는 기독교, 그것이 바로 소마입니다."(283~4)

이 주장에 대해 존은 인간에게는 눈물이 필요하며, 세익스피어의 『햄릿』 구절을 인용하며 갈등하고 고뇌하는 인간이 진정한 인간이라고 말한다. 다음은 작품에서 자주 인용되는 가장 유명한 구절이다. 인간 본연의 모습이 어떠한가에 관한 아주 의미심장한 존의 대사이다.

> "하지만 전 편안한 것을 원치 않습니다... 저는 신(神)을 원합니다. 저는 시(詩)를 원하고, 현실적인 위험과 자유를 원하고, 선(善)과 죄악을 원합니다...불행해질 권리를 주장하고 있습니다. 늙어서 추해지고 무능해질 권리는 말할 것도 없고, 매독과 암에 걸릴 권리, 기아의 권리, 더러워질 권리, 내일 일어날 일에 대해 끊임없이 걱정할 권리, 장티푸스에 걸릴 권리, 말할 수 없는 온갖 고통에 시달릴 권리..." (285~6)

존이 말하는 세계는 현재 우리가 살고 있는 세계다. 소설에서는 고대 인류 보존지구의 생활인데 시기적으로는 20세기 초다. 그러니 현재의 우리의 삶과는 100년도 차이가 나지 않는 셈이다. '멋진 신세계'에 사는 주민들은 이러한 존의 주장을 전혀 이해하지 못한다. 고대 생활로 돌아가겠다니... 그런데 여기서 중요한 점은 멋진 신세계의 디자인에 의해 그곳 주민들은 회의하거나 의심을 가지거나 불만 자체를 가지지 못하도록 이미 조건화가 되어 있다는 점이 사실 가장 두려운 점이 아닐까.

유토피아 문학은 현실의 고통이나 참담한 삶에 대한 대안으로서의 이상적인 사회를 꿈꾼 내용이라면, 디스토피아 문학은 유토피아의 외피를 쓰고 있으나 그 내면은 인간성의 배제나 인간성의 말살을 핵심으로 하고 있다는 것을 알게 되었을 것이다. 그 단적인 예가 『멋진 신세계』인데, 25세기라는 미래의 가상사회는 사회 안정을 최우선으로 하는 사회이다. 안정을 확보하기 위해 수많은 시행착오와 사회불안을 겪은 이후 한 사람이 출생부터 사망에 이르기까지 철저하게 통제받게 된다. 태내 생식이 아니라 배양병에서 인공수정되고 이미 계급이 정해지며 계급에 따른 교육을 받는다. 따라서 멋진 신세계의 주민은 누구나 주어진 환경/계급에 적응하며 행복하게 살아간다. 소마는 부작용없는 술과 종교의 효과를 제공한다. 이 신세계에는 더 이상 종교가 필요하지 않고 대신에 포드의 은혜로 행복하게 살아간다.

어머니에게서 아기가 태어나는 것이 아니기 때문에 부모 자식의 관계 자체가 없으며 결혼, 부부관계도 없다. 한사람을 사랑하는 것은 비정상적이며 극단적인 자유연애를 한다. 모든 욕망은 즉시 채워지며 채워질 수 없는 욕망은 처음부터 느낄 수 없도록 조절되어 있다. 이렇게 완전한 안정을 유지하는 인간들로 구성되어 있는 사회이므로 사회가 불안한 세력으로부터 위협을 받는 일도 없다. 모든 것이 지배자의 계획하에 완벽하게 통제되는 이상적인 유토피아이다. 계획 경제와 안정된 사회. 이들이 말하는 신세계이며 유토피아인 것이다. 그러나 이 사회의 이방인 존의 등장으로 물론 신세계에는 호수 위에 던져진 돌멩이만큼의 파장도 일으키지는 못했지만 독자들에게는 커다란 의문을 가져다주었다. 격정과 영혼의 동요를 사랑하고 인간의 정서의 진폭을 느끼고 갈망하는 미개인인 존은 '신세계'의 영혼 없는 안정과 평화를 거부하고 이와 영원히 결별하기 위해 자살을 택한다. 그의 마지막 행위는 이 신세계가 멋진 신세계가 아니라 디스토피아라는 것을 목숨을 걸고 주장한 것이다.

헉슬리는 과학기술의 진보와 기계문명의 발달이 전체주의 사상과 결합될 때 어떤 형태로 인간을 몰개성화하고 노예화하는가를 보여주고 있다. 프란시스 베이컨은 『새로운 아틀란티스』에서 과학기술의 진보가 유토피아사회를 보장해준다고 묘사했으며, 사무엘 버틀러는 『에레혼』에서 미래의 과학기술의 진보가 가져올 불행을 막기 위해 모든 기계를 없앤 사회를 유토피아라고 그렸다. 17세기와 19세기를 지나 20세기에 들어서면 이러한 불안한 예측에 전체주의 정치체제에 대한 우려도 포함이 된 사회를 예측한 디스토피아 문학을 접하게 된다.

디스토피아 문학을 공부하면서 어떤 지점이 내게 혹은 우리 공동체 사회에 디스토피아적 환경이 될 것인가는 사람마다, 시대마다 다르겠지만 언뜻 보더라도 인류 전체 혹은 한 사회를 단일화로 묶는 단일 국가 즉 World State 형성이 공통점인 것 같다. 일괄적인 통제 그러한 체제하에서의 인간의 자유와 선택권이 보장되지 않는 체제 이런 점에 초점을 맞추어서 디스토피아 문학을 공부하면 훨씬 이해가 잘 될 것이다. 이와 같은 맥락에서 조지 오웰의 『1984』로 넘어가 보자.

조지 오웰(George Orwell)의 본명은 에릭 아서 블레어이고 1903년 인도에서 영국 하급 관리의 아들로 태어났다. 앞에서 영국의 역사를 단편적으로 살펴보았을 때 16세기 엘리자베스 여왕 통치 시절부터 시작된 식민지개척의 양상이 빅토리아 여왕 때에 이르러 최고조에 달했다는 것을 이야기했다. 그 당시 개척한 식민지가 전 세계에 흩어져 있으므로 그야말로 해가 지지 않는 대영제국의 위상을 구가하였다. 따라서 식민지를 감독할 영국 관료를 전 세계에 파견하게 되었고 조지 오웰도 그 식민지 확장의 시대에 태어났으며 그의 젊은 시절 겪은 식민체제와 제국주의의 양상을 직접 체험하였다.

이러한 식민주의와 제국주의 체제에 환멸을 느낀 조지 오웰은 유럽으로 돌아가 파리와 런던에서 여러 가지 직업을 전전하고 그 경험을 바탕으로 1933년 첫 작품, 『파리와 런던의 밑바닥 생활』을 발표한다. 그리고 1945년 『동물농장』을 발표하는데, 이 작품은 『1984』 이후에 조금 살펴보도록 하겠다. 그리고 1948년 전체주의 속 개인의 저항과 파멸의 과정을 다룬 『1984』를 출간하게 된다. 한번 쯤은 들어봤을 '빅 브라더'란 용어는 오늘날 감시카메라와 같은 국가독점 매스미디어를 언급할 때 자주 인용하는 표현이다. 그 용어가 바로 이 작품에서 비롯된 것이다.

조지 오웰 1940 〈위키피디아 Public domain〉

『1984』의 배경이 되는 가상 국가 오세아니아에는 "빅 브라더가 당신을 지켜보고 있다"라는 문구의 대형 포스터가 모든 거리와 건물에 붙어 있다. 사람이 존재하는 모든 장소에 송수신이 가능한 텔레스크린이 걸려있고, 심지어 인적이 드문 숲 속이나 들판에도 마이크가 숨겨져 있다. 시내에는 수시로 헬리콥터가 떠다니며 건물 안을 감시하고 거리마다 사상경찰이 돌아다닌다. 사람이 제대로 숨을 쉴 수 없는 사회 같아보인다. "빅 브라더가 당신을 지켜보고 있다"라는 문구는 늘 어디서나 오세아니아 주민의 생활과 함께하며 감시의 메카니즘이 작동되고 있다. 뿐만 아니라 이 국가는 인간의 과거를 통제해 인간의 감정과 본성까지도 지배하게 된다. 과거를 통제하는 방식은 지난 체제의 실상을 부정적으로 날조하고 현 체제는 무결점의 완벽한 체제라는 점을 주입시킨다. 『멋진 신세계』에서는 아기들이 어렸을 때부터 그 사회에 적응하도록 배양 단계에서부터 수면 교육을 통해 육체와 정신까지 통제했다면, 『1984』에서는 좀 더 정치적이랄까 선전선동과 동시에, 이에 불응할 때는 처벌이 가해진다. 감시와 처벌의 메카니즘이 작동한다.

국가가 개인의 행동을 감시하고 통제한다는 표현은 이미 자먀찐의 『우리들』에서 시작되었다. '은혜로운 분'이 통치하는 단일 국가에서 개인은 '율법시간표'에 따라 일하거나 먹거나 심지어 성적인 생활까지 정해진 시간표에 따라 움직이는 완전히 통제된 세계였다. 그러므로 『멋진 신세계』와 『1984』가 『우리들』의 영향을 받았다는 것은 분명하다.

1984 〈https://medigatenews.com/news/3540233987〉

올더스 헉슬리의 『멋진 신세계』는 1932

년, 조지 오웰의 『1984』는 1949년에 발표되었는데, 시간적으로는 17년의 차이가 있지만 그 사이 2차 세계대전이라는 엄청난 사건이 발생했다. 인류 역사에 있어서 가장 오점이 되는 사건 중의 하나인 아우슈비츠 학살도 있었다. 20세기 전반기의 서구사는 빛나는 문명의 진보와 그 이면에 과학기술의 발달과 함께 인간의 오만함이 동시에 존재했던 시대였다. 19세기 말 영국 역사와 문화, 문학에서도 인류가 이룩해낸 과학기술이 정점에 이르렀다고 그 당시 사람들은 생각했었는데, 세기가 바뀌면서 또 다른 양상을 띠게 되었다. 1, 2차 세계대전과 무솔리니, 히틀러로 대변되는 전체주의의 발현 등이 진보 일로에 있던 인류의 역사를 후퇴시키고 있다고 보는 시각도 있다. 인류는 진보를 하는 것인가 아니면 특정 시기에는 인류의 역사가 퇴보하는가.

조지 오웰은 아마도 후자에 속한 작가인 것 같다. 특히 오웰은 자신이 직접 1922년부터 1927년까지 당시 영국의 식민지였던 버마에서 경찰을 하면서 제국주의가 식민지 국가에 가한 온갖 만행을 직접 목도했고 제국주의에 환멸을 느껴 유럽으로 돌아가 사회의 밑바닥 생활을 몸소 경험했다. 그 경험을 바탕으로 잡지사의 일을 맡고 글을 써서 20세기 초 유럽 사회가 직면하고 있던 여러 문제들을 고발한 것이다. 특히 1936년 스페인 내전에 의용군으로 참전한 경험을 통해 파시즘, 나찌즘, 스탈린주의로 대변되는 전체주의가 가하는 절망적 상황을 고발함으로써 '반전체주의자'가 되었다. 이 부분은 『동물농장』을 통해 더 잘 전달되는 것 같다.

스페인 내전에 대해 잠깐 이야기하면, 어니스트 헤밍웨이의 『누구를 위하여 종은 울리나』의 배경이 스페인 내전이다. 헤밍웨이도 미국 특파원으로 직접 스페인 내전을 자세하게 관찰할 수 있었는데, 그 경험을 토대로 1940년 출간한 책이 『누구를 위하여 종은 울리나』이다. 1936년부터 1939년까지 3년 정도 이어진 스페인 내란은 마치 2차 대전의 전초전과 같은 성격을 지니고 있어서 전 세계, 적어도 서구 사회라고 불려지는 사회들의 초미의 관심사였으며 그 시대 지식인이라면 이 내전에 대해 각자 의견을 표명하고 입장을 정하는 것이 그 시대 지식인의 책무로 여겨졌던 전쟁이다. 이 내전을 자세하게 언급하지는 못하겠지만 앞으로의 서구 사회의 지형도를 미리 말해주는 세력의 대항이라는 점에서 역사상 중요한 자리를 차지하고 있다. 마누엘 아사냐가 이끄는 좌파 인민전선 정부에 대해 프란시스코 프랑코가 중심이 된 우파 반란군이 쿠데타를 일으켜 내전이 발생한 것이다. 조지 오웰은 의용군으로 자원하여 인민전선 정부, 즉 반파시즘 진영을 도왔고, 나치 독일, 무솔리니 정권, 포르투갈, 로마 가톨릭교회는 우파 반란군을 도왔다. 현대사에 있어서 아프가니스탄 내전에도 알 수 있듯이 열강들이 개입을 하는 것은 대의명분보다는 자국의 이익 중심인 점이 이 스페인 내전에서도 드러난다. 미국은 반군에게는 가솔린을, 정부군에는 비행기를 팔았으니까. 조지 오웰이 가담한 정부군의 대항 세력은 그야말로 전체주의 국가의 상징이 되는 나라들이다. 따라서 오웰은 이 스페인 내전 참전 이후 다음과 같이 자신의 입장을 정한다.

> "1936년 이후 내가 쓴 진지한 작품의 모든 구절은 하나같이 직접적이든 간접적이든
> '전체주의'를 반대하고 내가 이해하고 있는 '민주적 사회주의'를 옹호하는 글이었다." (418~9)

젊은 시절 버마에서의 경험으로 '반제국주의자'가 된 것이 작가의 문

학 세계의 시작점이라면 스페인 내전 참전 경험이 '반전체주의자' 작가가 되는 완성 지점이라고 볼 수 있다. 오웰은 1941년에 전체주의의 위험에 대해 이렇게 말한다.

> "전체주의는 ...그 유례를 찾아볼 수 없을 정도로 사고와 자유를 말살시키고 있다....그것은... 우리의 사고를 지도하고, 우리에게 이데올로기를 주입하고, 행위규범을 설정해 우리의 감정까지도 지배하려 한다." (419)

이와 같은 생각이 허구의 작품으로 발현된 것이 바로 『1984』이며 오웰은 이 작품이 풍자소설이며 허구이기는 하지만 '오세아니아'와 '빅 브라더'가 존재하는 유사한 세계, 혹은 시대가 올지도 모른다는 두려움을 가지고 있었다. '빅 브라더'는 허구적인 상상력의 산물이지만 작가는 실제로 경험한 세계, 즉 버마에서의 경험, 스페인 내전의 경험, 소비에트 사회의 스탈린의 폭정과 우상화등을 경험하고 목격함에 따라 앞으로의 사회는 전체주의적인 경향을 벗어날 수 없다는 일종의 절망감을 느꼈다. 심지어 『동물농장』에서는 돼지들의 전체주의를 빗댈 정도였으니까.

'빅 브라더'의 개념은 우리의 삶에 보편적으로 존재하고 있는 전체주의적 위협을 말하며 미래의 세상에 더욱 더 보편적으로, 말 그대로 만유에 편재하듯이 유비쿼터스적인 존재가 될 것이다. 기술문명의 발달과 함께 보다 더 기술적으로, 은밀하게 인간을 감시하는 것이다. 물론 오늘날의 CCTV가 가지는 순기능적인 효과에 대해서는 우리는 다 알고 있다. 범죄를 예방하고 시민을 범죄로부터 보호하는. 그러나 그 기술이, 그 시스템이 독재자의 손에 들어가서 일인 통제하에 주어진다면 그래서 나쁜 방향으로, 인간을 통제하고 조종하는 방향으로만 작동한다면, 그것은 생각만 해도 끔찍한 일일 것이다. 조지 오웰은 『1984』에서 나쁜 방향의 극적인 효과에 대해 말하고 있다.

그렇다면 이러한 감시망에 대한 최초의 아이디어는 어디에서 온 것일까? 이 지점에서 미셸 푸코의 판옵티콘 메커니즘에 대해 살펴보아야 할 것이다. 디스토피아를 처음 언급할 때 일반적으로 19세기 말 영국의 경제학자인 존 스튜어트 밀이 언급한 용어라고 알려져 있다고 말했다. 그러나 사실은 밀보다 훨씬 이전 1818년 제러미 벤담이 "카코토피아"라는 말을 먼저 사용했다. 오리지넬러티를 따진다면 벤담이 최초의 사용자이긴 하지만 대중이 기억하는 최초의 사용자는 존 스튜어트 밀이며, 마찬가지로 판옵티콘 메커니즘은 푸코의 아이디어라고 알려져 있지만 제러미 벤담의 1791년 원형교도소 프로젝트가 앞선 아이디어이다.

제러미 벤담(Jeremy Bentham)은 1748년에 출생하여 1832년에 사망한 영국의 법철학자, 사회개혁가로서 "최대 다수의 최대 행복"을 추구하는 공리주의자로 유명하다. 변호사이긴 했지만 당시의 모든 법률을 비판하고 정치적으로는 급진주의자였으며 그의 영향을 받은 인물은 존 스튜어트 밀과 공상적 사회주의의 시초인 로버트 오웬이다. 존 스튜어트 밀의 아버지인 제임스 밀과 함께 영국 법률 개정 운동을 펼쳤으며 그 노력의 결과가 『의회개혁론』 출간이다.

벤덤은 자신의 공리주의 원칙에 따른 원형교도소, 즉 판옵티콘의 아이디어를 제시했는데, 판(pan)은 그리스어로 '모두, all'을 뜻하고 옵티콘(opticon)은 '보다'를 뜻하는 합성어로 판옵티콘 혹은 파놉티콘으로도 불려진다. 감시와 경제성을 연결하여 소수의 감시자가 자신을 드러내지 않고 다수를 감시하는 가장 효율적인 방법을 모색했던 것이다. 그 예로 제시한 모델이 감옥, 병원, 병영, 학교, 공장 등인데, 그의 아이디어는 말 그대로 공리주의적인 성격을 띠고 있다. 실제로 그는 러시아에서 최초의 구상을 하였고 프랑스 의회와 영국에 제안서를 내기도 했다. 평생을 이러한 구조의 감옥을 건설하는데 시간과 재원을 썼지만 그의 생전에는 성과를 이루지 못했다. 직접 판옵티콘구조의 감옥을 짓다가 가산을 탕진하기도 했다. 21세기의 우리가 보기에는 19세기 초의 공리주의적인 근대의 감옥 구조에서 현대적인 감시와 처벌, 권력의 구조가 생산되리라는 것을 파악하지는 못했던 것 같다.

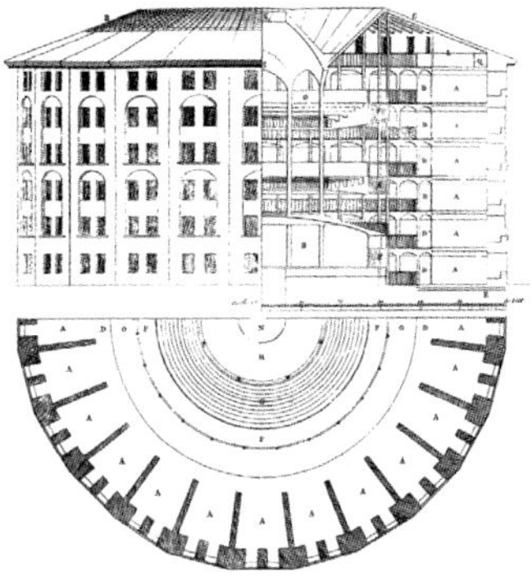

판옵티콘 청사진 1791 〈위키피디아 Public domain〉

그림에서 보는 바와 같이 '진행되는 모든 것을 한 눈에 파악할 수 있는' 판옵티콘 구조는 다수의 이익을 기준으로 사회의 제도나 문화, 그 운영방식을 정하는데, 이 개념을 현대적으로 확대, 재해석한 사람이 미셸 푸코다.

푸코는 벤덤의 판옵티콘 건축 모형을 대상으로 그의 저서 『감시와 처벌』(*Surveiller et punir*, 1975)에서 이 구조가 가지는 철학적 함의를 다루었다. 즉 근대의 시설, 특히 감옥과 같은 시설에서 판옵티콘의 구조는 개인과 국가 혹은 권력의 문제를 성찰하게 만드는 개념이 된 것이다. 판옵티콘 구조의 감옥의 재소자들은 감시자가 부재할 때도 그가 존재한다고 생각하여 그들의 상상을 통해 감시자의 시선을 내면화함으로써 감시자의 존재에 대한 의식만으로도 재소자들은 신체뿐만 아니라 정신을 통제받게 된다. 즉 시선을 통한 권력의 주체와 타자가 구분되는 것이다. 따라서 푸코는 200여년 전 벤덤의 판옵티콘 건축 구조를 가져와서, 보다 더 철학적인 담론의 대상으로 만들었으며 현대사회의 권력구조를 설명하고자 했다.그러므로 벤담의 1791년 판옵티콘 구조와 미셸 푸코의 1975년 『감시와 처벌』 그 사이 어디쯤엔가 조지 오웰의 『1984』(1949)가 있다. 우리가 1975년 푸코의 개념으로 1949년 작품을 해석하는 것도 의의가 있다.

『1984』의 내용은 앞서 다룬 대표적인 디스토피아 문학과 마찬가지로 단순한 편이다. 문학의 향기랄까 그런 심미적인 특성이 결여되어 있지만 메시지에 집중하여 작품을 살펴보자. 일단 작품의 배경이 되는 오세아니아 국가는 다음 지도에서 보듯이 영국과 북아메리카, 남아메리카, 호주, 사하라 남쪽 아프리카를 포함하는 초대국이다.

가상의 세계에는 오로지 세 세력만이 존재하는데, 오세아니아 이외에도 소련이 장악한 유라시아와 동아시아 3개의 초 강대국가는 각각 극단적인 전체주의 국가들이다. 세 개의 세력은 서로 평행상태를 유지하기 위해 끊임없이 전쟁을 하므로 내부 결속을 다지고 적에게 대항

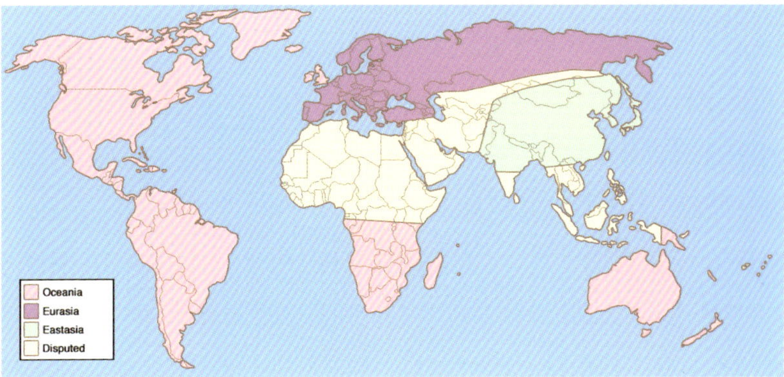

1984에 등장하는 오세아니아 〈https://ko.wikipedia.org/wiki/1984_(%EC%86%8C%EC%84%A4)#/media/%ED%8C%8C%EC%9D%BC:1984_fictious_world_map.png〉

하기 위해서는 보다 더 엄격하게 통제된 사회가 필요했던 것이다. 또한 『멋진 신세계』에서 주민을 알파, 베타, 감마, 델타, 엡실론, 다섯 계급으로 나눈 것처럼 주인공 윈스턴 스미스가 거주하는 제1공대의 주민은 지도자 '빅 브라더'가 있고, 사회구성원 중 2%에 해당하는 내부당원(inner party)과 13%를 차지하는 외부당원(outer party), 그리고 85%의 프롤(Proles) 즉 프롤레타리아, 극빈층의 노동자들로 구성되어 있다. 완전한 피라미드 형태의 정치 구조이며 당은 영국사회주의(English Socialism) 줄여서 '영사'(Engsoc)이며 그 정점에 있는 빅 브라더는 실체가 있는 인물인지도 확실치 않다.

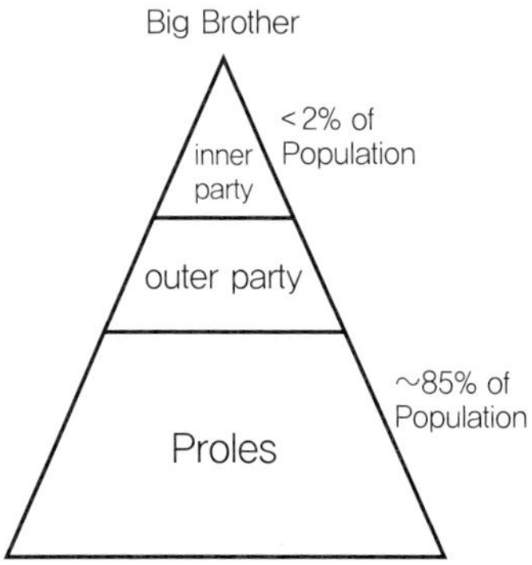

오세아니아의 사회계급 구조 〈위키피디아 Public domain〉

윈스턴 스미스는 진성당원인 내부당원이 아니라 외부당원이며 진리성 관리국에서 근무하고 있다. 그리고 연인인 줄리아 역시 외부당원으로서 진리성 소설창작국에 근무한다. 윈스턴은 빅 브라더와 마찬가지로 실존 인물인지가 불분명한 반체제인사인 골드스타인이 이끈다고 알려져 있는 오세아니아의 전체주의 체제를 전복할 비밀 지하조직인 '형제단'의 일원이 된다. 그 가교 역할을 하는 인물이 진리성의 내부당원인 오브라이언이다. 그러면 인물들의 위치와 역할이 분명해졌다. 오세아니아의 영사와 지도자 빅 브라더 그리고 진리성의 내부당원들의 세력과 그에 맞서는 '형제단'과 지도자 골드스타인, 오브라이언, 주인공 윈스턴 스미스와 줄리아가 한 그룹이 된다. 언제나 감시망이 작동되고 있는 빅 브라더의 텔레스크린과 마이크 앞에서 윈스턴의 혁명은 처음에는 일기를 쓰거나 줄리아와의 연애와 같은 소극적인 저항에서 점차 적극적인 저항으로 나아가는데, 그 과정 자체가 작가가 관심을 가지는 부분이라고 볼 수 있다. 전체주의에 대항하는 한 개인의 혁명이 과연 성공할 수 있을까? 처음부터 이러한 시도는 성공이 보장되어 있지 않은 무모한 도전으로 보인다.

『멋진 신세계』의 야만인 존이 "신을 원하고, 선과 죄악을 원하고, 온갖 고통에 시달릴 권리를 원한다"는 절규가 생각나는 지점인데, 윈스턴은 전체주의에 대항해 '인간적인 인간'으로 남기 위한 실낱같은 희망을 가지고 체제 전복의 계획을 세우는데 무산자계급인 프롤을 중심으로 한 혁명만이 현 정권을 전복시킬 수 있다고 믿는다. 전체주의 정부에 대항하는 윈스턴과 '형제단'의 체제 전복 기도가 성공할 것인가? 물론 『우리들』과 『멋진 신세계』의 주인공들처럼 윈스턴의 시도는 실패한다. 뿐만 아니라 사상경찰에게 잡혀 처형당한다.

그러면 서평지인 American Book Review가 선정한 서구 문학에서 '100 Best First Lines from Novels', 즉 소설 중 첫 부분이 가장 멋진 작품 100편 중 8위로 뽑힌 『1984』의 작품 첫 부분을 읽어 보자.

> "화창하고 쌀쌀한 4월의 어느 날이었다. 시계가 13시를 알렸다. 윈스턴 스미스는 거칠게 불어닥치는 바람을 피해 턱을 가슴에 파묻고 승리 맨션 유리문으로 재빨리 들어갔다. 하지만 소용돌이치는 모래 먼지가 건물 안으로 들이닥치는 것까지는 막을 수 없었다." (9)

물론 첫 부분은 단 두 문장, "시계가 13시를 알렸다"까지이지만 한 문단을 인용해 보았다. 아주 감동적이거나 웅장한 느낌을 주는 도입은 아닌 것 같다. 아름답거나 웅장해서는 작품의 주제와 맞지 않을 것이다. 왜 이 첫 부분이 8위로 인정받는가하면 바로 시계가 13시를 알린다는 표현 때문이라고 생각하는데, 가만히 생각해보면 시계가 13번 치는 경우는 없다. 13시는 새로 1시가 되니 시계 소리가 한 번 울릴 뿐인데, 여기에서부터 보통 인간 세계와는 다른 오세아니아에 들어섰다는 것을 아주 담담하게 보여주는 것 같다. 오세아니아에서 아주 특이한 점은 빅브라더와 텔레스크린, 마이크, 항상 하늘을 맴도는 헬리콥터 소리로 대변되는 감시체제, 사상경찰 뿐만 아니라 '신어'(Newspeak), '2분 증오', '이중사고'(Doublethink), '기록관리국'의 임무 등이다. 주인공 윈스턴은 39세로 오른쪽 발목에 정맥류궤양을 앓고 있으며 발작적인 기침을 자주 한다. 오세아니아 주민들 중 특히 당원들의 외모는 특이하다.

> "제1공대 국민의 대부분은 작고 시커멓고 일그러져 있었다. 저 딱정벌레 같은 육체형이 어떻게 하여 정부 기관에 번져 가는지 이상한 일이었다. 완전히 자라지도 않은 상태에서 몸이 굳어 버려 몽똑한 기형적인 체구, 다리는 짧고 행동은 민첩하며 눈은 아주 작고 살이 많이 찐 얼굴은 야릇한 표정을 하고 있고, 그렇다. 바로 저런 형의 사람이 당으로부터 신임을 받아 가장 출세한다." (72)

이러한 "딱정벌레" 같은 외모는 전체주의 체제하에서의 개인의 생각과 자유를 억압한 결과라고 볼 수 있다. 윈스턴의 잦은 기침과 당원의 자라지 못한 팔다리는 억압받은 정신이 억압된 신체로 발현한 것이라고 볼 수 있다.

소설의 1장에서 윈스턴은 1984년 4월 4일 처음으로 텔레스크린의 시야 밖에서 일기를 쓰기 시작한다. 일기 쓰기가 불법은 아니지만 발각된다면 사형선고나 최소 이십오 년의 강제 노동형을 받게 된다. 그럼에도 불구하고 죽음을 각오하고 윈스턴이 일기를 쓰는 것은 자신만의 체제저항의 방법인 것이다. 과거의 유물에 속하는 아름다운 크림색 종이에 펜대에 펜촉을 끼워 글을 쓰는 행위 자체가 그가 기록관리국에서 하는 일에 대한 저항인 것이다. 일기는 과거를 기록하는 행위인데 기록관리국에서는 과거를 지우거나 역사를 날조하는 것이 그의 담당 업무이다. 철저한 '과거 통제'다. 영국사회당(영사)의 슬로건인 "과거를 통제하는 하는 자가 미래를 통제한다. 현재를 통제하는 자가 과거를 통제한다"인데, 당의 영속성을 위해 과거의 사건을 날조하고 말살시켜 진실을 왜곡함으로써 과거의 기억까지도 당이 지배한다. 그래서 윈스턴이 일기에 "빅 브라더를 타도하라"라는 내용을 쓰는 행위 그 자체가 곧 과거를 기록하는 행위이므로 윈스턴의 일과 그의 일기는 아이러니칼하게도 상반되는 일이다. 상식적으로 생각해도 과거가 없는 현재는 없다. 과거가 모여 현재를 이루는 것이고 불행의 역사든, 영광의 역사든, 개인이든 국가이든, 과거를 똑바로 알아야 그 다음 단계로 인류가 발전하고 개인의 사고가 확장되는 것이다. 윈스턴이 기록관리부에서 하는 일은 그날그날 주어진 자료를 명령대로 수정하는 것이다. 예를 들면,

"· 타임스 84. 3. 17. 비비 아프리카 연설 오보 수정
· 타임스 83. 12. 19. 3개년 계획 83년 4분기 예측 오자 최신호 검증
· 타임스 84. 2. 14. 풍부 초콜릿 인용 오류 수정
· 타임스 83. 12. 3. 비비 오늘 명령 보도 더더욱안좋음 비사람언급 전부 재작성 서류철전 상부제출" (56)

이와 같이 과거의 사건을 조작하여 당이나 지도자의 예측, 연설, 수치 등이 한 치의 오차도 없이 정확하게 거슬러 수정되므로 완벽한 자료

만 남게 되는 것이다. 즉 두 번째 임무에서 보듯이 당이나 빅 브라더가 예측한 수치가 결과적으로 오류로 판명나면 이미 지나간 기록인 타임스의 기록을 수정해서 결국에는 예측이 맞았다는 수정된 기록만 남도록 조작하는 일이다. 윈스턴의 임무는 위와 같은 임무를 잘 수행하는 것이고 현재 진실한 것은 영원한 진실이므로 이것을 '현실 통제' 즉 신어로는 '이중사고'라고 한다. 이상하게 보이는 '더더욱 안좋음', '비사람' 같은 용어를 '신어'(Newspeak)라고 한다. '구어'(Oldspeak)는 이전에 쓰던 영어인데 영어에 기초한 신어는 어휘의 수가 줄어든 특징을 지니고 있다. 좋음의 반대말인 나쁨이라는 어휘를 쓰지 않기 위해 '안'이라는 접두어를 사용하게 되면 어휘수가 확 줄어든다. 거기에다 덧붙여서 '더욱'에 '더'를 붙이면 몇 개의 어휘도 줄어들게 된다. 신어 사용의 목적은 무엇일까?

오웰은 소설 마지막 부분에 부록을 달고 '신어의 원리'를 설명한다. 오세아니아의 공식 언어인 신어의 목적은 영사(영국사회당)의 추종자들에게 적절한 세계관 및 정신적 습관을 위한 표현 수단을 제공하는 한편, 다른 모든 사고방식을 불가능하게 만드는 것이라고 설명하고 있다. 예를 들어 자유로운이란 뜻의 'free'라는 단어는 신어에 존재하지만 정치적으로 자유로운(politically free)나 지적으로 자유로운(intellectually free)같은 구식 의미로는 쓰일 수 없고 오로지 '이 들판에는 잡초가 없다(This field is free from weeds)'라는 문장에서만 사용될 수 있다. 그러므로 구어에서의 자유로운이란 free는 오세아니아에서는 허용되지 않는 개념이다. 부록에서 오웰은 이 신어가 완전히 구어를 대체하는 시점을 2050년으로 예상하고 있는데, 제퍼슨이 쓴 유명한 미국 '독립선언문'의 아름다운 구절은 신어로 바꾸기가 불가능하므로 '사상죄'라는 한 단어로 바꿀 것이며 구어를 신어로 바꾸는 번역가들이 세익스피어나 바이런, 밀턴, 스위프트 같은 작가의 작품을 번역하게 되면 원작은 완전히 파기될 것이라고 한다.

이 작품에서 가장 주목할 점이 바로 언어를 통해 주민들의 사고를 제한한다는 점이다. 『멋진 신세계』에서 알파 계급이외에는 책을 혐오하도록 교육하는 것과 마찬가지로 손쉬운 통제와 억압적인 체제를 유지하기 위해서는 주민들이 사고를 할 수 없어야 하고, 사용하는 언어의 어휘수가 줄어들면 그만큼 사고 능력이 감소한다는 원리가 작동된 것이다. 놀랍지만 한편 맞는 말이기도 하다. 자끄 라캉에 의하면 인간은 태어나기도 전에 우리가 사용하는 언어의 문법 구조 속에 놓여져 있다고 말한다. 물론 라캉은 언어와 무의식의 관계를 다루는 문제로 보았지만 우리는 우리가 사용하는 언어에 대해 적어도 이 소설은 읽고난 후에는 훨씬 더 경각심을 가져야할 것 같다. 언어가 정확하고 적확해야 사고도 명료해지니까.

신어에서 한 가지 더 언급할 부분은 약어를 사용하는 문제이다. 영어와 우리말이 차이가 나서 덜 분명하게 들리겠지만 주목해야할 부분이다. 오세아니아의 집권당은 영국사회당인데 소설에서 계속 영사로 나온다. 영어로는 England Socialism인데 약칭으로 Ingsoc으로 표현합니다. 이 또한 단어를 줄여서 말함으로써 주민들의 자유로운 사고를 제한하려는 의도이다.

다시 윈스턴의 이야기로 돌아가면 그는 금지되어 있는 행위-일기를 쓰는 것, 즉 과거를 기록하는 일을 하고, 그리고 부인이 있음에도 줄리아를 만나서 금지된 연애를 함으로써 자유를 만끽한다. 소극적인 저항의 즐거움을 맛본 것이다. 그는 줄리아와 함께 오브라이언을 만나 비밀

지하조직인 '형제단'에 가입하여 체제 혁명을 꿈꾼다. 그러나 윈스턴은 자신이 유일한 희망이라고 믿고 있는 무산자계급인 프롤도 혁명을 일으키지 못할 것임을 인식한다. 역사적으로 프롤레타리아 혁명을 보았고 혁명의 가능성에 대해 기대를 걸었던 작가의 생각이 투영되었다고 할까? 현실적으로 프롤레타리아 혁명은 불가능해졌다.

『멋진 신세계』에서는 소마라는 알약이 주민들의 불만이나 감정을 해결하는 수단이었다면 윈스턴이 근무하는 진리부에서는 당이 필요로 하는 모든 정보와 지시, 오락을 제공할 뿐 아니라 프롤을 위한 낮은 수준의 오락도 제공하고 있다. 프롤레타리아의 문학, 음악, 연극, 유흥 전반을 담당하는 부서에서는 스포츠, 범죄, 점성술을 담은 형편없는 신문, 5센트짜리 선정적인 싸구려 소설, 섹스가 흘러넘치는 영화, 시 짓는 기계라고 알려진 특수만화경을 사용해 온전히 기계적으로 만든 감성적 노래를 만들고, 신어인 포르노과에서는 어떠한 당원도 볼 수 없게 밀봉 포장하여 배포되는 저질 포르노를 만든다. 이러한 문화에 젖어들어 있는 프롤이 혁명에 가담하리라는 기대는 할 수 없을 것이다. 이 소설의 프롤의 원형이 되는 인물은 오웰의 1945년 『동물농장』에 등장하는 복서, 클로버, 벤자민과 같은 동물들의 무기력한 캐릭터라고 볼 수 있다. 그 캐릭터에서 무기력함을 발전시킨 인물, 집단이 이 소설의 프롤이다.

결국 무산자 계급을 중심으로 한 혁명은 일어나지 못하고 윈스턴은 사상경찰에 붙잡혀 101호실로 끌려가 세뇌당하고 처형당한다. 앞서 최고의 소설 첫 문장을 언급했는데, 최고의 마지막 문장 100선도 있다. 이 작품의 마지막 문장이 7위에 선정되었다.

"윈스턴은 거대한 얼굴을 올려다보았다. 검은 콧수염 뒤에 어떤 미소가 숨겨져 있는지 깨닫는데 사십 년이라는 세월이 걸렸다. 아아, 잔인하고 불필요한 오해였다! 아아, 저 다정한 품으로부터 완고하고 고집스럽게 도망쳤었다! 진 냄새를 풍기는 두 줄기 눈물이 코 양옆을 타고 흘러내렸다. 하지만 괜찮다. 모든 것이 잘 해결되었다. 싸움은 끝났다. 그는 자신과의 싸움에서 승리했다. 그는 빅브라더를 사랑했다." (389~90)

물론 마지막 부분은 "그는 빅 브라더를 사랑했다."는 내용이다. 굉장히 함축적인 문장으로 전체주의의 위험성을 가장 단명하게 보여주는 말인 것 같다. 마지막 문단을 보여주는 이유는 총알이 윈스턴의 머릿속에 날아와 박힌 순간이기 때문이다. 머리에 총을 맞은 채 그의 눈에 들어온 것은 '빅 브라더'가 너를 지켜보고 있다는 문구가 쓰여있는 거대한 포스터인 것이다. 그 포스터를 보면서 101호에서 세뇌당한 윈스턴은 결국 빅 브라더에게 항복한 것이다. 이 마지막 부분은 자먀찐의 『우리들』에서 주인공이 혁명이 발각된 뒤 뇌수술을 받고 마지막에 한 말 "이성은 반드시 승리하기 때문이다"를 떠올리게 한다.

혁명이 실패로 끝나는 경우는 앞선 작품에서도 반복되는 패턴일 뿐만 아니라 시대를 거슬러 가서 『태양의 나라』의 작가인 토마소 캄파넬라의 일대기에서도 이탈리아 남부의 독립을 쟁취하려는 목적의 혁명도 결국 내부자의 밀고로 실패로 돌아갔다. 또한 영국의 스튜어트 왕조 초기 '화약음모사건'에서도 내부자의 고발로 계획이 탄로난 역사적인 사건을 보더라도 혁명에는 늘 밀고의 위험이 따르는 것 같다. 실제 역사에 있어서나, 문학 작품에 있어서도.

그런데 앞서 영사(영국 사회주의)와 빅 브라더에 대적하는 하나의 그룹이 골드스타인, 형제단, 오브라이언, 윈스턴, 줄리아라고 이야기했었는데, 내부당원인 오브라이언은 혁명에 가담할 가능성이 엿보이는 외부당원 윈스턴에게 접근하여 그를 비밀지하조직인 형제단에 가입하도록 인도한다. 말하자면 윈스턴은 미끼에 걸린 것이다. 결국 사상을 세뇌시키는 101호에서 윈스턴을 심문하는 이가 바로 오브라이언이다. 오브라이언이 윈스턴을 심문하면서 나누는 이야기가 전체주의 국가의 핵심을 말하고 있는데, 골드스타인이 집필했다고 알려져 있는 책은 사실은 오브라이언 자신이 공동으로 집필한 책이며 그 내용 중 "지식을 비밀리에 축적하고, 점차 계몽을 퍼뜨리고, 마침내 프롤레타리아들이 반란을 일으키고, 당을 전복시킨다" (342)라는 계획은 터무니없으며 천 년이 지나도, 백만 년이 지나도 불가능하며 당이 전복되는 일은 없으며 당의 지배는 영원하다고 오브라이언은 윈스턴에게 말한다. 그러나 강도 높은 고문에도 윈스턴이 계속 저항하자 오브라이언은 윈스턴을 쉽게 통제할 수 없어 안절부절못한다. 그는 논리적으로라도 윈스턴을 제압하기 위해 당의 목적과 방법을 이야기한다.

> "우리는 포기할 목적으로 권력을 잡는 사람 같은 건 없다는 걸 알고 있어. 권력은 수단이 아니라 목적일세. 혁명을 수호하기 위해 독재 정권을 세우는 게 아니라, 독재 정권을 세우기 위해 혁명을 일으키지. 박해의 목적은 박해야. 고문의 목적은 고문이네. 권력의 목적은 권력이고. 이제 내 말을 이해하겠나?" (344)

오브라이언은 당에 대한 완전한 복종만이 인간이 자신의 정체성에서 자유로와져서 당과 동화될 수 있다고 주장한다. 자신이 당과 일체가 되면 전지전능한 불멸의 존재가 되고 당의 권력은 신체에 대한 권력뿐만 아니라 정신에 대한 권력을 의미한다고 말한다. 이 부분이 푸코가 말한 감시와 처벌의 기능이다. 이미 윈스턴의 신체에 대한 처벌은 이루어졌고, 오브라이언은 윈스턴에게 최후까지 남은 반항하는 정신, 인간으로 남기를 갈망하는 정신에 대한 처벌을 마무리하고자 한다. 앞서 『멋진 신세계』에서 야만인 존과 무스타파 몬드의 대결 장면처럼 빅 브라더를 대신해 집행자로서의 오브라이언과 윈스턴의 대결 장면이 저항자, 혁명가의 시도는 실패로 끝났지만 작품의 주제를 가장 명료하게 보여주는 것 같다.

당의 고문에도 저항하는 윈스턴은 '마지막 인간'이며 '혼자'이며 '역사 밖에' 있으며 존재하지 않는 존재로 낙인찍힌다. 오브라이언은 모진 고문으로 육체가 말할 수조차 없을 정도로 망가지고 초췌해진 윈스턴의 모습을 거울에 비춰보게 하여 인간으로서의 자존심을 망가뜨리고 굴욕감을 느끼게 만든다. 척추가 놀랄 만큼 굽어있으며 깊이 배어든 오래된 때로 인해 온몸이 잿빛이 되었고 25킬로그램이 빠진 윈스턴의 몸은 해골처럼 뼈만 앙상하게 남았다. 육체와 정신이 타락한 윈스턴이 흐느끼며 체념하자 이번에는 몇 달 동안 규칙적인 식사와 담배와 연필이 주어졌으며 드디어 윈스턴은 얻어맞지 않고 심문당하지 않는 것, 먹을거리가 충분한 것, 구석구석 깨끗한 것만으로도 충분히 만족감을 느낀다. 윈스턴은 저항을 그만두었고 당은 그에게 재교육을 시켰다. 그 결과 윈스턴은 연필로 머리 속에 떠오르는 생각을 다음과 같이 적기 시작했다.

"자유는 예속
2 더하기 2는 5
신은 권력" (362)

놀랍지만 세뇌가 완성되었다. 이제 오브라이언이 말한 바대로 신은 권력이며 당은 신이라는 주장이 실현된 것이다. 당이 보기에 아주 특이하고 까다로운 윈스턴에 대한 재교육과 세뇌가 끝났으므로 남은 것은 처형이다. 그럼 3대 디스토피아문학을 비교해보자.

〈3대 디스토피아 문학 비교〉

	〈우리들〉 1921	〈멋진 신세계〉 1932	〈1984〉 1949
시대	29세기	25세기	1984
국가	단일 제국	세계 국가	오세아니아
지도자	은혜로운 분	무스타파 몬드	빅 브라더
주민	번호(숫자+알파벳)	계급 구분: 알파, 베타, 감마, 델타, 엡실론	내부당원(2%) 외부당원(13%) 프롤(85%)
체제저항자 처벌	뇌수술, 처형	유배, 격리	세뇌, 처형
마지막 문장	이성은 반드시 승리하기 때문이다	다리는...천천히 멈추는가 싶더니 다시 흔들리기 시작했다. 남만서쪽으로, 남쪽으로, 남동쪽으로...	그는 빅 브라더를 사랑했다

이 표에서 보듯이 1921년에 출간된 예브게니 자먀찐의 『우리들』의 배경이 되는 시대는 29세기이며, 국가는 단일제국, 지도자는 은혜로운 분, 주민에게는 숫자와 알파벳이 결합된 번호가 부여되며, 체제저항자에게 주어지는 처벌은 뇌수술이거나 처형이다. 마지막 문장은 "이성은 반드시 승리하기 때문이다."이다. 이와 같은 순서로 1932년작 올더스 헉슬리의 『멋진 신세계』는 25세기 배경, 세계 국가(World State), 무스타파 몬드라는 지도자. 알파, 베타, 감마, 델타, 엡실론으로 계급이 구

분되어 있는 주민, 체제저항자는 유배 또는 격리가 되며, 마지막 문장은 "남남서쪽으로, 남쪽으로, 남동쪽으로....."이다. 이 문장으로는 이해가 잘되지 않을텐데 바로 앞 문장이 "〔존의 다리는〕...마치 서두르지 않는 두 개의 나침반 바늘처럼 다리는 오른쪽으로 향했다가 그리고 다시 북쪽으로...천천히 멈추는가 싶더니 다시 흔들거리기 시작했다."이다. 어떤 내용인지 짐작이 간다. 다음은 1949년작 조지 오웰의 『1984』인데, 제목이 왜 『1984』인가하면 작가가 1948년에 집필하면서 먼 가상의 미래를 어느 시점으로 정할까하다가 1948년의 48을 거꾸로 한 1984로 정했다는 이야기가 있다. 가상의 미래치고는 좀 가까운 편이다. 작품은 집필할 때와 출간할 때, 또는 익명으로 발표할 때와 본명으로 발표할 때, 혹은 자국에서 발표할 때와 외국에서 먼저 출간될 때가 다른 경우가 자주 있으니 정확한 연도를 아는 것 보다는 그 시기의 특징을 기억하는 것이 더 중요하다고 생각한다. 『1984』의 시대는 1984년이며 오세아니아를 배경으로 하고 있고 빅 브라더가 통치하며 2%의 내부당원, 13%의 외부당원, 85%의 프롤로 구성되어 있는 사회이다. 체제반항자는 101호실에서 세뇌당하고 처형되며 마지막 문장은 "그는 빅 브라더를 사랑했다"이다.

암울한 3대 디스토피아 문학을 정리해보았는데, 문학적으로 보면 비록 실패로 끝났지만 저항하는 한 인간의 정신이 위대하게 보인다. 위 작품들에 등장하는 국민이나 주민 중 그 누구도 의심이나 회의를 품은 자가 없다면, 혹은 실패로 끝날 것을 감지하더라도 저항의 몸짓을 하는 이가 한 명도 없다면 그것이야말로 인간 정신의 디스토피아일 것이다.

조지 오웰의 『1984』가 서구 사회에 끼친 영향은 엄청나서 출간 이후부터 지금까지 영화로, 연극으로 공연되고 있으며, 백남준의 비디오 아트 <굿모닝 미스터 오웰>도 제작되었다. 어떤 조사에 의하면 사람들이

백남준의 비디오아트 굿모닝 미스터 오웰 2014 〈https://image.news1.kr/system/photos/2014/7/29/955195/article.jpg/dims/optimize〉

직접 읽지는 않았지만 읽은 척하는 책 1위가 『1984』라는 재미있는 조사 결과를 본 적이 있는데, 아마 빅 브라더가 일반명사처럼 사용되고 누구든지 쉽게 말하고 그 의미를 다들 이해한다는 가정하에서 『1984』를 읽은 척한다는 뜻일 것이다.

이 세 작품을 비교하면서 헉슬리는 본인이 한 때 의사가 되기를 원했고 조부와 형이 유명한 생리학자였으므로 특별히 생리학에 기초를 둔 인간의 유전자 변경과 배양실험과 같은 분야에 관심을 가졌고 그와 관련된 첨단 과학기술이 가져다줄 디스토피아 세계의 위험을 이야기했다면, 오웰은 제국주의의 위험을 직접 경험했으며 2차 세계대전을 겪으며 전체주의의 암울한 미래를 이데올로기적인 관점에서 묘사했다는 차이점이 드러난다.

다음 작품으로 넘어가 보자. 『1984』보다 앞선 1945년에 출간된 『동물농장』은 '사회주의 혁명의 메타포'라는 이름이 따라다니는 작품이다. 오웰이 『1984』에서 오세아니아를 사회주의 혁명을 거친 러시아를 직접 빗대어 묘사를 한 것이 아니라 공산주의를 비롯한 전반적인 전체주의 체제를 비판했다면, 『동물농장』은 직접적으로 러시아에서 일어난 혁명과 그로 인해 설립된 소비에트 연방의 정치체제를 비유와 비판의 대상으로 삼고 있다. 즉 작품의 주요 메시지는 '혁명적 이상은 권력 욕구와 결탁될 때 부패한다'는 것이다.

앞서 1차 세계대전에 대해서는 비교적 상세하게 설명했지만 2차 세계대전에 대해서는 대략적으로 소련이 연합국과 함께 나치 독일을 대항해서 승리를 거두었다는 사실을 알고 있다. 반나치즘 정서가 워낙 강했기 때문에 연합국의 일원인 소련내에서의 정권의 실상에 대해서는 영국인들도 자세하게 알지 못했다. 그러나 버마에서 제국주의와 식민지 국가의 실체를 직접 체험한 오웰은 소련의 스탈린주의의 위험을 예측한 것이다.

1차 세계대전 중 1917년 노동자 혁명이 로마노프왕가를 무너뜨리고 노동자가 중심인 사회주의 정권을 표방했으나 스탈린의 등장으로 그 본질은 변질되어 초기의 혁명정신이 사라지고 전체주의적인 상황으로 전개되어 갔다. 앞에서 다룬 『1984』의 일당독재, 당원, 빅브라더의 감시와 사상경찰, 고문, 세뇌, 처형 등은 이러한 소련의 상황을 염두에 두고 집필한 것이라는 점을 알 수 있다. 그렇다면 『동물농장』은 그보다 훨씬 단순하게 직접적으로 사회주의 혁명이 전체주의로 변질되어 가는 점을 알레고리로 묘사했다고 볼 수 있다. 왜냐하면 1945년이란 시점은 소련이 연합국편을 들어 스탈린은 독일의 나치즘을 방어하는 영웅으로 찬양받던 시기였으므로 노골적으로 스탈린주의를 비판할 수 없는 상황이었다. 그런 경우에 우화나 알레고리가 등장하는 것이다.

사실 이 작품을 출간하려고 했을 때 미국과 영국 양쪽으로부터 높게 평가를 받고 있던 독재자 스탈린의 심기를 건드리지 않는 것이 안전하다고 생각한 출판사들은 『동물농장』의 출판을 거절했다. 또한 어떤 출판사가 이 작품을 출판하려고 하자 영국 정부청으로부터 출판하지마라는 자문을 듣고 중지했다. 영국과 미국 12곳의 출판사에서 거절당한 후 자비로 출간하려는 때에 마침 '세커 앤 워버' 출판사에서 『동물농장』을 출판을 결정했다. 이러한 일종의 검열에 막혔던 소설이 발표되자 반응은 폭발적이었고 오웰의 명성은 급부상하기 시작했다. 그 여세를 몰아

『1984』를 집필하기까지 진행된 것이다.

오웰은 반제국주의자이며 반전체주의자인 것과 동시에 민주적 사회주의자이다. 그가 말하는 사회주의는 파시즘의 반대 개념으로 제국주의와 결탁한 부르조아계급은 파시즘과 결합되어 있어서 강력한 대중정치의 힘을 상실했다고 오웰은 생각했다. 그는 노동계급만이 전체주의에 끝까지 저항할 수 있는 유일한 계급이라고 믿었다. 이러한 신념은 지금 보기에는 나이브한 면이 있고 윌리엄 모리스의 생각과 유사하다는 느낌도 받는다. 공상적, 원초적 공산주의, 사회주의... 오웰의 이러한 신념은 『1984』의 윈스턴이 프롤만이 빅 브라더에 대항할수 있는 유일한 집단이라고 믿는 생각에 반영되어 있다. 그러나 마르크스주의에 입각한 사회주의 혁명과 국가 건설을 소망했던 오웰이 보기에 소련에서의 스탈린주의로의 변모는 그를 낙담하게 만들었다. 사회주의의 이상에 대한 꿈이 절망으로 바뀌어지는 것이다. 그렇다면 완벽한 사회주의 국가를 모델로 한 유토피아 사회를 다룬 작품을 쓸 수도 있었겠지만 오웰은 전체주의 국가로의 몰락과 현실비판을 목표로 한 작품을 쓰기로 한 것이다.

동물농장 초판 1945 〈위키피디아 Public domain〉

전체주의 사회에 대한 알레고리로 볼 수 있는 『동물농장』의 줄거리는 비교적 단순하다. 오웰은 자신의 신념을 표현하는 작품을 쓰겠다고 밝혔으니까. 알레고리(Allegory)는 '달리 말하다'라는 뜻을 가진 그리스어 알레고리아(Allegoria)에서 기원한 용어로 은유적으로 의미를 표현하는 문학 양식인데, 예를 들면 추상적인 개념을 의인화하거나 동물로 표현하는 방법이다. 『동물농장』은 전체주의사회의 알레고리이며 C. S. 루이스의 <나니아 연대기>의 사자는 예수 그리스도, 또는 사자 아슬란의 죽음과 부활 역시 예수의 죽음과 부활에 대한 알레고리로 볼 수 있다.

알레고리라고 이야기했으니 등장인물들 역시 알레고리이다. 농장주인 존스는 러시아의 마지막 황제 니콜라이 2세, 메이저는 마르크스, 나폴레옹은 스탈린, 스노우볼과 측근들은 트로츠키와 혁명가들, 스퀼러는 프라우다, 9마리 개들은 스탈린 시대의 비밀경찰을 상징한다. 또한 그 외의 동물들은 각각 중산층이나 지식인들을 의미하고 스탈린을 광적으로 추종했던 우매한 민중이나 그 필요에 의해 이용당하다 배제되는 민중을 대변한다. 여기에서 메이저는 일반적으로는 동물농장에 혁명의 씨앗을 뿌린 마르크스를 의미한다고 말하지만 사실 러시아 혁명의 지도자인 레닌을 의미하기도 한다는 주장도 있다. 독자가 관심을 가지는 집단은 나폴레옹과 스노우볼, 스퀼러와 같은 돼지들이다. 이들이 바로 혁명의 주체세력이며 농장주를 쫓아내고 새로운 동물들의 농장을 건설하는 집단이다. 결국에는 또 다른 권력자로 타락하지만 혁명 초기에 그들은 폭력과 매질로 상징되는 농장주 존스의 폭정을 종식시키고 모두의 발언권이 보장되는 일요 회의와 7계명을 이용하여 그들만의 사회주의 국가 모델인 동물농장을 계획했다. 그들의 7계명을 보자.

> 두 발로 걷는 자는 모두 적이다.
> 네 발로 걷거나 날개가 있는 자는 모두 친구다.
> 어떤 동물도 옷을 입어서는 안 된다.
> 어떤 동물도 침대에서 잠을 자서는 안 된다.
> 어떤 동물도 술을 마시면 안 된다.

> 어떤 동물도 다른 동물들을 죽여서는 안 된다.
> 모든 동물은 평등하다. (33~4)

아주 이상적인 유토피아 사회처럼 보이는데, 이런 계명을 자랑스럽게 여긴 동물들은 이 내용을 암기하며 폭정을 일삼던 농장주 존스가 거둔 수확보다 더 많은 수확을 올리기 위해 그래서 명예를 지키기 위해 목초지로 간다. 또한 글을 알지 못하는 동물들을 위해 7계명의 내용을 요약하여 7계명 위쪽에 큰 글씨로 "네 발은 좋고 두 발은 나쁘다" (44)라는 새 격언을 써서 붙였다. 글을 깨치는데 어려움을 겪던 동물들은 이 새 격언이 마음에 들어서 이것을 외웠다.

상대적으로 영특한 돼지들은 점차 우매한 다른 동물들을 이용하여 권력자로 자리잡게 된다. 그러나 처음에는 그들도 절대적인 지배계급이 아니고 전제군주격인 농장주에 대항하여 그를 쓰러뜨리고 이상적인 사회주의 체제를 이룩할 계획이었다. 나폴레옹을 비롯한 무리들의 이러한 변화가 가장 관심을 가지고 봐야할 대목이다. 혁명의 이상이 사라진 후 혁명 세력이 절대적인 권력을 가지게 될 때 그 권력이 어떻게 변질되어 가는지를 분명하게 보여준다.

처음에는 나폴레옹의 위시한 돼지들은 7계명을 정하고 농장의 효율적인 운영 방안을 모색하여 스스로 실천해 나갔다. 특히 스노우볼의 아이디어로 농장을 되찾으려는 농장주 존스의 침입에 맞서 승리했다. 그 승리 이후 동물들이 스노우볼을 지도자로 따르게 되자 나폴레옹은 자신의 대척점에 있는 스노우볼을 축출하고 제거한다. 그리고는 절대 권력을 장악하게 된다. 나폴레옹이라는 이름이 의미하는 바대로이다. 스스로 황제가 되기로 원했던 인물이니까. 이제 절대 권력을 쥐게 된 나폴레옹은 그의 결정이 절대적인 것이 되었으며 '7계명' 중 일곱 번째 계명인 '모든 동물은 평등하다'는 가치는 사라지게 된다. 권력자 나폴레옹과 그를 추종하는 무리들은 나머지 계명도 무시하고 권력을 누리게 되고, 돼지들에 비해 덜 똑똑한 다른 동물들은 수동적으로 그들의 결정을 따르게 된다. 여기에서 권력자들이 우매한 동물들을 이끄는 방법은 이들의 농장이 영국에서 유일한 인간이 아닌 동물들의 농장이라는 자부심을 심어주고, 계명과 달리 극심한 노동에 시달리면서도 이 노동의 결과가 모두에게 이상적인 사회로 나아가는 단계라는 생각을 심어주었기 때문이다. 순종적이고 수동적인 피지배계급의 신뢰를 얻은 지배계급인 돼지들은 이제 차례차례로 7계명을 수정한다.

어느 날 네 번째 계명인 "어떤 동물도 침대에서 잠을 자서는 안 된다"는 계명은 "어떤 동물도 '시트가 깔린' 침대에서 자면 안 된다"로 바뀌어 있었다. 이에 대해 다른 동물들이 이상하게 여기자 이 집단의 브레인격인 스퀼러는 궤변을 늘어놓으며 당위성을 주장했다. 이것을 시작으로 하여 점차적으로 7계명의 조항이 하나씩 하나씩 돼지들에게는 예외가 되었고 그들은 특권층으로 군림하게 된다. 처형 사건 이후 "어떤 동물도 다른 동물들을 죽여서는 안 된다"는 여섯 번째 계명에 '이유 없이'란 단어가 추가되어 있었다. 이런 방식을 통해 공포심과 처벌, 시인 미니무스가 지은 노랫말과 같은 선전선동의 책략이 성공을 거두게 된 것이다.

> "동물농장이여, 동물농장이여,
> 나를 따르면 해를 입지 않으리!" (99)

이제 동물들은 일요일 아침마다 깃발을 게양한 뒤 예전에 부르던 혁명가 <영국의 짐승들이여> 대신에 새로운 노래를 부른다.

'7계명'의 수정에서 보듯이 지도부는 자신들의 필요에 따라 법을 수정하고 법치를 따르고 있다는 주장을 농장 주민들에게 알려준다. 따라서 이러한 법치는 부패한 권력에 정당성을 부여하는 도구로 전락하고 이제는 지도부 동물들은 인간과 구분이 되지 않는 상태에 이르게 된다. 그들이 타도하고자 했던 인간들의 권력과 독재의 유혹에 굴복한 것이다.

이 작품은 명백하게 소련의 스탈린 정부를 풍자하는 내용이긴 하지만 작가는 "본능적으로 권력에 굶주린 인간들이 이끄는 혁명은 주인만 바꾸는 것으로 끝날 뿐 본질적인 사회 변화를 가져오지는 못하고 대중이 깨어있으면서 지도자를 감시 비판하고 축출하는 방법을 알 수 있을 때에만 혁명이 근본적인 진보에 영향을 준다"는 점을 이 작품에서 말하고 있다.

스노우볼은 왜 메이저에 의해 축출되었는가? 스노우볼은 레프 트로츠키를 비유하는데, 트로츠키(1879~1940)는 볼셰비키 혁명가이며 마르크스주의 이론가이다. 1917년 10월 혁명에서 레닌과 함께 소비에트 연방을 건설했으나 레닌의 사후 스탈린과의 권력투쟁에서 밀려나 소련에서 쫓겨나 망명길에 올랐고 결국 멕시코에서 스탈린이 보낸 암살범에 의해 살해되었다. 그의 사상은 트로츠키주의라고 불려지며 지금도 연구되고 있는데, 역사에 있어서 만약이란 가정은 없지만 만일 소련에서 스탈린이 아니라 트로츠키가 권력을 쟁취했더라면 그의 '세계혁명이론'이 전 세계에 더 큰 영향을 끼쳤을 것이라고 생각한다. 스탈린의 대척점에 있다가 그에 의해 축출되고 암살된 트로츠키의 상황을 오웰은 『동물농장』에서 메이저와 스노우볼의 관계로 그려내고 있다.

마지막으로 작품 내에서 아주 유명한 메이저의 연설을 보자. 메이저와 스탈린을 같은 인물이라고 생각하고 그의 연설을 읽으면 소련에서 발생한 혁명의 기운을 잘 느낄 수 있을 것이다. 메이저의 연설은 꽤 긴데, 중요한 부분만 발췌하도록 하겠다.

> "자, 동무 여러분, 이것으로 우리 삶의 모든 불행은 바로 인간들이 부리는 횡포 때문이라는 게 너무도 명백해지지 않았소? 인간들만 몰아내면 우리가 힘써 일한 대가가 고스란히 우리 것이 될 수 있단 말이오....인간은 본래 자신 말고는 절대로 다른 동물과 함께 이익을 꾀하는 법이 없소. 그러니 우리 동물들은 투쟁을 하는 동안 완벽하게 단결하고 동지애를 철저히 발휘해야 할 것이오. 인간들은 모두 우리의 적이고 동물들은 모두 우리의 동지라는 사실을 명심하시오...."(16~7)

메이저가 말하는 동무를 노동자 계층으로, 인간을 부르조아 지배층으로 치환하면 내용이 자연스러운 것 같다. 이 연설은 마르크스, 엥겔스의 『공산당 선언』에서 밝힌 이상에 대한 패러디라고 볼 수 있다. 마르크스, 엥겔스의 『공산당 선언』은 유토피아 문학에서 19세기 중반 이후에는 아주 중요한 자리를 차지한 역사적 선언서인데, 마르크스의 "전 세계의 노동자여, 단결하라!"는 주장은 메이저의 "인간들은 모두 우리의 적이고 동물들은 모두 우리 동지다"라는 메이저의 연설에서 공명이 되고 있는 것 같다.

앞에서 3대 디스토피아 소설의 마지막 문장을 살펴보았는데, 『동물농장』에서 한 문장을 꼽으라면 이 문장이 눈에 띈다. 동물농장의 7계명이 돼지들의 편의에 따라 수정이 되고 있었는데, 네 번째 계명인 "어떤 동물도 침대에서 잠을 자서는 안 된다."는 "어떤 동물도 시트가 깔린 침대에서 잠을 자서는 안 된다."로 수정했으며 여섯 번째 계명인 "어떤 동물도 다른 동물들을 죽여서는 안 된다."는 "어떤 동물도 이유 없이 다른 동물들을 죽여서는 안 된다."로 수정했다. 수정안 중에서 백미는 일곱 번째 계명인 "모든 동물은 평등하다."를 "모든 동물은 평등하다. 그러나 어떤 동물은 다른 동물보다 더 평등하다."로 수정한 부분이다. 이 수정안이 조지 오웰이 말하고자 하는 부패한 절대 권력을 신랄하게 고발하는 메시지인 것이다.

이제 『1984』의 영향을 많이 받은 비교적 최근의 작품을 한 편을 보자. 『1984』뿐만 아니라 『우리들』과 『멋진 신세계』에서도 국가가 개인에게 가하는 일방적인 권력의 행사를 보았다. 이런 맥락에서 영국의 디스토피아 문학 전통에 속하는 1962년 작 『시계태엽 오렌지』를 살펴볼 텐데, 사실 지금까지 다룬 작품 가운데서 가장 어려운 작품이기도 하고, 원작보다 영화가 더 유명한 작품이기도 하다.

11

1960년대 이후 디스토피아 문학 『시계태엽 오렌지』, 『소피의 선택』

1960년대는 기존의 가치관을 부정하고 새로운 세대와 새로운 가치관이 급부상하던 시대였다. 히피족으로 대변되는 인간의 본능적인 욕망의 발로를 억압하는 기존 체제에 항거하고 삶의 양식이나 사고방식, 권위에 대한 생각, 성에 대한 가치가 새롭게 정립되는 혼돈의 세대라고 볼 수 있다. 사실 역사의 어느 한 장이라도 새롭거나 혼돈의 시대가 아닌 적은 없었지만, 색깔이 다르다고 할까, 주제가 다르다고 할까, 변화의 속성이 다르다고 할까, 이 작품을 기점으로 마르크스, 엥겔스의 <공산당 선언>이 전 세계에 미친 영향에서 어느 정도 벗어나는 작품들을 다룰 것이다. 자먀찐, 헉슬리, 오웰의 작품은 제국주의, 전체주의, 사회주의 등 이데올로기를 주장하는, 작가의 메시지를 전달하는 성격이 강한 작품들이었지만 이제는 현대 소설, Modernism, Postmodernism이 등장하는 시대로 들어섰다. 그만큼 복잡하고 의미의 층위가 다양해진다.

앤소니 버지스 <출처: Amazon.com>

『시계태엽 오렌지』(*A Clockwork Orange*, 1962)의 작가 앤소니 버지스(Anthony Burgess)는 1917년 영국 맨체스터에서 출생하여 1993년에 사망한 작가이다. 그의 이력에 특이한 점은 아버지가 은행원이자 아마추어 피아니스트여서 그 영향을 받아서인지 영문학을 전공했지만 작곡도 배우고 말년에는 교향곡과 오페라, 재즈 음악도 작곡한 재능을 가진 작가이다. 재미있는 점은 40대에 뇌종양 판정을 받고 자신의 사후, 혼자 남을 부인을 위해 열심히 창작에 매진하였지만 결국 의사의 진단이 오진으로 밝혀졌고, 그 이후 오랫동안 다방면에 걸쳐 활발한 활동을 했었다. 그는 소설 32권을 포함하여 희곡과 시, 에세이 등 다작을 남겼으나 대중들에게는『시계태엽 오렌지』의 작가로 알려져 있다.

그런데 이 작품에서 가장 문제가 되는 점은 바로 소설의 제목이다. 『유토피아』에서부터 최근까지『멋진 신세계』나『1984』에 이르기까지 약간의 설명만으로도 제목을 이해할 수 있고 그 제목이 주는 의미, 작품의 주제와도 관련되어 있다는 점을 알 수 있었다. 그런데『시계태엽 오렌지』는 다른 번역가에 의하면 '시계태엽장치 오렌지'라고도 번역되어 있지만 시계태엽과 오렌지가 어떻게 연결되지라는 의문이 드는 게 당연할 것이다. 제목에 대한 설명도 여러 가지가 있지만 작가가 1986년에 발행한『시계태엽 오렌지』의 서문인「시계태엽 오렌지 다시 빨기」("A Clockwork Orange Resucked")에서 직접 설명한 내용이 가장 잘 이해가 된다.

> "자유의지를 부여받은...인간이 선만을 행하거나 악을 행하기만 한다면, 그 땐 인간은 시계태엽 오렌지라...그(인간)는 사실...신 혹은 악마 혹은 전능한 정부에 의해 구속받는 시계 장난감에 불과하다."

말하자면 시계태엽 오렌지는 표면은 사람이지만 내부적으로는 비인간적인 기계 인간을 말한다. 또한 작가는 이 서문에서 소설의 내용에 대해 "시계태엽 오렌지만큼 기이"하다고 표현하고 있는데, 그 뜻은 자연을 정복시킬 만큼의 극도의 기이함과 광적임을 의미하는 것이고 유기론과 기계론을 강제로 결합시킨 것, 즉 성장하며, 달콤하고 수분 많은 생명체를 차갑고 죽은 인공물과 결합시키는 것처럼 악몽의 개념과 같은 것이라고 말한다. 부조리 연극의 한 대사 같기도 하지만 오렌지라는 생명체와 시계태엽이라는 기계의 부자연스러운 결합이란 점은 이해가 된다. 그 결합이 보여주는 현대의 부조리함, 광기, 비인간화 등의 키워드로 이해하면 될 것이다.

줄거리는 가까운 미래의 디스토피아적인 영국 사회의 모습을 그리고 있는데, 주인공 알렉스는 15세의 청소년으로 친구들과 함께 자주 '밀크바'(Milk Bar)에 모여서 자극제가 들어 있는 우유를 마시며 강도나 강간, 살인, 폭력 등을 모의하고 실행에 옮긴다. 그러나 친구들에게도 군림하며 폭력을 일삼는 알렉스는 친구들이 파놓은 함정에 걸려 경찰에 잡혀 교도소에 감금된다. 복역 중 6655321번으로 불리는 알렉스는 2주일 후 출소를 보장해주는 한 실험에 참가하게 되는데, 이른바 루도비코(Ludovico) 실험으로 아직 결과가 나오지 않은 진행 중인 실험으로 감옥의 죄수를 상대로 하는 폭력성 제거 실험이다. 루도비코 박사가 이끄는 이 실험은 안전한 사회를 추구하는 국가에 의해 기획된 것이다. 알렉스는 실험을 위해 매 식사 후 정체 모를 주사를 맞고 그 주사의 효과를 실험하기 위해 온 몸에 전선줄을 감은 채 특별한 영화관에서 극도의 폭력을 수반한 영화를 강제로 보게 된다. 영화의 내용이나 알렉스의 말은 인용하기가 부담스러운데 워낙 잔인한 폭력 장면 묘사에다가 알렉스의 말은 욕이 반 정도 된다.

이 지점에서 앞에서 다룬 작품들과의 공통점이 생각난다. 『우리들』에서 사회의 안정을 해치는 혁명가 D-503에게 뇌수술을 시켜 다시 단일 국가의 정상적인 주민으로 돌아가게 한 것이나, 『멋진 신세계』에서 주민들에게 소마라는 알약을 주어 무기력하게, 현실을 받아들이도록 한 것, 『1984』에서 당에 저항하는 윈스턴을 고문과 회유, 세뇌를 통해 재교육, 개조하는 것과 유사한 지점이다. 세 경우 모두 기존 질서의 안정을 추구하기 위해, 또한 사회의 안정에 위협이 되는 요소를 제거하기 위해 국가가 개입했던 것이다. 루도비코 실험도 마찬가지이다.

이 실험의 성공적인 결과를 보여주기 위해 루도비코 박사는 정치선전에 불과한 거짓말을 한다. 알렉스가 2년 동안의 수감 생활 동안 전혀 개선되지 않았지만 정부 관계자들에게 투약이나 최면을 당하지 않은 알렉스는 이제 사악하지도 않고 폭력적이지도 않은 정상적인 사람으로 변화시켰다고 박사는 자랑을 합니다.

> "우리 임상 대상은, 여러분도 보다시피, 강제적으로 착한 일을 하게끔 되었습니다. 역설적이게도 나쁜 일을 하도록 강요당해서 말입니다. 폭력적으로 행동하려는 의도에 동반해서 육체적 괴로움을 강하게 느끼게 됩니다. 이 고통을 물리치기 위해서 임상 대상은 극적으로 정반대되는 태도를 취하게 되는 것입니다." (150)

박사는 동기라든가 고차원적인 윤리에는 관심이 없으며 범죄를 줄이는 것에만 관심이 있는 전체주의 정부의 충실한 하수인 역할을 하고 있다. 윤리의 문제를 사소한 문제로 치부하는 박사와 정부는 이 임상실험을 통해 정부의 권력과 권위에 무조건 복종하는 주민으로 개조하는 것에만 의미를 부여하고 있다.

그런데 이전의 세 작품들의 주인공은 대의명분이랄까 영웅적인 면모를 가진 주인공들이었다. 그들이 살고 있는 사회에 대해 의심을 가지고 체제를 전복하고, 혹은 인간다움을 찾고 지키기 위한 숭고한 목적을 가진 영웅적인 인물이었다면 1962년에 그려진 근미래의 디스토피아 사회의 주인공은 사회질서를 해치는 그야말로 악당인 점이 차이가 난다. 영웅은 사라진 것이다. 악행이 마치 DNA처럼 체화되어 있는, 이유를 알 수 없는 폭력성을 가진 알렉스를 대상으로 하는 실험은 성공하여 그에게서 일체의 폭력성이 사라졌다. 폭력적인 본성과 성적인 욕망이 나타나려는 순간마다 그에게는 극심한 통증이 나타나 무기력해진다. 알렉스는 이제 조건반사에 길들여진 실험실의 쥐나 파블로프의 개처럼 외부의 자극에 반응하는 기계가 된 것이다. 시계태엽처럼 외부의 힘이 태엽을 감아주는대로 움직이는 기계라고 읽으면 될 것 같다.

그렇다면 이 작품에서 생각해 볼 문제는 미래의 디스토피아 사회에는 수많은 알렉스가 존재할지도 모른다는 점이다. 더 심한 폭력과 범죄가 넘쳐날 위험성도 있는데 그런 경우 이처럼 국가가 개입하여 사람을 기계처럼 개조하는 것이 정당성을 부여받을 수 있을까? 『멋진 신세계』에서 야만인 존이 "선과 죄악을 원한다"고 외쳤다. 즉 인간의 자유의지를 말하는 것인데, 버지스가 말하려고 하는 주제도 인간은 선만을 행하는 것도, 악만을 행하는 것도 아니라는 것이다. 그러니 인간개조의 의도

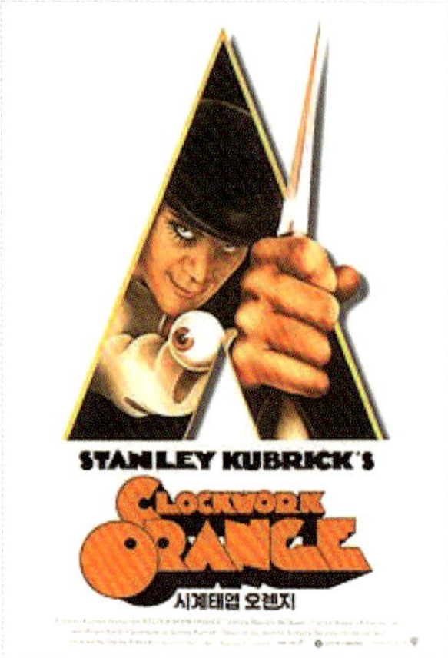

스탠리 큐브릭 감독의 시계태엽 오렌지 영화 포스터 〈위키피디아 fair use〉

자체가 새로운 전체주의적인 사고이며 이것이 디스토피아 사회인 것이다.

이 소설을 토대로 스탠리 큐브릭이 1971년에 만든 동명의 영화 <시계태엽 오렌지>(*A Clockwork Orange*)는 작품에 나타나는 폭력성으로 인해 상영이 27년간 금지되었으며 2005년이 되어서야 무삭제판 영화가 상영되었다. 큐브릭에 대해서는 호불호가 엇갈리는 것 같다. 그의 영화를 너무나 좋아하는 사람과 부담스러워하는 사람도 있는데, 이 영화의 경우에도 소설을 읽으며 상상하는 폭력의 장면이나 루도비코 실험은 영화 장면에서는 훨씬 더 생생하게 묘사되고 있다. 감독 특유의 미장센과 음악이 영화 속 세계를 비현실적으로 보이게 하는 것 같다.

원작 소설과의 차이가 약 10년 정도 차이가 있는데 이 시기 동안 전 세계는 68혁명이라는 큰 사건을 겪는다. 프랑스에서 시작되어 전 세계 젊은이들로 퍼져나간 혁명은 그 이전까지 역사의 주체가 되지 못했던 젊은 청년들이 역사상 처음으로 목소리를 낸 사건이자 현상이라고 생각한다.

기숙사의 남녀 연애 사건에서 촉발되어 프랑스 전체로, 미국과 유럽, 남미 심지어 일본으로까지 확산된 이 운동의 모토는 "금지하는 것을 금지한다"로 자본주의 국가 내에서의 일종의 신좌파운동으로 볼 수 있다. 이 혁명에 가담한 이들은 평등과 성해방, 인권, 생태주의, 공동체주의를 주장했고 기저에 깔인 큰 타도 대상은 미국의 베트남 전쟁 개입이다. 이

때에도 마르크주의를 그들의 주장의 근거로 삼았고 이 때부터 적어도 서구 사회의 지식인들은(슬라보예 지젝, 루이 알튀세르, 노엄 촘스키 등을 포함한) 신마르크스주의, 신좌파로서 굳건한 지위와 카르텔을 형성하여 지금까지도 이어져 오고 있는 하나의 지적 계보라고 볼 수 있다.

물론 68혁명에 대해서는 사회학적인, 정치학적인 접근 방법과 평가는 다양하겠지만 스탠리 큐브릭의 영화에서는 원작보다도 이러한 사회적 배경이 포함되어 있는 연출이라는 점을 말하려는 것이다. 영화 속의 알렉스라는 캐릭터는 후일 <조커>(*Joker*)라는 영화 속 인물 조커를 만들어내는데 일종의 모델이 되었다는 견해도 있다.

『시계태엽 오렌지』에 대해서는 여러 가지 해석하거나 비평해야 할 부분이 많이 있는데, 알렉스라는 인물, 악당의 전형이라고 볼 수 있는 15세의 청소년의 범죄 행각의 원인도 우리는 알 수 없다. 무목적성의 폭력이라고 해야 할까? 부조리와 '이유 없음' 이러한 양상이 현대 소설의 특징을 말해주고 있다. 모든 것이 명확하게 해석되지 않는다는 점이다. 물론 이성에 의해 훈련받은 독자는 우리가 살고 있는 세계에서 일어나는 일을 해석하려 하고 소설 속의 인물들의 행위에 대해서도 이해하려고 한다. 그러나 설명되고 이해되지 않는 점이 현대를 특징짓는 키워드라고도 말할 수 있다. 따라서 현대 철학이 등장하게 된다. 프로이트, 라캉, 들뢰즈, 데리다 등, 이들의 이론으로 현대 사회와 현대 작품을 분석하는 것도 인문학 공부에서 큰 지적 즐거움이 될 수 있다.

이 작품이 현대소설이라고 말했는데, 이미 앞서 소설의 발달을 언급할 때 20세기 초 제임스 조이스와 버지니아 울프, 윌리엄 포크너와 같은 작가들의 '의식의 흐름'을 다룬 소설의 출현 이후 소설의 변신은 근본적이었다고 이야기한 바 있다. 종래의 전통적인 소설과는 확연하게 다른 새로운 소설의 탄생이었다. 제임스 조이스를 언급한 이유는 안소니 버지스가 조이스의 전통을 이어받았다는 점 때문이다. 실제로 버지스는 조이스의 작품을 편집하기도 했다. 언어의 유희라고 할까? 언어의 왜곡이라고 할까? 아주 실험적인 언어를 구사한 것은 조이스의 영향이라고 볼 수 있다. 이런 경우에 번역하기가 아주 어려운데, 그 의미를 제대로 전달하기가 쉽지 않다. 버지스는 소설에서 러시아어의 영향을 받은 영국 은어인 '내드샛'(Nadsat)을 사용했는데, 알렉스와 친구들이 사용하는 말투이다. 번역에는 단어 끝에 접미어 '~스키'를 붙여서 러시아어 느낌이 나도록 했다. 러시아어의 접미사를 붙인 이유는 아마 이 소설의 배경이 되는 디스토피아 사회가 근미래라고 되어 있지만 사실은 1960년대의 영국 사회를 암시하고 있고 전체주의 사회라는 점을 강조하기 위해 그 당시 소련의 언어를 차용한 것이 아닐까?

또한 이 작품에서 음악이 등장하는데 이것은 작가의 개인적인 능력과 취향이 반영되어 있다. 직접 작곡을 할 정도로 실력이 있는 버지스는 알렉스가 베토벤의 음악을 들을 때 고통이 심해지는 조건반사의 실험에 클래식 음악을 접목시킴으로써 문학과 음악의 접점을 시도했다. 단순하게 어떤 인물은 어떤 음악을 좋아한다는 일회적인 언급이 아니라, 하나의 캐릭터처럼 작품의 전개에 음악이 중요한 자리를 차지하고 있다. 베토벤의 음악이 마치 시계태엽과 같은 장치 역할을 하는 것 같다. 이처럼 다양한 분석을 가능하게 하는 흥미로운 작품인데, 주인공인 알렉스의 언어가 아주 폭력적이어서 인용하지 못한 점이 아쉽다.

이제 윌리엄 스타이런의 1979년 소설 『소피의 선택』으로 넘어가자. 지금까지 다룬 작품들에는 디스토피아 소설이라는 이름이 붙어 있지만 이 소설은 디스토피아 소설이라고는 불려지지는 않는다. 그러나 전체주의 정부, 제국주의 횡포, 인간의 의지와 자유를 말살하는 독재 권력 등 디스토피아적인 요소가 명백하게 드러난 것은 아니지만 심리적인 면에서 한 인간의 영혼을 파멸시키는 트라우마를 묘사하고 있다는 점에서 이 작품을 다루려고 한다. 디스토피아는 외부 세계뿐만 아니라 정신의 세계를 말하기도 하니까.

『소피의 선택』(*The Sophie's Choice*, 1973)의 작가인 윌리엄 스타이런(William Styron)은 1925년 미국 버지니아주에서 출생하여 2006년 사망한 미국의 소설가이자 수필가이다. 그의 작품 세계를 구성하는 경험은 부모의 영향과 말년에 겪게 되는 우울증인데, 어머니는 북부인이고 아버지는 전형적인 남부인이 아니라 흑인 문제에 관해서는 진보적인 남부인이었다. 이러한 배경을 가진 부모의 영향을 받아 스타이런은 다양한 시각을 가지게 된 것이다.

미국 남부라는 곳은 흑인 노예에 대한 비인간적인 처우는 인간을 인간으로 대하지 않는 도덕과 윤리의 문제로 볼 수 있다. 스타이런은 미국 남부의 인종 문제와 밀접하게 관련이 있는 작가 지망생, 스타이런의 분신이다. 아우슈비츠의 생존자, 그리고 미국 내에서도 이방인이 되어 버린 유대인, 이 세 명이 뉴욕의 브루클린의 싸구려 하숙집에서 만나도록 작품을 구성하였다. 하나하나가 무거운 주제이지만 현실과 과거(뿌리)가 너무 엉키지 않게, 너무 무겁지 않게 잘 조절되고 있는 것 같다.

다시 스타이런의 일생으로 돌아가면, 작가는 어린 시절 미국 남부에서 성장해서 흑인 노예 문제를 잘 알 수 있는 환경에서 자랐으며 인종 문제의 본질을 꿰뚫고 있다고도 볼 수 있다. 대학 재학 중 참전한 2차 세계대전에서는 해군으로 샌프란시스코항을 출발하려던 차 일본이 항복을 선언해서 전투를 경험하지 못했고, 학업을 계속하던 중 한국전쟁이 발발했을 때도 해군으로 참전했으나 눈에 이상이 생겨 전역하게 되었다. 그러므로 전쟁에 대한 서사는 그다지 직접적이지는 않은 간접적인 경험이다. 그러나 평자들에 의해 미국 남부의 생생한 역사 기록서라고 불릴 정도로 그는 집요하게 실제로 일어났던 사건 하나하나의 자료를 역사학자처럼 꼼꼼하게 모으고 분석하여 소설의 자료로 활용했다. 앞에서도 이야기한 바처럼 과학 소설이나 고딕소설과 같은 장르 소설이 아닌, 서사를 담은 소설은 작가의 경험이 아주 주요한 역할을 하는데, 어떤 경우에는 작가의 글쓰기는 자신이 겪은 트라우마를 치료하는 하나의 치료요법과 같은 역할을 하기도 한다. 물론 이 작품은 주인공 소피가 아우슈비츠 수용소에서 살아남은 이야기이지만, 같은 역사적 경험을 다룬 이야기는 헤아릴 수 없을 정도로 많다. 살아남은 자나 혹은 그곳 가스실에서 희생된 가족의 이야기를 그리고 있는 남겨진 자들에게는 자신들이 겪은 트라우마를 풀어내기 위한 처절한 몸부림이니까. 그런데 그중 이 작품을 선택한 이유는 이 소설이 아우슈비츠의 이야기만 담고 있는 것이 아니란 점이다. 인류가 겪은 가장 잔인한 비극이라고 볼 수 있는 나치즘과 미국 남부의 흑인 노예제를 씨실과 날실로 엮어냈기 때문이다.

작가는 어려서 어머니를 잃고 아버지는 일종의 우울증을 앓았는데 유전적 영향을 스타이런이 받은 것으로 추측된다. 소설에서 화자인 스팅고는 스타이런의 모습을 그대로 재현하고 있다. 미국 남부에서 자랐고 뉴욕으로 올라와서 잡지사에서 편집 일을 하다가 인생 최고의 걸작을 쓰기 위해 직장을 그만두고 창작에 몰입하는 과정까지. 스타이런은 미국 내에서 가장 권위 있는 퓰리처상 수상 작가이기도 하지만 『소피의 선택』이 1979년 출간되었을 때는 엄청난 반향을 일으켰다. 전국적인 베스트셀러가 되기도 했지만 내용의 폭력성이나 선정성으로 인해 고등학교에서는 금서가 되었고, 소련에서는 검열을 받았으며, 남아프리카공화국과 폴란드에서는 판매 금지를 당했다. 폴란드에서는 작품의 내용 중 폴란드의 반유대주의가 너무나 태연하게 묘사되어 있다는 점을 지적받았고, 아직 전 세계적으로 나치에 부역한 전범들에 대한 재판이 세계 곳곳에서 진행 중인데 하필 작가는 비유대인 희생자를 주인공으로 정했으며 성적인 묘사와 비속한 말들이 난무하다는 점이 논란거리가 되었다.

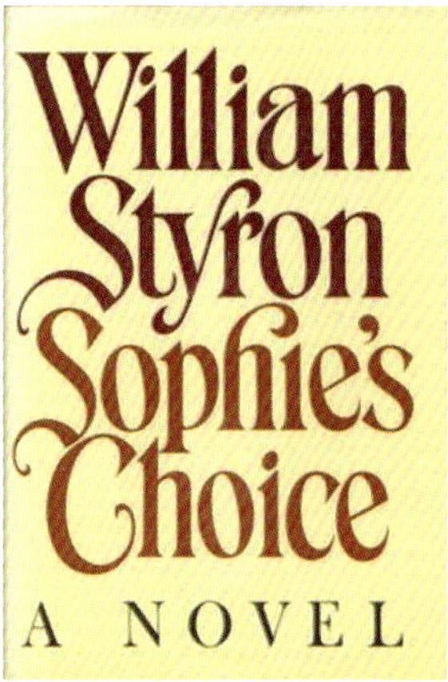

소피의 선택 초판 〈위키피디아 fair use〉

앞에서 다룬 『시계태엽 오렌지』에서처럼 이제는 거친 언어를 가감없이 그대로 작품에 옮기는 시대가 온 것 같다. 이런 논란에도 불구하고 이 소설을 원작으로 1982년 앨런 퍼쿨러 감독의 영화 <소피의 선택>이 상영되었을 때 또 한 번 주목받게 되었다. 아카데미상 5개 부문에 후보가 되었으며 소피역을 맡은 메릴 스트립이 여우주연상을 받기도 했다. 물론 영화에는 원작 소설에서 나타나는 사도-매저키즘적인 폭력성이나 선정성이 많이 완화되어 있다.

앞서 유명한 소설의 첫 문장들을 보았는데, 순위 안에는 들지 못했지만 소설이나 영화의 첫 장면은 주요한 메시지를 담고 있기 때문에 중요하므로 찬찬히 살펴보아야 할 것이다. 이 소설의 첫 부분을 보자.

"당시 맨해튼에서는 값싼 아파트를 구하기가 거의 불가능해서 나는 브루클린으로 거처를 옮겨야 했다. 1947년, 내가 너무나도 생생하게 기억하는 그 해 여름의 기분 좋은 특징들 중 하나는 날씨였는데,...내 젊음이 물이 다 빠져 버린 갯벌같이 느껴졌던 때라 나는 날씨라도 화창한 것이 고마웠다. 스물두 살의 나이로, 작가가 되겠다고 바둥거리던 나는, 황홀하고 맹렬한 불길로 열여덟 살의 나를 다 태워버렸던 그 창작열이 가슴속에서,...이제는 가녀린 작은 불씨 정도만 남은 희미한 표시등이 되어 버린 것을 알고 있었다." (『소피의 선택 I』 11)

첫 문장인데, 주인공이 회고를 하는 방식으로 1인칭 서술이라는 것을 알 수 있다 또한 작가의 분신이라고 할 수 있는 주인공은 멋진 작품, 일생일대의 대작을 쓰고 싶은 열망에 가득 찬 20대의 젊은이라는 점도 알 수 있다. 시대적 배경이 1947년 여름, 2차대전이 끝난 2년 후라는 사실이 소피의 등장과 연결되는 지점이다. 주인공 스팅고는 남부 출신의 작가이면서 뉴욕의 플랫부시, 즉 유대인 밀집지역까지 흘러들어오게 된 방랑자로 자신을 묘사하고 있다. 미국 역사에 있어서 가장 오점을 남기고 있는 흑인 노예제도의 유산을 물려받은 환경에서 성장한 스팅고는 아버지나 그의 조상들이 비교적 흑인 인권에 대해 자각을 한 진보주의자라고 자처하고 있지만 아이러니컬하게도 조부의 집에 있던 흑인 노예를 판 돈이 뒤늦게 발견되어 그 돈으로 스팅고는 다니던 잡지사를 그만두고 창작에만 몰두할 수 있는 생활비를 충당하게 된 것이다. 이 지점에서 화자인 스팅고는 인종 문제의 역사에서 자유롭지 못하게 되고 일말의 죄책감을 지니게 된다. 그렇게 자리잡은 유대인 밀집지역의 하숙집에서 스팅고는 위층에 살고 있는 네이선과 소피를 만나게 된다. 하숙집에 살고 있는 여러 명의 주민 가운데 유독 그의 관심을 끄는 두 인물과 점차적으로 친해지면서 그들이 겪은 과거의 상처와 현재의 관계에 대해 알게 된다.

소피는 폴란드 출신으로 대학교수였던 소피의 아버지는 반유대주의자였으며 유대주의를 반대하는 팜플렛을 만들었고 소피는 그것을 배포하는 일을 도왔다. 그러나 아버지와 아버지를 추종하던 대학교수인 소피의 남편도 나치에 의해 죽게 된다. 소피의 아버지는 오랫동안 유대인들의 인종적 열등함에 대해 논하며 유대인들을 모두 어느 한 지역으로 몰아내야 한다고 주장했다. 완벽한 독일어로 유대인을 증오하던 아버지가 독일인의 손에 죽게 되는 것도 역사적인 아이러니라고 볼 수 있다. 그리고 소피 또한 어린 딸과 아들과 함께 아우슈비츠 수용소로 보내지는데, 거기에서 독일 장교의 눈에 띄게 된다. 두 아이 중 한 명을 가스실로 보내고 한 아이는 남겨 둘테니 선택을 하라는 강요를 받게 된다. 그 결정을 내리지 않으면 아이 두 명을 다 가스실로 보내겠다는 것이다. 바로 이 부분이 소피의 선택이다. 원서의 제목이 Sophie's Choice가 아니라 The Sophie's Choice인 점을 생각해보았는데, 영어에 정관사 the를 사용하는 경우는 유일무이한 경우를 말하는 것이다. The Sophie's Choice는 이 세상 그 누구도 경험해보지 못한 선택이고 인간으로서, 아니 엄마로서 두 아이 중 한 아이를 자기 손으로 죽여야 하는 선택이란 점을 작가가 강조하는 것으로 생각된다. 영화 감독은 원작 소설에서 전체 내용은 다 다룰수 없기 때문에 일부는 취사선택을 하게 되는데 아마도 영화 <소피의 선택> 감독은 이 부분, 즉 아우슈비츠에서의 소피의 선택과 그 이후 수용소에서 살아남기 위한 인간의 최후의 자존심마저 버리고 굴종하는 소피의 모습에 포커스를 맞춘 것으로 여겨진다.

아이를 한 명만 선택하라는 강요에 소피는 저절로 몸이 약한 딸을 품으로 끌어안자 장교는 잔인하게도 어린 딸을 가스실로 보낸다. 그리고 그 이후 아들도 다시는 만날 수 없게 된다. 완벽한 독일어를 구사하는 소피는 사령관의 일을 돕게 되어 끝까지 아우슈비츠에서 살아남게 되고 전쟁이 끝난 후 미국으로 건너가게 된다. 아우슈비츠에 도착한 날이 1942년 4월인데, 현재 시점은 1947년이니 이 짧은 기간 동안 한 인간이 겪은 사건은 영원과 같은 시간이었을 것이다. 그리고 뉴욕에서 네이선을 만나게 되어 함께 살면서 이해하기 힘든 관계를 이어간다.

첫눈에 아름다운 소피에게 반한 스팅고는 소피를 사랑하게 되고 청혼을 한다. 자신과 함께 남부의 농장으로 돌아가서 새로운 인생을 시작하자고 한다. 소피의 반응을 보자.

> "소피, 전에 말했잖아요. 우리는 버지니아 남부에 있는 농장으로 가는 거예요...땅콩 농장이에요. 난 직접 보지는 못했는데, 아버지 말로는 현대적인 편의 시설을 다 갖추고 있는 좋은 집이래요...거기서 책을 쓰고 싶어요. 어쩌면 평생 거기서 살면서요. 그리고 당신이 나와 함께 살면서 나를 도와주고 아이들을 낳고 키웠으면 좋겠어요." (『소피의 선택 II』 380~1)

스팅고가 소피에게 미래를 함께 하자는 부탁인데, 소피는 아우슈비츠의 악몽을 경험한 자신은 정상적인, 행복한 삶을 살 수 없는 인물로 여긴다. 젊은 청년의 미래를 망칠 수 없다는 것이다. 오히려 유대인으로서(그 당시 미국에서 유대인도 이방인의 입장이다) 정신분열증 증상을 겪는, 마약과 술에 쩔어 정기적으로 폭력을 일삼는 네이선이 자신에게는 더 어울린다고 생각을 한다. 네이선의 형은 유명한 의사로서 그가 동생에게 생활비를 보내주며 간헐적으로 입원하는 병원비도 모두 부담한다. 네이선은 세포생물학자라고 소개되는데, 병으로 인해 번뜩이는 지성이 있지만 직업도 학문도 계속 할 수 없는 상태이다. 이러한 네이선과 소피의 관계는 각각 자신을 용서하지 못하고 그 슬픔과 분노를 상대편에게 쏟아냄으로써 사도-매저키즘적인 관계가 된다.

물론 한국어 번역본으로 900여 페이지나 되는 장편에는 기본 줄거리 이외에도 많은 이야기가 담겨 있다. 작가 스타이런은 앞에서 언급한 바와 같이 역사적인 사실을 꼼꼼하게 체크하여 소설에 등장하는 사건의 날짜까지 정확하게 일치시키는 완벽함을 보여주고 있다. 예를 들면 소피가 아우슈비츠에 도착한 날은 정말 화창했고 개나리가 활짝 피어 있었다고 한다. 그때 스팅고는 "노스캐롤라이나주 롤리에서 바나나를 먹고 있었다"(II 390)고 기억한다. 스팅고는 작가 스타이런처럼 소설에서 정확한 연도와 날짜를 찾아내어 동시성을 경험하고자 한다. 이런 문학적 장치는 엄청난 악의 현장과 씻을 수 없는 과오가 된 인종 청소의 현장에 소피가 서 있었다는 역사적 사건은 지구 반대편에서는 너무 평범한 일상의 하루였다는 것을 보여주면서 평범함과 대조되는 역사성을 강조하는 것이다.

스팅고가 가지는 남부의 역사와 문화에 대한 자부심과 동시에 노예를 소유했고 노예매매를 한 조상의 과거와 싸우는 상충되는 감정은 미국 남부 작가인 윌리엄 포크너의 주인공들에게서 볼 수 있는 양가적 감정이다. 물론 스타이런은 포크너를 읽고 그의 작품에 영향을 받았다. 재미있는 사실은 폴란드어와 프랑스어, 독일어를 하는 소피는 영어에 서툴고 네이선에게 배운 영어는 사실 너무 저급한 말들이어서, 작가 지망생인 스팅고에게서 제대로 된 영어를 배우는데, 스팅고가 소개하고 안내하는대로 포크너의 작품을 읽으면서 남부에 대한 관심이 생겼다고 말한다.

그럼 이 소설에서 홀로코스트의 비극을 다루면서 왜 유대인이 아닌 폴란드 여성, 소피의 비극에 초점을 맞추었을까? 나치즘, 홀로코스트, 아우슈비츠와 같은 말은 이제 거대 담론이 되어 그 자체의 무게가 너무 무겁고 역사의 깊은 자리를 차지하고 있는 것 같다. 이 작품에서 특별히 관심이 가는 부분은 소피와 스팅고가 깊은 내면의 이야기를 나누는 사이가 되어서 자신의 과거를 이야기하는 장면이다.

> "나는 이 세상에 존재하는 모든 나쁜 것, 모든 악은 내 아버지와 관련이 있다고 생각하게 되었어요. 그해 겨울 바르샤바에서는 아버지와 아버지의 글에 대해 아무런 죄책감도 느끼지 않았어요. 하지만 이 끔찍한 수치심은 자주 느꼈죠. 수치심은 죄책감과는 다른 거예요. 수치심이 죄책감보다 훨씬 더 견디기 어려운 비참한 감정이죠. 난 아버지의 꿈이 내 눈앞에서 현실이 되고 있다는 사실이 정말 견디기 어려웠어요....이 모든 일과 공포를 아버지가 허가하고 계신 것 같았어요. 허가할 뿐만 아니라 어떤 면에서는 이런 일을 일으킨 장본인 같았어요." (II 391~2)

즉 독일인도 아닌 아버지는 공공연하게 유대주의를 비난하는 논문을 써서 배포하고 유대인과 아무런 개인적인 원한도 없는 가장 지성인이라고 여겨지는 소피 아버지의 반유대주의는 소피에게 수치심만을 남겼다. 그녀의 아버지가 확신에 차서 주장했던 사상은 소피의 친구 반다에게는 "몇 번 바르샤바에 와서 유대인들을 저주하는 우스꽝스러운 연설을 하는 파시스트 교수"(II 393)의 잊혀진 주장에 불과한 것이었다. 그럼에도 불구하고 소피는 자신이 목격하고 있는 유대인에 대한 박해의 원인을 제공한 인물이 아버지와 같은 무수한 반유대주의자들이며 그에게 영향을 받고, 또한 반유대주의 주장을 담은 팜플렛을 배포한 자신도 그 일원이라는 생각을 하게 된다. 엄청난 역사의 아이러니인 거죠. 스타이런은 유대인이 직접 겪은 나치의 만행은 여러 형태로 낱낱이 드러나지만 그것과는 결이 다른 인간의 어리석음이라고 할까, 모순이라고 할까, 소피의 아버지 즈비히니에프 비에간스키를 통해 역사적 과오에 동참한 사람들의 잘못된 행동을 고발하려는 것이 아닐까? 따라서 소피가 아우슈비츠에서 겪은 죽음보다 더한 고통의 과거와 함께 이러한 사건을 촉발시킨 반유대주의 물결에 자신과 자신의 아버지의 책임도 있다는 인식, 그 자체도 고통의 원인이 된 것이다. 그러므로 소피가 네이선에게 당하는 언어적, 육체적 폭력은 매저키즘적인 요소를 가지게 되며 끊임없이 처벌을 받기를 원하는 것이다. 현대 작품으로 들어오니 여러 가지 해석을 가능하게 하므로 이전의 작품들보다 문학적 깊이가 훨씬 느껴진다.

작품의 마지막은 누구라도 짐작할 수 있는 결말이다. 소피와 네이선은 화려하게 치장을 하고 두 사람이 나란히 침대에 누워 시안화나트륨을 먹고 최후를 맞이했다. 장례식에 참가한 스팅고의 관찰에 의하면 이들의 동반자살은 1947년 당시에는 희대의 스캔들이었다는 것이다. 유대인과 가톨릭 신자의 '동반자살'. 결혼하지 않고 동거한 연인들, 매력적인 여자와 잘생긴 남자, 비극을 야기한 당사자가 정신병 전력이 있는 젊은 남자라는 점이 충분한 가십거리를 제공한 것이다. 소피와 네이선을 떠나 보내면서 스팅고는 지나간 일을 회상한다. 그리고 그동안 생각날 때마다 적어두었던 글들을 꺼내 본다.

> "언젠가 아우슈비츠를 이해하게 될 것이다. 용감하지만 터무니없는 문장이었다. 어느 누구도 아우슈비츠를 이해하지 못할 것이다. 좀 더

정확하게 표현하자면 이렇게 썼어야 옳았다. 언젠가 소피의 삶과 죽음에 대해 글을 쓸 것이고, 그렇게 함으로써 절대 악이 결코 세상에서 사라지지 않는다는 사실을 보여 줄 것이다. 아우슈비츠는 결코 설명할 수 없는 곳으로 영원히 남을 것이다. 이제까지 아우슈비츠에 대해 나온 설명 중 가장 진리에 근접한 것은 단정 짓는 문장이 아니라 되물음이었다.

> 질문: "아우슈비츠에서, 신은 어디 있었는가?"
> 대답: "인간은 어디 있었는가?" (II 475)

우리가 악에 대해 관심을 가지지 않으면, 평범성에 지배당하거나 만족한다면 지구의 어느 곳에서 어떤 이들은 또 다른 고통을 겪을 것이라는 메시지가 묵직하게 들려오는 것 같다. 이런 애도 과정을 통해 스팅고는 소피와 네이선을 떠나보내고 그는 마침내 평범한 일상으로 돌아간다. 그리고 그의 글에서처럼 소피의 이야기를 쓴 것이 바로 이 소설이다.

지금까지 주로 소피를 중심으로 줄거리를 따라갔는데, 한편으로 작품의 화자이면서 작가의 목소리를 대변하는 스팅고의 이야기를 따라가면 미국 남부인들이 흑인 노예에게 저지른 과거의 악행들이 들추어져 나타나고 씻을 수 없는 역사의 오점인 것도 명백해진다. 스팅고는 남부 출신이면서 흑인 인종차별주의에 반대하지만 아이러니칼하게도 조상이 행한 노예 매매의 수익금으로 생활하는 모순된 상황에 처해 있다. 자신이 반대하는 인권유린의 에이전트가 바로 자신의 조상이라는 사실은 그를 계속해서 따라다니는 심리적 낙인이 될 것이다.

디스토피아 문학에서 '저항하는 인간'이라는 키워드를 찾았다면 이번 작품에서는 '기억하는 인간, 고통 받는 인간'이라는 키워드가 생각난다.

기억을 하므로 인간은 고통스러워한다. 고통을 느끼지 못한다면 인간이 아닌 셈이 되나? 이 모순을 어떻게 극복할까? 그래서 소피와 네이선의 죽음을 실존적인 문제로 보는 것이다.

12

환경 오염이 가져온 디스토피아 『시녀 이야기』, 『므레모사』

다음은 연대순으로 보았을 때 최근에 출간된 마가렛 앳우드의 『시녀 이야기』(*The Handmaid's Tale*)를 다루어보자. 마가렛 엣우드(Margaret Atwood)는 1939년 캐나다의 오타와에서 태어난 현존하는 작가이다. 어렸을 때 아버지가 곤충학자여서 봄이면 북쪽 황야로 갔다가 가을에 다시 도시로 돌아오는 생활을 했기 때문에 친구가 없었던 앳우드는 독서로 시간을 보냈으며 이미 고등학생이었을 때 시인이 되기로 마음먹었고 21세에 첫 시집을 출간하였다. 그리고 결심한대로 앳우드는 토론토 대학교와 하버드 대학교에서 영문학을 공부했는데, 1985년작 『시녀 이야기』를 비롯하여 2000년 『눈먼 암살자』, 2003년 『오릭스와 크레

시녀 이야기 초판 〈위키피디아 fair use〉

이크』, 2019년 『증언들』에 이르기까지 20세기 후반에서 21세기 현재까지 가장 비중있는 주요한 작가로 자리매김하고 있다. 그 명성은 앳우드가 받은 여러 상으로 입증되는데, 권위있는 부커상이나 네뷸라 상, 프로메테우스 상 등을 수상했으며 대중들에게 널리 알려진 계기는 『시녀 이야기』를 원작으로 한 1990년 영화, 2000년 오페라에 이어 2017년 미국 드라마로 제작되었을 때 엄청난 반향을 불러 일으켰다. 그 당시 미국의 정치적인 상황과 맞물려 하나의 현상이 되었다.

> "라헬이 자기가 야곱의 아이를 낳지 못함을 보자 제 자매를 투기하여 야곱에 이르되 나로 하여금 아이를 낳게 하지 아니하면 내가 죽겠노라. 야곱이 라헬에게 노하여 가로되 네 자궁이 열매 맺지 못하게 하시는 이는 하나님이시니 내가 하나님을 대신하겠는가. 라헬이 가로되 나의 여종 빌하를 보아 그에게로 들라. 그가 아이를 낳아 내 무릎에 놓으면 나도 그를 통해 아이를 갖게 되리라." (창세기 30장 1~3절)

구약성경의 창세기 일부를 인용했는데, 영문학을 더 잘 이해하기 위해서는 성경을 아는 것, 기독교적인 배경을 이해하는 것이 큰 도움이 된다고 말했다. 앞서 유토피아의 기원은 에덴동산이라 볼 수도 있고 거기에서 아담과 이브가 금지된 선악과를 따 먹은 뒤 추방되는 것 자체가 유토피아의 세계에서 추방된 것이라고 비유를 들었는데, 구약성경에는 많은 디스토피아적 사회가 등장한다. 구약시대에서 인간이 지은 죄가 너무나 커서 노아의 식구와 동물 암수 한 쌍을 제외하고는 지상의 모든 사람과 동식물이 40일간의 홍수로 전멸된 적이 있었다. 그리고 '소돔과 고모라'야말로 구체적으로 묘사된 악의 도시의 전형이라고 볼 수 있다.

성경에 나오는 용어지만 이제는 일반명사가 된 '노아의 방주'나 '소돔과 고모라' 등은 기독교인이 아니더라도 누구나 아는 말이 되었다.

구약의 하나님이 소돔과 고모라에서 일어나는 인간의 악행을 참지 못하고 도시와 주민들을 전멸시키려고 할 때 아브라함의 조카인 롯이 이 도시에 의인 50명만 있다면 멸망시키지 말아달라고 하나님에게 부탁한 다. 거듭된 일종의 협상을 통해 의인 10명만 있다면 도시와 사람을 구할 수 있었는데도 의인은 롯과 그의 아내, 두 딸들 밖에 없었다. 그래서 유황과 불로 소돔과 고모라는 폐허가 되었고 피신하던 중 롯의 아내는 뒤를 돌아보아서 소금기둥이 되었다는 내용이다. 왜 이 이야기를 가져왔는가 하면 앞서 소돔과 고모라를 언급하기도 하였고 아브라함의 아들 이삭과 그의 둘째 아들 야곱과 아내의 이야기가 창세기 30장의 이전 내용이기 때문이다. 이 부분이 바로 『시녀 이야기』의 주요한 틀로 작용하기 때문이다.

구약 성경에 의하면 이삭이 아들 야곱에게 야곱의 외삼촌인 라반에게 가서 아내를 구하라는 말을 하고 축복을 내린 후 야곱은 외삼촌을 찾아가는데, 그 동네에서 처음 마주친 외삼촌의 아름다운 둘째 딸 라헬을 보고 청혼하니 라반은 야곱이 7년을 일하면 딸 라헬과 결혼시켜주겠다고 약속했다. 7년 일한 후 결혼식을 했는데, 결혼식 다음 날 보니 신부는 라헬이 아니라 첫째 딸 레아였다. 그래서 야곱은 다시 7년을 더 일해서 마침내 라헬과 결혼했다. 그 시대는 일부다처제인 사회였다. 자매가 동시에 한 남자의 부인이 되었고 서로간의 시기, 질투도 있었으며 아들을 얻기 위한 경쟁이 자신의 지위를 확고하게 하고 남편의 애정을 얻기 위한 방법이기도 했다.

야곱이 특별히 라헬을 더 사랑하자 하나님이 레아를 불쌍하게 여겼을까? 레아는 연달아 르우벤, 시므온, 레위, 유다 네 명의 아들을 낳았다. 그러자 라헬이 자신은 아이를 낳지 못하니 여종 빌하가 자기 대신 아이를 낳으면 그 아이를 자기 아이로 삼겠다는 말하고 이 내용이 위에서 인용한 부분이다. 일종의 대리모라고 할까? 어쨌거나 임신을 할 수 없는 여성이 자기 대신 남편의 아이를 낳아줄 여성을 자신의 여종 가운데서 구했으므로 앳우드의 『시녀 이야기』는 빌하와 같은 아이를 낳아주는 시녀라는 뜻이다. 소설의 제목에 담긴 뜻을 이해하는데도 많은 공부가 필요하다.

그리고 성경에 의하면 빌하는 야곱의 아들 단과 납달리를 낳았다. 소설 속에 등장하는 대리모 즉 시녀 양성 기관 이름이 '라헬과 레아 재교육센터' 줄여서 레드 센터(Red Center)로 불려지는데, 시녀들이 그들의 신분이 드러나도록 빨간색 옷을 입기 때문이다. 센터 이름에 레아가 들어간 이유도 알아보자. 다시 창세기 30장 9절부터 13절의 내용이다.

> "레아가 자기의 생산이 멈춤을 보고 그 시녀 실바를 취하여 야곱에게 주어 첩을 삼게 하였더니, 레아의 시녀 실바가 야곱에게 아들을 낳으매, 레아가 가로되 복되도다 하고 그 이름을 갓이라 하였으며, 레아의 시녀 실바가 둘째 아들을 야곱에게 낳으매, 레아가 가로되 기쁘도다 모든 딸들이 나를 기쁜 자라 하리로다 하고 그 이름을 아셀이라 하였더라." (창세기 30장 9~13절)

즉 야곱의 두 부인, 레아와 라헬이 임신을 못하자 각자의 여종 실바와 빌하를 통해 야곱의 아들을 낳게 했다는 구절을 가지고 와서 현대판 실바와 빌하를 양성하겠다는 의미로 읽혀진다. 제목과 연관된 배경을 이해하니 조금 무시무시해지는 느낌이 든다. 1985년에 쓰인 작품에 일부다처제라니... 이런 생각이 들 것이다. 사실 주된 나레이션은 1950년대를 배경을 하고 있는데, 일부다처제뿐만 아니라 구약시대의 족장들처럼 가부장제가 사회의 근간이 되어 있고 여성들은 완전히 남성에게 종속된 위계사회이다. 그럼 소설의 첫 부분을 보자.

> "우리는 한때 체육관으로 쓰던 곳에서 잠을 잤다. 래커 칠을 한 나무 위엔 한때 그곳에서 열리던 경기들을 위한 직선이며 동그라미들이 그려져 있었다....그러나... 우리 몸에 그 손들이 닿은 후로 모든 것이 딴판으로 달라져 버렸다. 우리는 미래를 갈망했다. 우리는 어쩌다 터득하게 되었을가? 영영 채울 수 없는 허기를 갈구하는 이런 재능을, 도대체 어디서 배워버린 걸까?...순찰을 도는 사라 '아주머니'와 엘리자베스 '아주머니'는 가죽 띠에 달린 가죽 끈에 가축용 전기 충격기를 매달아 덜렁거리며 다녔다. 하지만 그들에게 총은 없었다. 제아무리 '아주머니'라도 총을 덥석 맡길 만큼 신뢰받지는 못했다. 총을 지닐 수 있는 건 '천사'중에서도 특별히 뽑은 간수들뿐이었다...산책은 하루 두 번, 두 사람씩 짝을 지어 축구장을 도는 것인데, 경기장 주위엔 철조망이 달린 사슬 울타리가 둘러쳐져 있었다....우리는 소리를 거의 내지 않고 서로 속삭이는 법을 배웠다. 흐릿한 어둠 속에서 아주머니의 눈을 피해 팔을 뻗어 허공을 가로질러 서로의 손을 만질 수 있었다. ...이런 식으로 우리는 침대에서 침대로 이름을 교환했다. 알마. 재닌. 돌로레스. 모이라. 준. (11~3)

1장에서 15장 그리고 부록 형식의 '『시녀 이야기』의 역사적 주해'로 구성되어 있는 소설의 1장 '밤'의 일부를 발췌한 내용이다. 전체적인 맥락은 잘 알 수 없겠지만 일단 첫 문장의 체육관, 농구 그물, 관중석 등은 이미 우리에게 익숙한 시대라는 것을 보여준다. 1950년대를 배경으로 하고 있는데, 그러던 어느 날 갑자기 '모든 것이 딴판으로 달라져 버렸는데', 이 사건 이후 우리라고 일컬어지는 여성들-알마, 재닌, 돌로레스, 모이라, 준-은 '아주머니'(Aunts)의 감독 아래 모종의 교육을 받고 있다. 이들이 머무르는 체육관 주위로 총을 든 '천사'들이 감시하고 있다는 것을 알 수 있다. 겨우 세 쪽에 불과한 첫 장이 평범한 일상을 보내던 미국의 한 도시의 모습이 놀라울 정도로 바뀌게 된 것을 보여준다.

정리해서 말하자면 미국 내 극단적인 기독교 원리주의자들인 '야곱의 아들'(Sons of Jacob)이 미국의 대통령을 암살하고 순식간에 정권을 잡는다. 미국 헌법은 효력을 상실하고 신문은 검열을 받으며 미합중국은 길리어드 공화국(The Republic of Gilead), 즉 군사 독재의 정권으로 탈바꿈한다. 그리고 국가를 1950년대에서 1차 세계대전 이전의 기독교 근본주의적 성향을 가진 미국 남부지역의 백인사회를 지향하는 신정국가로 건설하였다. 그리고 구약성경에서 자신들이 필요로 하는 시스템을 가지고 와서 사용한다. 신정체제임에도 전체주의의 모습인 국가가 주도하는 극단적인 감시체제와 공포정치를 실천한다.

길리어드 체제는 가상의 미국을 배경으로 하고 있고 엄격한 위계사회인데, 일단 남성들은 최고위급 사령관(commander)가 있으며 검은색 옷만 입는다. 그중 프레드 워터포드는 작품의 주인공이자 화자인 오프레드(Offred)의 주인이다. 그의 아이를 낳도록 오프레드가 배정된 집의 주인이다. 그런데 이 사령관은 특이하게도 이 정권 이전의 물건들-여성 잡지나 속옷, 금서를 수집하는 버릇이 있다. 결국 이것이 발각된 것이 실각의 원인이 되었다. 그리고 사령관 아래 줄여서 '눈'(the Eyes)이라고 불리는 비밀경찰(the Eyes of God)이 있으며 그보다 낮은 계급의 신앙의 수호자인 '천사'가 있다. 군대와 같은 역할이다. 그리고 그 아래에 '수호자'라고 불리는 운전이나 개인 비서 역할을 하는 계층이 있다.

여성의 계급이 이 작품에서는 더 중요한 것 같은데, 번역본에는 '부인'(Wife)이라고 불리는 최고위층 여성이 있다. 사령관의 아내들인데, 푸른색 옷을 입는다. 그리고 사령관의 집에는 레드 센터에서 보내는 한 명의 시녀와 한 명 또는 그 이상의 집안일을 하는 하녀가 있다. '시녀'는 반드시 빨간색 옷을 입어야 하고 하녀는 녹색 옷을 입는다. 또한 레드 센터의 아주머니들은 브라운색 옷을 입으며 계급이 낮은 남자들의 아내, '가난한 아내'(Econowives)들은 푸른색, 발간색, 초록색 줄이 섞여 있는 옷을 입으며, 결혼하지 않은 여성은 흰색옷을, 과부는 검정색 옷을 입는다. 복잡하지만 여성이 입은 옷색깔을 보면 신분뿐만 아니라 결혼과 관련된 상황까지 한눈에 알 수 있다.

『멋진 신세계』의 오세아니아에서는 사람을 알파, 베타, 감마, 엡실론으로 구분하여 계급에 따라 옷 색깔이 정해진다. 그 작품에서는 특별히 남녀의 구분은 없었다. 그러나 이 소설에서는 남녀의 구분 뿐만 아니라 여성을 완전히 남성에게 예속시키고 여성에게는 글읽기가 완전히 금지되어 있다. 그러한 노력이 우스꽝스럽게 보일 정도이다. 여성은 완전히 남성에게 종속되며 '시녀'는 불임의 아내들을 대신해서 아이를 낳아주는 도구로 전락한다. 작품에서 '시녀'를 '다리 달린 자궁'(legged womb)로 부르는 것만 보더라도 여성의 인권이나 독립적인 존재가 부정당하는 것을 넘어서 한낱 도구에 불과한 존재로 여겨졌다는 것을 알 수 있다. 이런 점 때문에 이 소설은 디스토피아 문학으로 호명될 뿐만 아니라 페미니즘 문학, 생태문학으로 불려지기도 한다.

유토피아 문학에서는 대부분이 남녀가 동등하게 대접받는 이상적인 사회를 보았다. 심지어 1960년대의 한국문학에는 여성국을 다룬 작품도 있었는데, 1980년대에 마가렛 앳우드가 여성 인권이 파괴된 이 작품을 쓰게 된 데에는 그 나름의 이유가 있었고 직접 인터뷰에서 밝히기도 했다. 한편 소설에서 부인들의 불임과 길리어드의 출생률 저하, 신생아의 20%만 정상아로 태어나는 문제들은 환경 오염 탓인 것으로 묘사되고 있다. 무분별한 화학 물질의 남용과 여러 형태의 오염들로 인해 식량이 고갈될 정도의 문제와 정상아를 출산할 수 있는 여성의 숫자가 현저하게 떨어진 점이 레드 센터를 만들게 된 요인으로 작용하고 있다. 인구감소의 문제, 식량부족의 문제, 기형아 출산, 불임 여성의 증가 등의 원인이 환경문제에서 비롯되었다는 점에서 이 소설은 생태비평의 주요한 텍스트로 작용한다. '시녀'의 역할을 할 수 없거나 '시녀'가 되기를 거부하거나, 나이가 든 여성들을 '콜로니'(Colony)로 보내는데 그곳은 독성물질이나 심지어 핵폐기물을 처리하는 곳이다.

생태문학으로서의 소설에 대한 논의는 별도로 하고 전체주의 국가인 길리어드에서 어떤 감시망이 작동하며 특히 여성들에게 어떠한 구속이 가해지는지에 대해 좀 더 초점을 맞추겠다. 1장 인용한 부분에서 맨 마지막에 나온 여성 준(June)이 소설의 1인칭 화자이며 주인공인데, 길리어드 체제에서 예전 이름은 사라지고 오프레드가 된다. 즉 Of Fred인데 발음을 오브 프레드로 하지 않고 붙여서 오프레드라 말한다. 프레드의 시녀란 뜻이다. 다른 시녀들의 이름도 이와 같은 원리로 오브글렌(Of Glenn)이나 오브워렌(Of Warren)이 된다. 프레드나 글렌, 워렌의 소유라는 걸 이름이 말하는 것이다. 이렇게 레드 센터에서 교육을 받고 대기하다가 사령관에게 배당되면 정해진 날짜에 임신을 위한 '의식'(Ceremony)을 치르게 되는데, 작품에서 가장 비인간적인 장면이다.

이렇게 여성성과 인간성 자체가 부정당하는 '시녀'는 길리어드 체제를 영속시켜줄 자산이기 때문에 항상 감시의 눈초리가 따라붙는다. 1장에서 훈련 중인 '시녀'들이 산책할 때도 2인 1조로 다닌다는 내용을 보았는데 사령관의 집에 배치되었을 때도 일주일에 한 번씩 시장을 보러 외출하는데 그때도 옆집의 시녀와 2인 1조가 되어 다닌다. 서로 감시하고 고발하게 하는 감시망 체제인 것이다.

주인공 오프레드는 1장에서 어느 날 갑자기 바뀌어버린 세상과 자신의 처지에 대해 담담하게 말하고 있다. 길리어드시대 이전 대학교를 졸업하고 도서관에서 근무 중이던 준에게 어느 날 여성들은 직업을 가질 수 없으니 집으로 돌아가라는 명령이 내립니다. 뿐만 아니라 여성은 글을 읽거나 쓸 수도 없고 재산을 소유할 수도 없으며 돈을 거래해서도 안된다는 것이다. 평범했던 일상이 하루 아침에 혼돈의 세계가 되었다. 불안한 시대, 무서운 정권의 도래를 직감한 준은 남편과 딸을 데리고 소풍 가는 것처럼 위장하여 국경을 넘어 캐나다로 도망치려 한다. 그러나 비밀 경찰에게 발각되어 가족과 헤어진 채 준은 레드 센터로 끌려간다. 이 과정을 거친 후 센터에서 훈련받는 장면이 1장에 묘사되어 있는 내용이다.

준은 건강한 아이를 낳은 사실이 확인되었고 또한 길리어드 체제에서는 재혼한 준은 여성의 3대 죄악 중 하나를 범한 것이 되므로 '시녀'가 되도록 센터로 끌려간 것이다. 준이 범한 죄는 준의 남편이 준과 재혼했는데 길리어드에서는 이혼을 인정하지 않으므로 준이 간음했다는 것이다다. 따라서 간음의 죄를 저지른 여성은 처벌을 할 수 있는데, 그 처벌의 형태가 아이를 대신 낳아주는 '시녀'의 역할로 정해졌다고 볼 수 있다.

소설 속 전체주의 국가에는 체제저항자들이 있었다. 결국은 실패로 끝났지만 누군가는 그 체제에 대해 의심하고 항거한 인물들이 있었다. 『1984』의 '형제단' 처럼 길리어드 체제에도 정권을 타도하려는 저항 단체가 있는데, 바로 '메이데이'(Mayday)다. 그러나 이전의 디스토피아 소설보다 장르적으로 더 섬세하고 현대 소설의 특징을 잘 보여주고 있는 점이 저항 단체의 출현이나 발각, 처벌 등이 명시적으로 나타나지 않는다는 점이다.

'시녀'인 오브글렌은 오프레드와 짝지어 시장을 다니던 중 위험하지만 서로의 속마음을 교환한다. 그리곤 오브글렌은 '우리'의 존재를 말한다. 길리어드 공화국을 무너뜨릴 체제전복 단체인 '메이데이'의 존재를 알려주면서 '우리'가 되기를 권유한다. 오프레드는 이 체제에 불만을 가진 이가 자기 혼자가 아니라는 안도감을 느끼며 최고위직인 프레드 사령관에 관한 정보를 알려줄 것을 약속한다. 프레드 사령관에 관한 정보를 전해줄 생각으로 시장가는 날 만난 오브글렌은 이전의 오브글렌이 아니었다. 그 오브글렌은 사라졌다. 아마 정체가 발각된 것이다.

또한 오프레드와 사령관의 개인적인 만남을 사령관의 부인인 세레나 조이가 알게 되었을 때 오프레드는 막다른 골목에 이르렀다는 생각에서 극단적인 생각도 하게 된다. 그러나 곧 '눈'이 타고 다니는 검은 밴이 사령관의 집에 도착하고 오프레드는 좀 더 일찍 결심을 실행하지 않은 것을 후회할 즈음 오프레드가 비밀리에 만남을 가진 사령관의 개인 비서인 닉이 그들을 맞이한다. 그 순간 오프레드는 닉이 잠복 근무 중인 '눈'이라고 생각한다. 하지만 닉은 오프레드에게 자신을 믿고 밴에 타라고 말한다. 혼란에 빠진 오프레드의 심경을 보여주는 소설의 결말을 보자.

"밴이 이중문을 활짝 열어놓고 진입로에서 기다리고 있다. 이제는 내 양편에 자리 잡고 선 두 남자가 내 팔을 부축해 태운다. 이것이 내 끝이 될지 새로운 시작이 될지 나로서는 알 길이 없다. 다른 도리가 없었기에 이방인들의 손에 내 몸을 맡겼을 뿐. 그래서 나는 차에 오른다. 그 속에서 기다리고 있는 암흑으로 아니 어쩌면 빛으로." (508)

소설의 마지막 부분인데 열린 결말을 보니 현대 소설이란 점이 느껴진다. 닉은 '눈'의 일원으로 오프레드와 사령관을 고발한 인물일까? 아니면 '메이데이'의 일원으로 오프레드를 사령관의 집에서 빼내기 위해 위장 전술을 펼친 것일까? 독자 개개인의 경험을 통해 각각 다른 결말이 나올 수 있을 것이다.

지금까지 『시녀 이야기』의 내용을 종합하면 1985년 이 소설이 출간되었을 당시 '페미니스트 『1984』'라는 찬사를 받은 이유를 알 수 있을 것이다. 『1984』에서 드러난 빅브라더의 감시체제와 같은 길리어드의 감시체계, 체제에 저항하는 혁명가들을 고문하고 세뇌시킨 후 처형하는 것처럼 신의 이름으로 독선적인 신정체제를 표방하고 체제저항자들을 처형하여 본보기가 되도록 사람들이 지나다니는 길목에 그 시신이 보이도록 하여 공포와 굴종을 강요하는 점 등 오세아니아의 전체주의와 길리어드 공화국의 전체주의는 종교의 요소가 더해진 것을 제외하면 유사하다.

또한 『멋진 신세계』에서처럼 사람의 신분을 나누어 의복색으로 구분하여 옷색깔이 계급인 계급사회를 보여주는 점도 유사하다고 볼 수 있다. 헉슬리의 작품에서는 배양단계에서부터 인위적인 방법으로 사람의 계급을 나누었고, 『시녀 이야기』에서는 무력 혁명으로 탄생한 사회의 계급을 재설정하는데 있어서 광적인 종교심을 이용한다는 점이다. 구약

시대를 길리어드식으로 해석했다고 볼 수 있다. 이 해석에는 여성에 대한 인식이 문제가 되고 있다. 동등한 인권을 가진 주체로 보지 않는다는 점이 길리어드 체제의 첫 인식이다. 여성을 체제 유지와 공화국의 존속을 위한 도구로 여긴다는 점은 작가가 소설을 집필할 당시에도 여성의 인권이 보장되지 않은 지역이 있었으며 어쩌면 어느 나라에 있어서도 이러한 혁명이 발생할 수 있고 이어서 길리어드와 유사한 정치집단이 권력을 잡으면 발생할 수도 있는 위험과 예측에 관한 이야기라고 볼 수 있다.

소설로서 재미있는 점은 오프레드의 이야기가 마치 잭 런던의 『강철군화』의 에비스의 이야기를 담은 틀과 유사한데, 『강철군화』는 에비스 에버노트가 기록한 글이 B.O.M. 419년 즉 27세기 세계국가인 아디스에서 한 문헌학자에 의해 발견된 고서의 형식을 띠고 있다. 큰 틀은 현재인 27세기 아디스 국가이며 액자 속의 내용은 1912년에서 1932년까지 20년 동안 발생한 미국의 노동자 폭동과 그 폭동의 선봉에 섰던 어니스트 에버노트의 이야기이다.

지금까지 살펴본 오프레드의 이야기는 에비스의 경우처럼 큰 틀은 2195년을 배경으로 하고 있다. 앞에서 이야기한 15장 다음 <『시녀 이야기』의 역사적 주해>라고 소제목이 달린 부분은 2195년 6월 25일 누나비트의 디네이 대학에서 개최된 '국제 역사 학회 총회'의 일환으로 열린 '길리어드 연구학'의 발표 내용을 담고 있다.

오프레드의 이야기는 기록이 아니다. 왜 그럴까? 여성에게는 종이와 펜이 허락되지 않았기 때문이다. 따라서 오프레드는 마지막 장면에서 밴을 타고 임시 거처지로 옮겨진 후 아마도-이것은 모두 추측입니다만 어느 정도의 시간 동안 그곳에 머무는 동안 녹음기를 구해 자기의 이야기를 녹음한 것이다. 30개에 달하는 녹음테이프가 발견되어 현재인 2195년 과거의 '길리어드 시대'를 연구하는 제임스 다아시 파익소토 교수가 그 테이프의 내용을 기초로 연구한 결과, 그 내용을 발표하는 학회의 형식을 빌어온 것이다. 흥미로운 점은 발표 내용 중 '이란과 길리어드: 일기를 통해 바라본 20세기 후반의 두 유일신정국에 대한 연구'가 파익소토 교수의 저명한 연구 제목으로 나오는데, 이 사람은 20세기의 길리어드 시대 연구의 권위자로 여겨진다. 길리어드와 이란이 언급되어 있다는 점은 앳우드가 보기에 여성의 인권이 종교라는 미명하에 제대로 보호받고 있지 못한 나라임을 말하고자 하는 것이 아닐까?

이 소설에서 놀라운 점 하나는 페미니즘운동이 성과를 거두어 어느 정도 남녀평등의 기조가 확산되는 20세기 말, 이 소설의 배경이 되는 길리어드 공화국은 연대를 추정하기도 어려운 구약시대의 풍습과 신정정치의 유산을 가지고 와서 여성을 인격이 없는 도구로 사용하고 또 사용 가치가 없어지면 폐기되는 점도 보여주고 있다는 점이다. 그로 인해서 세계 어디에선가는 벌어지고 있는 여성 인권 탄압에 대한 경종을 울렸다고 볼 수 있겠다. 또 하나는 여성 억압에 덧붙여 인종 문제 역시 이 작품에 숨어 있는 또 다른 키워드라고 볼 수 있는데, 1950년대 한순간 혁명으로 인해 수립된 길리어드 공화국에서 흑인과 유태인은 원문에는 'removed'라고 되어 있는데, 제거되었다는 뜻이다. 백인으로만 구성되어 있는 길리어드 공화국에는 순수한 백인 혈통을 유지하겠다는 정책이 드러나고 있는데, 이 또한 2차 세계대전을 겪으면서 나치의 인종청소를 목도한 인류는 그 위험성에 대해 알 수 있을 것이다.

또한 '시녀'를 통해 정상인 아이를 낳아 공화국을 유지하려는 계획에서 장애를 가지고 태어난 아이는 어떻게 되었을까? 타 인종과 마찬가지로 제거된다. 이 지점에서 전체주의적 정부에 대한 경고 이외에도 20세기 인류가 직면한 타인종과 장애인에 대한 차별, 처벌의 문제가 크게 다가온다. 20세기 초의 문학에는 별로 다루어지지 않던 쟁점들이다. 따라서 환경문제, 인종문제, 장애인 문제, 이 복합적인 쟁점들이 20세기 후반의 소설에서 드러나고 있는 점은 시대를 고스란히 반영하고 있다고 볼 수 있다.

토마소 캄파넬라의 『태양의 나라』에는 장애인이나 노인에게도 국가를 위해 자기가 할 수 있는 작은 일이 주어지고, 모든 주민은 공동체의 선과 이익을 위해 할 일을 한다는 자부심 또한 공유하는 사회였다. 1602년의 작품이니 17세기 초에도 작가는 이러한 세상을 꿈꾸었는데 거의 380년이 지난 인류는 어떤 유토피아를 꿈꾸고 있을까? 오늘날 우리 사회에서 나와 다른 인종, 다른 종교, 신체적 결함 등이 차이와 차별을 만들고 그 틀에서 세상을 보고 있는 건 아닐까? 어쨌든 마가렛 앳우드의 소설은 21세기의 독자에게 많은 생각할 거리를 제공해주고 있다.

한국문학 가운데서 디스토피아 문학으로 2021년 출간된 김초엽의 소설 『므레모사』를 살펴보자. 앞서 환경 오염의 문제가 주요 주제로 다루어진 『시녀 이야기』를 다루었으니 그 연장선상에서 화학물질 유출사고로 폐허가 된 '므레모사'를 다룬 21세기 디스토피아 소설인 『므레모사』는 그 연장선상에 있다고 볼 수 있다.

언뜻 생각하기에도 2차 세계대전 중 히로시마와 나카사키에 투하된 원자 폭탄의 피해나 1986년 현재의 우크라이나의 체르노빌 원자력 발전소 참사를 생각할 것이다. 20세기의 가장 비극적인 원자력 사고였다. 21세기 들어서는 2011년 일본 후쿠시마에서 지진 해일로 인해 발전소가 손상을 입고 엄청난 방사능 유출 사고가 있었다. 그 사건은 끝이 난 것이 아니라 아직도 진행 중인 사건이다. 이런 원자력과 관련된 대참사는 원인과 결과는 차치하더라도 결국 피해를 입는 대상은 일반 국민이다. 자신이 대대로부터 살던 지역에서 강제 퇴거당하고 쉽게 돌아갈 수도 없으니까. 화학 물질의 남용이나 원자력 발전소의 손상과 같은 되돌이킬 수 없는 환경 피해는 몇 세대에 걸쳐 그 영향이 미치는 것이므로, 당연히 경각심을 가져야 하겠고 마가렛 앳우드와 마찬가지로 한국의 젊은 작가 김초엽도 관심을 가진 영역이다.

김초엽은 1993년 출생한 젊은 작가다. 김초엽은 포스텍에서 화학을 전공하고 대학원에서 생화학을 연구하여 석사학위를 받았다. 그야말로 과학자인데, 2017년 「관내분실」과 「우리가 빛의 속도로 갈 수 없다면」으로 제2회 한국과학문학상을 수상했다. 이 두 중단편을 포함한 7편의 단편을 묶어서 『우리가 빛의 속도로 갈 수 없다면』이라는 제목의 책을 2019년 출간했다. 작가의 일관적인 탐색은 과학기술이 발전된 미래세계에서 인간성을 탐색하는 주제를 다룬다. 본인이 과학자이기도 하지만 흥미로운 과학적 사실을 배경으로 작가의 관심은 항상 먼 우주로 향해 있다. 기술문명의 발전이 극한까지 간 미래세계를 다룬 유토피아 문학이 이전에도 많이 있었지만 그러한 미래세계도 완벽한 이상향만이 아니라 여전히 현 지구의 인류가 직면해 있는 본질적인 문제들은 그대로 남아있다는 것이다. 그 괴리를 개선해 보고자하는 것이 작가의 탐색 과정이며 주제라고 볼 수 있다. 우주에서 펼쳐지는 유토피아라고 할까? 21세기가 되니 문학의 영역이 우주를 향해 활짝 펼쳐지고 있는 것 같다. 앞선 작품들에서 소설의 배경을 지구에 국한시키지 않고 먼 우주로 나아가 우주를 배경으로 한 서사를 들려주었다. 『므레모사』에서는 일견 체르노빌 사건도 생각나고, 후쿠시마 원자력 발전소

사건도 암시하는 듯한 배경을 보여주고 있다. 환경 문제에 대한 관심뿐만 아니라 작가는 전체 작품들에서 장애인을 포함한 소외되고 배제된 존재, 즉 사회의 소수자에 대한 문제를 계속 제기하고 있다. 『므레모사』에서도 다리를 자른 뒤 환지증에 시달리는 유안을 주인공으로 다루고 있다.

화학물질의 유출사고로 출입이 금지되었던 므레모사 지역이 개방된 후 첫 관광객이 모이게 된다. 그중 한 명이 무용수 유안인데, 그는 계속해서 악몽과 환지증과 싸우고 있다. 환지증은 팔이나 다리가 절단된 후에도 감각적으로 아직 팔이나 다리가 있는 것처럼 있던 곳이 느껴지는 증상이다. 작품은 환지증에 시달리는 유안의 고통과 함께 시작된다.

> "그는 널 떠났고, 난 여기에 있어. 내가 영원히 잃어버린 다리가 중얼거린다. 그것은 때로는 주먹만한 크기로, 때로는 감당할 수 없이 거대한 크기로 나의 신체에 덧붙여진다. 원래 나에게 존재하는 신체처럼, 그것을 통제할 수 있다. 발끝을 접었다가 펴고, 발목을 움직이고, 발바닥을 아치 형태로 만든다. 그 감각은 너무나 생생하다. 그림자 다리가 나에게 말한다. 그것 봐. 이제 나를 잘 봐. 나는 결코 사라지지 않아." (14)

유안은 치유할 수 없는 신체적, 정신적 고통을 안고 므레모사의 첫 관광객팀에 합류한다. 그 모임의 일원은 6명이었고 3일간의 투어였다. 밴이 고장이 나서 휴게소에서 시간을 보내야 하는데 일면식도 없는 사람들이 각자의 소개를 한다. 각자 이 투어에 참여하게 된 계기를 말하는데, 여기에서 '다크 투어리즘'에 대한 호기심이라는 공통의 관심사가 드러난다.

므레모사의 관광 가이드와 운전 기사는 이르슐어를 사용하는데, 유일하게 이르슐어를 알아듣는 헬렌은 아이오와주 출신으로 열 개의 직업을 거쳤으며 은퇴한 이후로 10년 동안 이러한 여행, 즉 비극을 찾아가는 여행을 즐겨왔다고 말한다. 10년 전 자신의 이혼 과정이 너무 끔찍해서 세계를 돌아다니며 자신이 겪은 비극보다 더 끔찍한 비극과 실패로 점철된 세계 곳곳을 돌아보며 자기의 불행이 상대적으로 별것 아니라는 것을 깨닫게 되었고 희석되지 않은 므레모사의 비극에 이끌렸다고 한다. 재난의 현장인 므레모사에 많은 이들이 다녀가면 비극은 희석되기 때문에 첫 관광객이 되어, 날 것 그대로의 비극을 마주하기를 원한다.

한편 교토대에서 관광학을 연구하는 대학원생 이시카와 유지는 다크투어리즘의 장소들이 어떻게 비극의 장소에서 관광의 장소로 변형되는지를 주제로 연구 중이다. 일종의 필드 학습인데, 므레모사처럼 관광의 대상이 자연 풍경이 아닌 비극과 역사적 장소 그 자체인 경우 다듬어지지 않은 낯선 비극을 목격하는 것이 영광이라고 말한다.

또한 태국에서 온 기자 탄은 종합 언론사 신입 기자로 여행 매거진에 배당되었는데 므레모사 투어에 자원해서 이르슐의 폭압과 므레모사 주민들의 비극을 널리 알리려는 목적을 가지고 있다고 말한다. 빌바오에서 펍을 운영하다가 실패한 레오는 긴 방황의 시간을 보내다가 투어 당첨에 걸린 것이다. 유안은 자기 소개를 작은 회사를 운영하다가 쉬고 있는 중이라고 소개했고 한국에서 온 강주연은 대학을 졸업한지 얼마되지 않았는데 동생과 여행을 다루는 여행 유튜브 채널을 운영하고 있고 므레모사에 어떤 위험이 남아 있는지 모르기 때문에 약간은 겁을 먹고 있다. 이와 같이 각자의 사연과 여행 목적을 가지고 운좋게 므레모사 투어에 당첨된 일행이 각각 다른 나라의, 각자 다른 경험을 가진 삶들로 구성되어 있는 점은 어느 특정한 국가, 특정한 직업군을 대변하는 것이 아니라 보편적인 평범한 사람들이라는 점을 강조하기 위한 것이다.

렘차카 특별구역의 비밀은 오랫동안 봉인되어 있었는데, 인근 원자력 발전소에서 어마어마한 전기를 끌어다가 사용했고 전쟁 중이었던 이르슐이 이곳에서 뭔가 비밀스러운 프로젝트를 진행했을 것이라는 소문이 돌았다. 전쟁이 끝난 후에도 군인이 계속 주둔했으며 게이트 안쪽은 비밀에 싸인 지역이었다. 화재가 나기 전까지. 2003년 렘차카의 공장과 연구소에 원인 모를 화재가 발생했는데, 화재 진압하는데 한 달이 넘게 걸렸다. 그러나 문제는 그때부터 시작되었다. 렘차카의 연구소에 화재가 나고 거기에서 뿜어나오는 유독물질의 폐해를 묘사하는 장면을 보자.

> "통제할 수 없는 속도로 확산되기 시작한 유독성 화학물질들, 그 물질들은 바람을 타고, 구름을 형성하고, 비를 내리며, 렘차카 특별구역과 인근 도시들과 농작지와 식수원을 광범위하게 초토화해버렸다. 당국이 사람들을 대피시켜야 한다고 결정한 건 수돗물을 받아 마셨다가 이름 모를 질병에 걸려 죽어가는 사람들이 생기기 시작한 이후였다. 처음에는 렘차카 특별구역이 출입금지 구역으로 지정되었고, 다음에는 인근 소도시에 퇴거 권고가 내려졌다....순식간에 수십만 명이 살던 터전을 떠나야 했고, 렘차카와 인근 산맥은 완전한 출입 금지 구역이 되었으며, 죽음의 땅, 인간이 밟을 수 없는 지역이 되었다." (51)

이 부분을 보면 마치 체르노빌이나 후쿠시마 사태와 같은 재난적인 상황을 전하는 보도 형태와 비슷한 느낌을 받는다. 그러나 므레모사에서 가장 중요한 부분은 귀환자들과 관련된 일인데, 첫날의 다소 평범해 보이는 투어를 마치고 다음날 일정에 대해 이야기하면서 서로 말을 꺼내기 어려워하는 부분이 바로 귀환자들에 대한 소문이었던 것이다.

소문에 의하면 끔찍한 비극 이후에도, 기이하게도 이 죽음의 땅으로 돌아온 사람들이 있었다는 것이다. 므레모사는 그 귀환자들의 마을이다. 그리고 그들이 돌아와야만 했던 이유는, 다름 아니라 귀환자들의 신체가 좀비처럼 끔찍하게 변이되었기 때문이라는 것이다. 이르슐은 귀환자들이 겪는 치명적인 후유증과 마을 므레모사의 존재를 외부에 숨겨왔고, 그럼에도 국제 구호기관과 단체들이 귀환자들을 위해 물자를 지원하고 봉사자를 파견했다. 그 모든 관심과 논쟁에도 불구하고 지금까지 귀환자들의 모습을 드러내지 않던 므레모사에서, 처음으로 바깥의 여행자들을 받아들이겠다고 한 것이다.

이제 관광객들은 그들의 투어의 진짜 목적은 이 좀비와 같다는 귀환자를 실제 보기 위한 것이라는 게 밝혀진다. 그리고 외부 관광객을 허용한 이유와 이들 여섯 명만이 추첨에 당첨된 이유에 대해서도 왈가왈부한다. 그 와중에 유안이 다리를 잃기 전까지는 한국에서 유명했던 무용수라는 사실도 밝혀진다. 사고 후 의족을 차고도 무대에서 공연을 하고 방송국이나 다양한 매체에서 일종의 인간 승리의 표상으로 여러 인터뷰를 해서 유명인사가 되었던 것이다.

투어 두 번째 날 므레모사 마을을 둘러볼 때부터 결말까지는 글의 호흡이 빨라서 끝까지 휘몰아치는데, 전혀 예상을 하지 못한 방향으로 전개된다. 결론적으로 말하자면 이 마을의 연구실과 공장, 플랜트에서 생산하던 화학 물질은 커맨드라는 생화학 무기였다. 화재가 나자 화학물질이 통제 불능상태로 퍼져나갔고 그 지역 숲이나 물, 동물, 사람에게 이르기까지 엄청난 영향을 주어 마을 주민들은 좀비를 넘어서 나무 인간이 되어 버렸다. 유안과 레오가 직면하게 된 귀환자의 실체는 다음과 같다.

> "저 멀리 마을 곳곳에서 거대한 나무들을 감싸고 있던 흰 천이 아래로 떨구어졌다. 고목화된 귀환자들이 모습을 드러냈다. 인간의 몸이 나무 기둥처럼 단단히 굳어버려 만들어진, 흙과 모래 먼지와 인간의 피부가 하나가 되어 반쯤 살아 있는 석상처럼 끔찍해 보이는 몰골을 한 그들. 오래전 이곳으로 돌아온, 바깥 세상에서는 도저히 살 수 없을 만큼 변이된, 그리하여 그들의 원래 고향을 차지하고 그 자리에 고정되어 움직임 없는 삶을 이어가는 므레모사의 진짜 귀환자들." (164)

그렇다면 마을에서 이상하게 최면이 걸린 상태로 좀비처럼 행동하는 이들은 누구일까? 그들은 이르슐어가 아니라 영어에 반응을 했다. 레오에 의해 밝혀진 사실은 몇 년 전 독재국가인 이르슐이 반대하는데도 불구하고 국제구호단체가 도움을 주기 위해 방문을 했을 때 그들이 탄 버스가 추락하여 모두 실종이 된 걸로 세상에 알려졌는데, 실은 구호단체 사람들은 아직도 비밀리에 플랜트에서 만들어지고 있는 커맨드에 의해 신체 뿐만 아니라 정신까지 조종을 당하는 좀비와 같은 존재가 되었던 것이다. 레오가 이 투어에 참가한 이유도 구호단체의 옛 동료를 찾기 위해서였다. 커맨드는 강력한 암시와 조종을 걸어 정신을 무너뜨리게 할 수 있는 강력한 생화학 물질이다. 관광객 일원 중 숲에 가서 죽게 된 탄과 레오, 유안외 나머지는 모두 이 강력한 암시에 걸려 므레모사에 남기로 결정한다. 이들은 또 다른 좀비가 될 것이다. 결말은 이보다 더 충격적인데 유안은 함께 이 곳을 탈출하여 세상에 이 끔찍한 비밀을 알리자는 레오를 의족으로 죽이고 나무 인간이 되기로 결심한다. 이 소설의 마지막 장면을 보자.

> "유안은 귀환자들의 앞으로 기어가서, 검은 나무껍질 사이 붙박인 그들의 눈을 올려다보며 말한다. '당신들처럼 되고 싶어요. 부디 나를 받아주세요.'" (183)

소설의 마지막 문장인데, 유안이 스스로 이 귀환자들과 같이 되려고 하는 이유는 무엇일까? 한강의 『채식주의자』에서 주인공이 스스로 나무가 되기로 한 결말과 비슷한 느낌을 받는다. 아주 한국적인 소재라고 할까, 한국인의 정서가 반영되는 결말이라고 할까, 나무인간과 좀비, 커맨드와 같은 요소들은 사실 전체주의 체제를 다룬 디스토피아 문학과 약간은 이질감이 느껴지는데, 가장 중요한 문제는 그 발단이 환경 문제라는 점이다. 소설에서 독재국가로 묘사되는 이르슐이 국가 통제하에서 비밀리에 생산하는 생화학무기의 존재와 화재로 인한 독극물의 방출, 이로 인해 발생하는 자연 훼손과 인간의 비극, 이 점이 현대판 디스토피아를 보여준다고 하겠다.

13

동물의 디스토피아 『모로 박사의 섬』

지금까지 20세기가 시작되고 100여 년에 걸친 디스토피아 문학을 대략 연대순으로 살펴보았다. 유토피아 문학에서 고귀한 이성을 가진 말, 휴이넘에 대해서도 공부했다. 조지 오웰의 『동물 농장』은 동물을 주인공으로 다루었지만 실은 스탈린주의 비판하기 위한 일종의 비유였고, 시기적으로는 조지 오웰보다 앞선 허버트 조지 웰즈의 『모로 박사의 섬』(1896)을 조금 살펴보고자 한다. 요즈음은 동물의 권리가 주요한 화두로 대두되고 있는데 아마 동물 권리의 문제를 진지하게 생각해 볼 단서를 제공해주는 최초의 작품이 아닐까 한다. 19세기 말 1896년에 출간된 소설인데, 웰즈를 과학 소설의 아버지라고 부르는 이유를 알게 될 것이다.

허버트 조지 웰즈는(Herbert George Wells) 과학소설의 아버지로 불려질 정도로 19세기에 과학적 지식과 상상력을 극대화한 작품들을 써서 그 이후의 20세기 과학소설은 모두가 그의 영향을 받았다고 해도 과언이 아닐 것이다. 물론 웰즈 이전 영국에서는 메리 셸리의 『프랑켄슈타인』이 1811년 익명으로 발표되었지만 그 소설의 기본이 되는 아이디어는 1786년 이탈리아 볼료나 대학교의 루이지 갈바니 교수가 죽은 개구리 뒷다리가 전기 자극을 받고 꿈틀거리는 것을 발견한 갈바니즘이라고 볼 수 있다. 18세기 말의 아이디어인 것이다. 19세기가 시작되면서 본격적으로 과학 기술이 발전하였고 19세기 말 빅토리아조 시기에는 인류가, 적어도 영국인들이 이룩해낸 엄청난 과학 기술의 발전에 모든 사람들이 환호할 때였다.

웰즈는 1866년에 태어나서 1946년에 사망한 영국의 소설가, 문명비판가이다. '과학 소설의 아버지'라고 불린 이유는 대학에서 배운 생리학 지식을 이용하여 동물 생체실험을 글의 소재로 삼거나 우주의 이야기를 다룬, 시대를 앞선 작품들 때문이다. 그 시대 프랑스의 『해저 이만리』로 유명한 쥘 베른과 함께 과학 소설의 시대를 열었다고 할 수 있다. 그 시대 작품에 등장한 과학 기술의 결과물이 20세기에는 현실이 된 것을 보면 놀랍다. 대학에서 생리학을 전공했다고 하면 대학 교육을 받을 정도의 유복한 가정 환경을 상상하겠지만 웰즈의 가정은 너무 빈한하여 어머니가 남의 집 메이드로 일을 할 정도였다. 주인집 서재에서 빌려 온 책들이 그의 독서의 원천이 된 것이다. 그는 어려서부터 교사 생활과 도제 생활을 했으며, 장학금을 받아 대학 공부를 하였고 올더스 헉슬리의 할아버지인 토마스 헨리 헉슬리에게서 생리학을 공부했다.

과학 소설이라고 볼 수 있는 그의 대표작은 1895년작 『타임 머신』(*The Time Machine*), 1896년작 『모로박사의 섬』(*The Island of Doctor Moreau*), 1897년작 『투명인간』(*The Invisible Man*), 1898년작 『우주전

쟁』(*The War of the Worlds*)이다. 그 이후의 작품들은 과학 소설과는 먼 중산층의 삶을 묘사하거나 사회 개선, 문명비판에 관한 글이다. 다른 작품들도 19세기 말의 작품으로는 아주 놀라운 미래의 이야기를 쓰고 있는데, 여기서 다룰 『모로박사의 섬』은 동물 학대라는 주제를 담고 있기도 하지만 디스토피아 문학의 주제인 전체주의가 실행되고 있는 모습도 볼 수 있다. 또한 제국주의의 시각에서도 볼 수 있는데, 쉬운 주제부터 살펴보자면 식민지 개척을 통해 제 3세계, 식민지배를 받는 국가나 민족, 개인에게 본국이 우월하다고 생각하는 종교, 언어, 가치관, 윤리관을 일방적으로 강요하는 형태이다. 제국주의 초창기 소설 중 다니엘 디포의 『로빈슨 크루소』에 대해서는 들어본 적이 있을 것이다. 배가 좌초해서 무인도에 도착한 로빈슨 크루소가 원주민 '프라이데이'에게 영어를 가르치고 기독교를 전파하고 곡물을 재배하는 법 등 선진문화를 강요하는 가장 단적인 예를 보여주는 작품이다. 이와 마찬가지로 신의 영역에 해당하는 창조의 능력을 가진 모로 박사는 몽고메리와 더불어 동물인간에게 신과 같은 존재로 군림할 뿐 아니라 인간의 법과 규율을 강조한다.

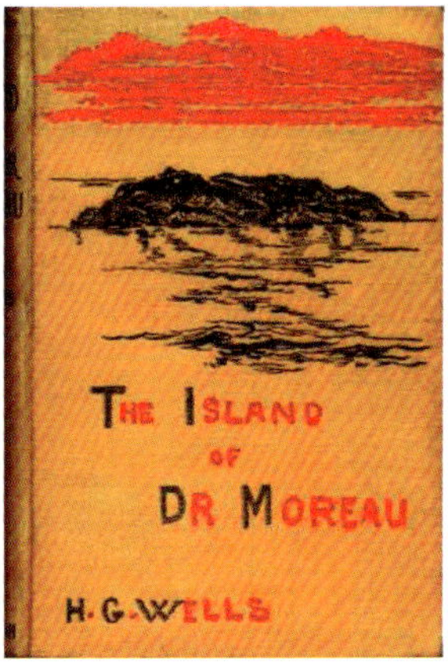

모로박사의 섬 초판 1896
〈위키피디아 Public domain〉

전체 줄거리는 화자인 에드워드 프렌딕이 탄 배가 남태평양 해안에 난파한다. 무인도인 줄 알았던 섬에서 프렌딕은 모로 박사와 조수인 몽고메리를 만나게 되는데, 모로 박사는 유명한 생리학자로 11년 전 런던에서 추방당했다. 섬에서 조수 몽고메리의 조력을 받아 동물을 인간으로 변이시키는 생체실험을 하고 있었다. 동물이었던 수인들은 모로 박사를 숭배하고 인간처럼 행동하는 법을 추구하는데, 모로 박사가 표범에게 살해당하고 몽고메리도 죽자 수인들은 원래의 동물 상태로 퇴화한다. 결국 프렌딕은 작은 배를 타고 11개월 만에 섬을 탈출한다.

그러나 이 이야기는 앞에서 『걸리버 여행기』처럼 본인의 경험을 후일에 기록한 것이 아니라 삼촌 에드워드 프렌딕의 이야기를 조카인 찰스 에드워드 프렌딕이 삼촌의 뜻을 따라 대중에게 공개한다는 형식을 취하고 있다. 앞에서 여러 번 다룬 액자구조를 취하고 있다. 화자인 프렌딕의 이야기가 다른 사람, 조카를 통해 전개되게 함으로써 독자들로 하여금 그 이야기를 믿게 하는 신빙성을 높여주는 효과를 발휘한다. 왜냐하면 섬에서 겪은 11개월의 악몽과 같은 경험으로 인해 에드워드 프렌딕은 정신이상으로 여겨지고 그를 진료한 의사는 스트레스로 인해 기억상실증에 걸린 드문 케이스로 보고하기도 했기 때문에 잃어버린 11개월의 기억은 다시 제3자의 증언을 통해 세상에 나온다는 틀을 만든 것이다. 이 이야기에 신뢰를 주기 위해 조카는 삼촌이 1887년 2월 1일 레이디 베인호를 타고 남위 1도, 서경 107도 부근에서 좌초했으며 11개월 뒤 1888년 1월 5일, 태평양연안 카야오, 남위 5도 3분, 서경 101도에서 구조되었다는 점을 말하고 있다. 삼촌의 이야기가 정신병자의 헛소리나 지어낸 이야기가 아니란 점을 강조하고 있다.

프렌딕이 레이디 베인호가 좌초된 후 구조된 작은 배에서 처음으로 보게 된 이상한 존재는 동물인간, 수인(獸人)이다. 영어로는 'human-like hybrid beings'이다. 앞으로는 수인으로 부를텐데, 그 모습을 묘사한 내용을 보자.

"내가 보기에 그는 작은 키에 넓적하고 통통한 몸통, 굽은 등과 털 투성이 목, 머리통은 양 어깨 사이에서 내려앉은 이상한 체형의 사내였다. 그는 감색 서지(serge)-모직물의 일종이죠, 를 입었고 머리털은 유달리 굵고 거친 검정색이었다....말로 표현하긴 어렵지만 그 검은 얼굴이 번쩍 떠오른 순간 나는 엄청난 충격을 받았다. 아주 추한 몰골이었다. 그의 안면은 툭 튀어나와서 개나 고양이의 주둥이를 연상케 했고 반쯤 벌어진 커다란 입에는 지금까지 사람의 얼굴에서 한 번도 본 적이 없는 크고 하얀 이빨이 보였다. 적갈색 눈동자에는 흰자위가 거의 보이지 않았고, 눈가에는 핏발이 서 있었다." (19~20)

이 괴이한 존재는 상상하기도 어려울텐데, 수인의 실체를 전혀 알지 못하는 프렌딕의 눈에 비친 수인의 모습이다. 나중에 모로 박사가 직접 한 이야기이지만 모로박사는 차례차례로 동물을 인간으로 만드는 생체해부 실험을 하는 도중 1년에 한두 차례 생체실험에 사용할 동물을 구해오기 위해 몽고메리를 섬 밖으로 보내는데 아프리카에서 표범을 가져오는 도중 프렌딕을 만나게 된 것이다. 그리고 이 모로 박사가 금지된 실험으로 영국에서 추방된 유명한 생리학자인 점이 드러났다. 프렌딕은 그 때의 사건을 기억하는데, 한 기자가 특종기사를 잡기 위해 모로박사의 연구실에 잠입했고 동물을 대상으로 한 잔인한 실험이 세상에 알려지면서 결국 모로 박사는 영국을 떠나게 되었다. 그 이후 소식이 전혀 없던 모로 박사를 남태평양의 무인도에서 만나게 되는데, 여기에서도 동물을 완전한 인간으로 만드는 생체실험을 계속했던 것이다. 동물이었던 수인들은 모로 박사를 신처럼 숭배하고 인간처럼 행동하기 위한 법을 추종하며 살아가고 있는데, 그들의 법은 다음과 같다.

> "네발로 걷지 않는다. 그게 법이다. 우리는 사람 아닌가?
> 물을 핥아먹지 않는다. 그게 법이다. 우리는 사람 아닌가?
> 물고기나 고기를 먹지 않는다. 그게 법이다. 우리는 사람 아닌가?
> 나무껍질을 할퀴지 않는다. 그게 법이다. 우리는 사람 아닌가?
> 다른 사람을 뒤쫓지 않는다. 그게 법이다. 우리는 사람 아닌가?"
> (92)

이런 금기사항을 담은 법을 몸을 흔들며 끝없이 암송한 다음에는 수인들은 "그분은" 시리즈를 계속 낭송한다.

> "그분의 집은 고통의 집이다.
> 그분의 손은 창조의 손이다.
> 그분의 손은 상처를 주신다.
> 그분의 손은 상처를 고쳐주신다....
> 하늘의 별이 그분의 것이다." (93)

앞에서 다룬 『동물농장』의 계명이 생각난다. 『동물농장』에서는 인간과 대적하는 동물들의 단합과 동물들의 이상사회를 지향하는 계명이었다면, 모로박사의 동물들은 인간임을 선언하는 계명을 암송하고 자기들을 창조한 모로박사를 신격화하는 선언이라고 볼 수 있다. 문제는 동물을 인간으로 만드는 과정에 동반되는 신체적 고통과 잔인함이다. 인간이 자연, 즉 동물의 세계에 개입할 권리를 가졌는가? 모로 박사는 인간을 창조한 신의 영역을 넘보고 있지만 기독교에서 말하는 하나님이 창조한 인간, 동물, 식물의 세계를 마음대로 훼손하고 변질시킬 권리가 인간에게 주어진 것은 아니다. 따라서 작가가 말한 것처럼 이 작품은 '신성모독'으로 읽어도 될 것이다.

종교적인 주제는 차치하더라도 실험에 따르는 육체적 고통뿐만 아니라 동물이 인간으로 변화하는데 따르는 정신적 고통도 같이 수반되는데 그 문제에 대해 전지적 능력을 가진 모로 박사는 냉담한 태도를 취한다. 우리는 인간의 아이덴티티(identity)에 대해 무수히 논하고 주장하고 선언한다. 그러나 동물들을 인간으로 만들려는 실험이 가능하다고 믿고 실험하는 인간의 아이덴티티는 무엇이라고 규정해야 할까? 따라서 과학적 진리 탐구에 수반되는 도덕적 해이의 문제도 이 작품에서 심각하게 다루어지고 있다고 생각한다. 그러므로 이 소설이 1896년 발표되자마자 엄청난 반향이 있었으며 영국 과학계에 동물생체 해부 실험이 논란의 대상이 되었고 결국 생체해부 금지협회가 설립되기까지 하였다. 책 한권이 가지는 힘이 놀랍다.

다시 소설의 내용으로 돌아가면, 모로 박사는 동물을 인간으로 바꾸는 실험을 하는데, 동물을 불완전한 존재로 치부하고 실험을 통해 완전한 존재인 인간으로 바꾸고자 하는 의도이다. 이 관계 역시 제국주의적 시각으로 볼 수 있는데, 포스트 콜로니얼리즘 즉 탈제국주의적인 입장에서 보면 식민지를 개척하는 나라와 식민지배를 당하는 나라는 언어나 문화, 종교에 있어서 열등이나 우월로 나뉘어지는 것이 아니라 차이와 다름의 차원에서 보아야한다는 것이 요지이다. 이 관점에서 보면 인간과 동물은 다른 종이며 각자 고유한 삶의 방식이 있는 것이다. 그런데 인간이 우월적 지위에서 열등한 종족인 동물을 자신과 같은 인간으로 개조한다는 발상 자체, 즉 인간화가 교화라는 등식의 사고가 앞에서 말한 신성 모독일 뿐만 아니라 제국주의의 또 다른 형태라고 해석할 수 있다. 그 과정에서 발생하는 동물이 겪는 고통의 장면을 살펴보자. 퓨마를 인간으로 만들기 위해 해부하는 장면인데, 고통의 비명 소리에 몽고메리도 프렌딕도 불안감을 떨칠 수가 없다.

> "몽고메리는 나를 방안에 남겨둔 채 다시 나갔다. 그는 방안에 있는 내내 해부당하는 퓨마의 비명에 초조함을 감추지 못했다....나는 계속되는 울음소리에 신경이 몹시 날카로워졌다. 오후가 지나면서 비명의 폭과 강도는 더욱 커졌다. 처음에는 불쾌한 정도였지만 지속적으로 반복되자 결국엔 내 마음의 균형이 무너졌다....나의 감정을 끊임없이 자극하던 울부짖음은 결국 나에게 너무나 극렬한 고통을 주었고, 나는 사방이 막히고 좁아터진 그 방에서 더 이상 버텨낼 수 없을 지경에 이르렀다." (58~9)

퓨마 이외에도 모로 박사가 실험한 동물은 많았는데, 프렌딕은 그중에서 가장 무서운 수인이 표범 인간과 하이애나와 돼지의 합성 인간이라고 말한다. 동물 하나를 인간으로 개조하는 것이 아니라 종과 종을 섞어서 다시 인간화를 하는 것이다. 또한 황소 인간과 은빛 털복숭이 인간과 원숭이와 염소로 만든 사티로스를 닮은 인간도 있었다. 프렌딕은 이들과의 생활에 점차적으로 익숙해져서 처음 느꼈던 공포 대신 그냥 겉모습만 변한 짐승이라고 느껴질 정도가 되었다. 몽고메리는 오랜 시간 동안의 경험에서 비롯된 것인지 몰라도 동물 인간을 평범한 사람처럼 대한다.

그러나 이러한 생활도 모로박사가 퓨마 인간에게 살해당하자 절대자로 군림하던 그가 만들어놓은 질서와 규율이 붕괴되고 프렌딕은 수인들이 '퇴화'되어 가는 것을 목격한다. 섬의 지배구조가 전체주의 체제이며 박사는 절대적인 권력의 지배자였기 때문에 그의 몰락은 당연히 전체주의 시스템의 붕괴를 가져온다. 그러나 퇴화의 과정이 본래의 동물

모습으로 돌아가는 것, 즉 자연 상태로 돌아가는 것이 아닐까? 생명을 창조하려던 프랑켄슈타인 박사의 시도가 실패로 끝났듯이 동물을 인간으로 만들려는 모로 박사의 실험도 결국에는 실패로 끝난다. 모로 박사의 죽음 후 혼란 상태에 빠진 몽고메리는 몇 명의 수인들과 술을 마시다가 사소한 시비 끝에 죽게 된다. 그러나 그전에 이 섬에 있던 배도 불태워버린다.

프렌딕은 공포에 질려 섬을 탈출하려고 하는데, 몽고메리가 배를 불태웠기 때문에 해안가로 밀려온 작은 배를 타고 사흘을 바다에 떠다니다가 샌프란시스코로 가는 쌍돛대 범선에 의해 구조되었다. 프렌딕은 이상하게도 인간 사회로 돌아가고 싶은 욕망을 느끼지 못했다. 단지 불결한 동물 인간들 틈에서 빠져나온 것을 다행으로 여겼고 인간사회에서는 기대했던 자신감과 위안을 얻지 못하고 도리어 섬에서 겪은 불안과 공포만 커져갔다.

『걸리버 여행기』에서 걸리버가 휴이넘즈랜드를 떠나 인간 사회로 돌아왔을 때, 그는 인간의 냄새에 강한 혐오감을 느끼며 휴이넘을 그리워하는데, 프렌딕의 모습은 그와 대조된다. 그는 사람을 볼 때마다 '내가 만난 남자와 여자들이 또 다른 동물 인간이 아닐까?', '사람의 영혼과 외형을 표면적으로만 정교하게 만들어낸 동물이 아닐까?', '머잖아 이런저런 짐승 표식을 내보이며 퇴화하기 시작하는 것은 아닐까?' (209)하는 생각을 한다. 그리고 본인조차도 이성적인 존재가 아닌 뇌에 이상한 장애가 있어 혼자 방황하며 고통받는 한 마리 짐승같다고 생각합니다. 11개월간의 섬 생활이 그에게는 크나큰 트라우마를 남긴 것이다. 그럼에도 불구하고 책을 읽고 천문학을 공부하며 하늘의 별을 보며 마음의 평정을 찾아간다. 작품의 마지막 장면은 새로운 20세기의 도래를 바라는 희망의 메시지인 것 같다. 인간의 동물에 대한 잔인한 학대, 신의 영역을 침범한 죄, 제국주의적 발상, 전체주의적인 관계 등 모든 구시대의 유물을 떨쳐 버리려고 한 것은 아닐까? 소설의 마지막 장면을 보자.

> "우리가 찾아내야 하는 것은 내면의 동물성이 아닌 그 이상의 것인 위안과 희망이다. 그것은 매일 우리의 근심과 인간사의 죄악에서가 아니라 저 광대하고 영원한 물질의 법칙에서 찾아야 한다. 그런 희망 없인 나는 살아갈 수가 없을 것이다. 그렇게 희망과 고독 속에서 내 얘기를 마친다." (211)

이처럼 상상력을 자극하는 소설은 꼭 영화로 만들어진다. 더구나 출간 당시 엄청난 반향을 불러일으킨 작품이었으니까. 그런데 영화는 20세기가 되어서야 만들어진다. 19세기 말은 아직 영화의 시대가 아니니까. 1913년 프랑스에서 이 소설을 원작으로 한 무성영화가 만들어진 이후 1932년, 1959년, 1977년, 1996년까지 계속 영화로 만들어진다. 수인을 잘 표현하는 것이 관건일텐데, CG기술이나 다른 영화 관련 기술이 발전되면 앞으로도 새로운 버전의 영화 『모로박사의 섬』이 나타날 것이다.

14

아메리칸 드림의 실패 『위대한 개츠비』, 『세일즈맨의 죽음』

유토피아 문학에서 아메리칸 드림을 이야기했고 아메리칸 드림의 실패를 선언하고 유러피언 드림에서 희망을 본다는 제레미 리프킨의 『유러피언 드림』도 살펴보았다. 이제 F. 스콧 핏제럴드의 『위대한 개츠비』와 아서 밀러의 『세일즈맨의 죽음』에서 아메리칸드림의 실패를 살펴보자. 물론 이 작품들 이외에도 존 스타인벡의 『생쥐와 인간』이나 싱클레어 루이스의 『배빗』, 헌터 톰슨의 『라스베가스의 공포와 혐오』와 같은 작품들도 아메리칸 드림의 실패를 다루고 있다. 앞에서 제임스 트러슬로우 애덤스의 『미국의 서사시』에서 '아메리칸 드림'이라는 표현이 처음 등장했다고 이야기했다.

1931년도에 출간된 책에는 이미 재즈 에이지를 지나 1929년 대공황이 시작된 시점이었다. 1929년 10월 24일 검은 목요일(Black Thursday)이라고 불리는 그날 월스트리트의 주가 폭락으로 1차 세계대전 이후 지속되던 경기 호황과 그에 따르는 소비 향락의 문화가 하루 아침에 끝이

난 큰 사건이었다. 이 대공황을 직접 겪은 인물이 아서 밀러의 주인공이라면 핏제럴드의 작품은 좀 더 다른 차원에서의 아메리칸 드림의 몰락을 비유한다고 해야할까? 훨씬 문학적인 면에서 상징이나 비유로 이해할 수 있다.

『위대한 개츠비』의 주인공 개츠비는 중서부의 가난한 집안 출신으로 1차 세계 대전에 참전한 군인이었다. 소설의 현재 시점에서 8년 전의 과거로 돌아가 한 때 사랑했던 부유한 집안의 아름다운 데이지에게 한 순간 사랑에 빠지고 그녀와 결혼하기 위해 8년의 세월 동안 부를 축적하여 마침내 이미 결혼한 데이지를 만난다. 개츠비의 비극은 그가 과거를 되돌릴 수 있다고 확신하는데서부터 시작한다. 금주법이 시행되고 있던 당시 밀주, 밀매를 해서 큰 돈을 벌었을 것이라는 소문에도 불구하고 데이지에 대한 그의 사랑은 작품의 화자인 이웃 닉의 감탄과 신뢰를 얻게 된다. 결국 여러 사건으로 인해 개츠비는 죽게 되지만 그 죽음 뒤에도 데이지를 보호하려던 사랑이 있었던 것이다. 그의 순수한 사랑을 받을 가치가 없는 데이지의 경박한 사랑, 자본의 뒤로 숨어서 범죄 행위를 감추려는 비도덕성 등이 먼 옛날 17세기 네델란드 선원들이 처음 이 신대륙에 발을 디디며 꿈꾸었던 아메리칸 드림의 실패임을 상징적으로 보여주는 소설이라고 볼 수 있다.

개츠비의 사망 후 뉴욕에 환멸을 느낀 화자 닉은 고향으로 돌아가기로 결심한다. 뉴욕을 떠나기 전날 닉은 회상에 잠기는데, 소설의 마지막 부분이 문학적으로 완성도가 높은, 개츠비의 이상 즉 데이지에 대한 사랑을 다시 얻는데 실패한 점과 아메리칸 드림의 실패를 병렬적으로 보여주고 있다. 해변가에서 해가 지고 달이 떠오르자 닉은 문득 오래전 이곳에 첫 발을 디딘 선조들을 상상한다.

> "달이 차츰 높이 떠오르자 조그맣게 보이던 집까지도 눈앞에서 사라져갔다. 그러자 예전에는 네델란드 선원의 눈에 찬란하게 떠올랐다는 이 섬이 서서히 떠올랐다. 이 섬은 신세계의 녹색 가슴이었던 것이다. 지금은 사라져 보이지 않는 나무들, 개츠비의 저택을 위해 떠난 나무들도 예전에는 모든 인간들의 꿈 주에서 마지막이면서도 원대한 꿈을 속삭여 주었을 것이다" (217)

그리곤 갑자기 이 네델란드 선원과 마찬가지로 오랜 시간 동안 데이지를 찾을려고 먼먼 길을 돌아 바로 데이지의 집과 이어진 부두의 끝에서 반짝이던 녹색 불빛을 발견했을 때의 개츠비를 상상한다.

> "그는 멀고도 험한 여행 끝에 이곳으로 왔을 것이다. 그리고 자신의 꿈은 조금만 더 있으면 이루어진다고 믿고 있었을 것이다. 하지만 그 꿈이 자신을 저버리고 어두운 들판이 밤하늘 아래 꿈틀거리고 있는 공화국의 도시 저 멀리의 아득한 곳으로 달아났다는 것을 모르고 있었던 것이다. (217)

슬프지만 아름다운 비극인 것 같다. 평자들에 의해 이 작품이, 혹은 개츠비의 실패와 죽음이 아메리칸 드림의 실패를 상징한다고 해석되고 있지만 개츠비의 사랑에 대한 열정과 헌신만큼은 그 어느 작품에서도 찾기 힘든 순수한 힘이라고 생각한다. 이 소설의 배경이 바로 1920년대의 재즈 시대(Jazz Age)다. 1차 세계대전 이후 10년 정도 짧게 지속되었던 시기였다.

1929년 대공황이 시작되고 10년 동안은 미국 사회에 엄청난 변화와 좌절을 가져단 시기였다. 이제는 말 그대로 아메리칸 드림의 실패가 현상으로, 실제로 곳곳에 드러난다. 이 현상을 가장 리얼하게 보여주는 작품이 밀러의 『세일즈맨의 죽음』인데, 1949년에 출간되었을 때 미국인들은 자신들의 현실을 너무나 적나라하게 꼭 집어서 보여준 희곡을 보고 반응이 어떠했을까? 이 작품은 한 가족의 이야기를 다루지만 미국의 국민적 가치들과 관련된 더 확장된 문제들도 다루면서 아메리칸 드림에 대한 맹목적인 믿음으로 인해 치러야 하는 대가의 문제를 다루고 있다. 혹자는 이런 면에서 이 작품을 고대 그리스의 비극적 전통을 이어받은 작품이라고 극찬을 한다.

아서 밀러는 미국이 전후 경제에 의해 길들여진 자본주의적 물질만능주의를 중심으로 형성된 그릇된 신화를 국민들에게 팔고 있다고 비난하고, 그런 물질만능주의가 개인적 진실과 미국 건국의 아버지들이 묘사한 본래의 아메리칸 드림의 도덕적 측면을 모호하게 만들었다고 주장한다.

이 희곡은 1949년 브로드웨이에 초연된 이후 전세계적으로 가장 많이 공연되는 작품 중의 하나가 되었으며 심지어 1983년 중국 베이징의 인민극장에서 작가의 연출로 공연되기도 했다. 지금은 연극 무대에서 과거를 회상하는 플래시백 기법이 흔하게 사용되지만 이 작품에서 마지막 부분 '레퀴엠'을 제외한 전편이 만 하루 동안에 일어난 일을 담고 있는데 주인공 윌리 로먼의 과거 회상 장면을 통해 소설의 현대적 기법인 '의식의 흐름'과 같은 효과를 보여주고 있다. 단 하루 동안 무대 위에서 사건과 행위가 집약되어서 왜 윌리는 자살하게 되었는가에 초점을 맞추므로 그리스 고전 비극이 지키는 단일한 시간적, 공간적 배경을 지킨다는 점에서 전통 비극의 유산을 이어받은 작품이라고 볼 수 있다.

작가가 처음 작품의 제목을 구상할 때 '그의 머릿속'(The Inside of His Head), 혹은 '유예기간'(A Period of Grace)를 생각하기도 했는데,

전자는 지극히 개인적인 자유연상, 즉 의식의 흐름을 따른다는 부분이 강조된 것 같고 후자는 보험금이나 대금 결제의 유예기간을 의미하는 말로 사회극의 요소를 표현하고 있다. 결과적으로는 이 두 제목보다 '세일즈맨의 죽음'이 훨씬 효과적이었던 같다. 시간 배경이 만 하루이며 윌리의 집 주변이 무대 공간인데 과거에 대한 연상을 표현하기 위해 자기 집 부엌에서 윌리는 친구 찰리와 카드놀이를 하지만 생각은 죽은 형 벤과 이야기를 나눈다. 이것을 연극 무대에 효과적으로 표현하는 것이 관건인데, 연출자마다 그 방법이 다르다. 그러므로 희곡 작품은 텍스트가 아니라 연극 무대에 올려진 공연을 감상하길 추천한다. 수없이 많이 연출된 '세일즈맨의 죽음'에서 과거의 회상을 어떻게 연출했는가를 따라가면서 감상하거나 공부하는 것도 좋은 방법이 될 것이다.

줄거리를 살펴보자. 세일즈맨 윌리 로먼은 비즈니스 세계에서 다른 사람들이 '대단히 좋아하고' '인간적으로 매력적인' 남자는 틀림없이 현대 미국의 삶이 제공하는 물질적 안락함을 얻을 자격이 있다고 생각하고 그것이 아메리칸 드림의 약속이라고 생각한다. 그리고 자신의 삶이 아메리칸 드림의 실현이라고 믿는다. 그러나 아메리칸 드림의 본질과는 다른 자본주의적 성공이 사회적 성공의 기준이 되었고 자동차나 텔레비전과 같은 물질적 소유가 삶의 중심에 위치하게 되었다.

그가 극 속에서 계속 회상하는 1928년은 『위대한 개츠비』에서 언급한 재즈 시대이기도하고 1929년 가을 대공황 시기 이전이기도 하다. 1차 대전 이후 경제적 호황에 힘입어 끝없이 생산되는 물자를 소비자로 연결할 세일즈맨이 필요했었고 따라서 윌리는 자본주의, 생산중심주의, 물질중심주의 상징적 역할을 한다. 그가 몰고 다니는 빨간색 자동차를 아들 비프와 해피가 반짝반짝 닦아놓는 것은 탄탄대로의 길을 달리는 자동차와 함께 그 주행에 아들들도 편승해서 빛나는 미래를 꿈꾼다는 의미다. 촉망받는 세일즈맨과 그를 가정의 기둥으로 떠받드는 가족들, 그리고 아들들의 빛나 보이는 미래가 윌리의 황금시대였다.

그러나 대공황이 시작되고 30년 이상 근무한 회사의 사장은 -사장의 아버지가 윌리의 친구였다- 그의 평생의 헌신과 노력에도 불구하고 윌리를 해고했으며 가장 암울한 것은 고교 미식축구의 스타였던 비프가 장학금을 받고 대학교에 진학할 것이라는 기대와는 다르게 수학에서 낙제를 해서 대학은 물론 고등학교도 졸업하지 못한 사실이다. 물론 이 사건은 10년 전의 일이다. 그 이후 비프는 제대로 된 직업을 갖지 못하고 방황한다. 낙제 위기에 처했을 때 수학 공부를 특별히 열심히 해서 대학에 가야야겠다는 결심을 말하려고 찾아간 아버지의 불륜 장면을 목격한 큰아들 비프에게는 이상형으로 여기던 아버지에 대한 배신과 좌절감이 자신의 인생을 망치게 한 것일까? 그 판단은 독자나 관객의 몫이지만 그 이후 큰아들과 둘째 아들은 현재 시점 34세와 32세인데도 변변한 직장도 구하지 못한 채 아버지와의 소통도 단절된 상태이다.

이러한 주제는 21세기 한국의 독자와 관객에게는 약간 식상한 소재일 수도 있지만 이 작품이 최초로 공연된 1949년의 미국 상황을 감안하면 윌리의 이야기는 저기, 길 건너 남의 집 이야기가 아닌 나와 나의 가정의 이야기일 수도 있다는 공감과 개인의 이야기와 함께 미국 사회, 미국이라는 국가의 이야기를 현재와 과거를 교대로 보여주므로 큰 공감을 불러일으켰다. 1차 세계대전과 대공황, 그리고 2차 세계대전의 승리 이후 미국 사회가 처한 정신적 혼란과 아메리칸드림의 실패, 도덕과 윤리의 실종, 자본주의 물질만능주의의 팽배 등 개인과 국가가 안고 있는 문제가 적나라하게 드러난 작품이라고 볼 수 있다. 결국 윌리는 아들 비프가 새 사업을 할 수 있도록 보험금 2만 달러를 남겨주기 위해 무모한 질주를 감행한다.

작품의 마지막 부분은 아들 비프와 윌리와의 갈등이 최고조에 이른 대화를 보여주는데, 비프는 아들에 대한 아버지의 희망이 다 헛것이었으며 아버지의 인생 자체도 싸구려 인생이라고 말한다.

> "비프: 전 고등학교 이후 다닌 직장마다 도둑질 때문에 쫓겨났어요!
> 윌리; 그래. 그게 누구 잘못이란 말이야?
> 비프: 그리고 아버지가 저를 너무 띄어 놓으신 탓에 저는 남에게 명령받는 자리에서는 일할 수가 없었어요! 그게 누구 잘못이었겠어요!...
> 아버지! 전 1달러짜리 싸구려 인생이고 아버지도 그래요!
> 윌리: (통제할 수 없이 격앙하여 비프에게 돌아서서)
> 난 싸구려 인생이 아냐! 나는 윌리 로먼이야! 너는 비프 로먼이고!
> 비프: 저는 사람들의 리더가 되지 못하고, 그건 아버지도 마찬가지예요. 열심히 일해봤자 결국 쓰레기통으로 들어가는 세일즈맨일 뿐이잖아요. 저는 시간당 1달러짜리예요! 일곱 개의 주를 돌아다녔지만 더 이상 올려받지 못했어요. 한 시간에 1달러! 무슨 말인지 아시겠어요? 저는 더 이상 집에 상패를 들고 들어오지 못하고 아버지도 그런 건 기대하지 말아야 해요!
> 윌리: (비프에게 대놓고) 악에 받친 개 같은 자식!" (160~1)

조금 거친 표현이 있긴 하지만 오래 동안 쌓여온 가족들간의 감정이 폭발한 상태를 보여주는 대사들이다. 온 가족이 모인 자리에서 비프는 진실을 말하고, 거짓된 꿈을 태워버리고, 아버지는 아들들의 진짜 모습을 아셔야 한다며 사회의 낙오자, 패배자의 모습을 적나라하게 보여준다. 이 순간 아버지의 아들들에 대한 믿음이 무너지는 것과 동시에 자신의 존재 가치도 같이 무너진 것이다. 그리고는 자신의 목숨과 아들의 미래를 맞바꾸려고 한다.

1, 2막의 구성 다음 '레퀴엠' 진혼곡인데, 레퀴엠은 윌리의 장례식 장면이다. 윌리의 아내 린다는 윌리의 친구 찰리 이외에 장례식을 찾는 직장 동료들이나 지인들이 찾아오지 않는 것을 보고 이렇게 말한다.

> "린다: 그이가 알던 사람들은 다 어디 갔죠? 윌리를 비난하고 있나 봐요.
> 찰리: 아닙니다. 험한 세상이라 그래요. 윌리를 비난하지 않을 거예요.
> 린다: 알 수 없어요. 마침 이때. 삼십오 년만에 처음으로 우리는 빚을 다 갚고 완전히 자유로와졌는데 말이에요. 봉급 조금만 있으며 됐어요. 치과 진료까지도 다 끝낸 상태였어요." (172)

반짝반짝 빛나는 자동차와 방금 보급되기 시작한 텔레비전을 갖추고 미국 이곳저곳을 다니면서 물건과 함께 아메리칸 드림을 팔던 세일즈맨의 참 모습은 이러할지도 모른다. 35년에 걸쳐 갚아야하는 빚, 갑작스런 해고, 부모의 기대만큼 성공하지 못한 아들들... 유토피아 문학이나 디스토피아 문학에서 다룬 작품의 세계는 이와는 다른 비현실적인 느낌이 있었다. 상반되게도 이 작품이 처음 공연되었을 때부터 60여 년이 지났지만, 너무나 현실적인 문제로 다가온다. 찰리가 비프에게 윌리는 꿈꾸는 세일즈맨이었다고 말하는 장면은 일종의 클리셰, 진부한 표현 같기도 하지만 주제와 주제가 지니는 아이러니를 보여주는 것 같다. 꿈꾸는 세일즈맨은 아메리칸드림의 상징으로, 세일즈맨의 실패와 죽음은 아메리칸 드림의 몰락임을 동시에 보여주고 있다.

> 찰리: 넌 몰라. 윌리는 세일즈맨이었어. 세일즈맨은 인생의 바닥에 머물러 있지 않아.... 세일즈맨은 반짝이는 구두를 신고 하늘에서 내려와 미소 짓는 사람이야. 사람들이 그 미소에 답하지 않으면, 그게 끝이지. 모자가 더러워지고, 그걸로 끝장이 나는 거야. 이 사람을 비난할 자는 아무도 없어. 세일즈맨은 꿈꾸는 사람이거든. 그게 필요조건이야. (172~3)

마지막 작품인 가즈오 이시구로의 2021년 작 『클라라와 태양』을 공부해보자. 가즈오 이시구로는 1954년 일본 나가사키에서 태어났지만 1960년 부모를 따라 영국으로 이주한 영국 작가이다. 2017년 노벨 문학상을 수상한 현존 작가이기도하다. 『창백한 언덕 풍경』, 『부유하는 세상의 화가』, 『남아있는 나날』, 『위로받지 못한 사람들』 등 우리나라에 번역된 책이 많기도 하고, 노벨상 수상 이후 이시구로에 대한 관심이 급증한 것도 사실이다. 그의 작품은 2021년 『클라라와 태양』, 2005년에 발표된 『나를 보내지마』 이외에는 대부분 과거의 회상과 그 회상을 통해 주인공의 내면을 깊숙이 파고드는 정서적인 작품 세계를 보여주고 있다. 그의 최근 작품 『나를 보내지마』는 2010년 영화로 만들어져 더 유명해지기도 했는데, 과학소설이라고도 볼 수 있는 복제인간을 다루고 있다. 이 소설 역시 디스토피아 문학으로 볼 수 있다. 생체실험과 동물 복제 실험이 성공을 거두면서 세계 강대국들이 서로 앞다투어 성공한 실험 결과를 발표하는 시기에 일종의 경고를 울린 작품이라고 생각한다.

유토피아 문학을 공부할 때 최초의 과학, 기술문명이 가져다 줄 이상사회인 프란시스 베이컨의 『새로운 아틀란티스』를 공부했다. 『새로운 아틀란티스』가 1626년에 출간되었으므로 거의 400년 만에 과학 기술은 오늘날 극한으로까지 발전하였고 과학 소설이나 과학 영화가 다루는 내용은 지상의 세계가 아니라 마치 판타지의 영역으로 보일 정도로 발전했다고 볼 수 있다. 베이컨 경이 17세기 초, 소설에서 "사물의 숨겨진 원인과 작용을 탐구하고 인간 활동의 영역을 넓혀 인간의 목적에 맞게 사물을 변화시키는" 목적을 달성하기 위한 솔로몬 학술원을 소개하였다. 그래서 놀라운 과학 문명으로 인간의 모든 욕망을 해결할 수 있는 과학적 유토피아를 꿈꾸었다. 이 시기까지가 순수한 유토피아의 시대라고 볼 수 있다.

그 이후 발표된 또 다른 유토피아 문학인 사무엘 버틀러의 『에레혼』에서는 기계문명의 발달이 가져올 파국을 미리 방지하기 위해 모든 기계를 없애버린 유토피아 사회를 보여 준다. 베이컨의 과학이 이룩한 유토피아 사회에서 250년이 지난 시점에는 과학기술의 폐해에 대한 경고의 문학이 등장한 것이었다. 물론 19세기 중반 찰스 다윈의 진화론에 영향을 받은 버틀러는 "지금은 의식을 가진 기계가 없다는 점을 감안하면 기계 의식의 궁극적인 발전에 대비하는 방어책은 있을 수 없지만 생물체의 오랜 기간 동안의 진화를 생각하면 앞으로 2000만년 후에는 기계가 진화하여 어떻게 될지 상상조차 못하므로" 미리 기계의 싹을 자르고 더 이상 기계가 발전하지 못하게 만드는 것이 해결책이라고 생각했다. 에레혼 주민들의 생각을 빌어서. 그러므로 1872년 작품 『에레혼』과 2021년 작품 『클라라와 태양』을 나란히 두고 비교해보면 좋을 것 같다.

15

AI가 가져온 디스토피아 『클라라와 태양』

19세기 말 이후 빠른 속도로 발전한 과학 기술의 결정체가 현시점에서 보면 복제나 AI 기술인 것 같다. 돼지의 심장을 거부 작용을 줄이는 화학 처리를 통해 인간의 몸 속에 이식하여 성공한 뉴스도 봤는데, 1996년 세계 최초로 체세포 복제를 통해 태어난 복제양 돌리를 시작으로 소 복제, 생쥐 복제, 암소 복제에 이르기까지 소위 선진국들은 서로의 과학 기술의 성과를 과시했다. 이미 우리는 웰즈의 『모로 박사의 섬』에서 생체 실험의 기괴함과 폭력성을 보았지만 허구는 허구로 여긴 것일까? 어쨌거나 이제는 복제인간이나 AI, 인공지능은 미래 담론의 키워드가 되었다.

그중 문학적으로 『나를 보내지마』는 아주 감동적이고 슬픈 이야기인데, 복제 인간을 만들어서 국가가 전국적인 시스템으로 관리하며 인간의 장기가 손상이 오면 복제 인간의 장기를 이식받게 되므로 인간에게는, 적어도 작품의 배경이 되는 영국인들에게는 이것이야말로 유토피아가 실현된 것이 아닐까할 정도로 작품 속의 그들은 과학기술의 성공에 환호한다. 그들은 이런 식으로 구약 성경에 나오는 최장수인 므두셀라처럼 969세까지 살기를 바라는 것일까?

한편, 작품을 뒤집어서 사람이 아닌 복제인간의 입장에서 보면 사람과 똑같이 사랑과 질투와 외로움, 생명 연장에 대한 실낱같은 희망도 느끼는데 복제인간은 보통 30세가 되기 전 장기를 서너 번 제공한 후 수술대 위에서 사망이 아니라 종료(complete)된다. 디스토피아의 세계를 이렇게 아름다우면서도 처절하게 다룬 작품은 드물다고 생각한다.

2005년 출간, 2010년 영화화한 복제인간을 다룬 디스토피아 세계를 세상에 내놓은 가즈오 이시구로(Kazuo Ishiguro)가 2017년 노벨상 수상 이후 처음으로 출간한 작품이 『클라라와 태양』(*Klara and the Sun*)인데, 의도는 역시 인간이 이룩한 과학 기술의 끝은 어디인가? AI를 넘어서 AF(Artificial Friend), 즉 인공지능을 가진 로봇 친구가 등장한다. AF까지 가게에서 전시하고, 구매하고, 용도가 끝나면 폐기처분하는 미래의 세계에서 작가는 인간다움은 무엇인가하는 문제에 천착한 것으로 보인다.

클라라와 태양 초판 2021 〈위키피디아 fair use〉

2021년 작품이므로 아직 연구가 충분히 되지는 않았는데, 제목의 클라라는 언뜻 어렸을 때 읽은 동화, <알프스 소녀 하이디>를 떠올리게 한다. 부모를 잃은 하이디는 알프스 산 속에서 할아버지와 외로운 생활을 하지만 항상 밝고 씩씩한 모습을 보인다. 그러나 이모에 의해 프랑크푸르트의 부자집으로 보내져 제대로 걷지 못하는 또래 소녀 클라라의 말동무가 된다. 여러 사건을 거친 후 마침내 하이디는 알프스로 돌아가고 클라라가 하이디를 만나기 위해 알프스 산을 방문해서 자연이 주는 힘에 의해 다시 잘 걷게 되었다는 이야기다. 아마 모두 어렸을 때 하이디와 클라라의 우정이나 눈 덮인 알프스 산을 마음속에 그려보던 추억이 있을 것이다. 즉 친구의 도움으로 건강한 다리를 다시 찾게 된 클라라를 작가는 염두에 둔 건 아닐까? 하여간 하이디와 클라라 두 소녀의 우정이라는 틀과 마찬가지로 『클라라와 태양』은 14세의 병약한 소녀 조시와 조시의 AF가 된 클라라의 이야기이다. 조시는 클라라와 같은 입장이고 AF인 클라라는 하이디와 같다고 보면 될까? 여기에서 조시가 왜 병약할까? 이 작품 역시 먼 미래를 배경으로 하고 있는데, 조시는 유전자 편집의 혜택을 받지 못한 아이이기 때문이다. 유일한 친구 릭도 마찬가지다.

열등한 유전자를 타고난 아이들은 병약하고 모종의 향상 과정(lifting process)을 통해 '향상'되어야하는데 작품에서 어떤 상태로 향상되는지는 모호하지만 학습 능력의 향상과 우수한 대학 입학을 목적으로 하는 것으로 보인다. 릭은 향상 과정을 거치지 않고도 학업 성적이 뛰어나고 그가 개발한 드론의 도면을 가지고 좋은 대학인 애틀러스 브루킹스 대학에 입학하려고 하는데, 면접을 보는 밴스씨는 릭에게 브루킹스 대학을 이렇게 설명한다.

> "무슨 말인지 알겠다. 그래서 좋은 대학에 가려고 그러는구나. 네 재능을 제대로 펼치기 위해서....역량이 뛰어난 모든 학생을, 심지어 유전자 편집의 혜택을 받지 못한 학생까지도 받아들일 만큼 개방적이고 관대하지." (361)

이 작품이 전하는 메시지는 다양하지만 이미 『나를 보내지마』에서 제기한 인간과 복제인간의 구별, 차별이라는 주제와 마찬가지로 이 작품에서도 인간과 AF의 차이, 차별, 또한 같은 인간이라도 유전자 편집의 혜택을 받지 못한 학생과 혜택을 받은 학생으로 나뉘어지고 차별의 메카니즘이 작동한다. 아이들 사이에서도 유전자 편집 혜택을 받지 못한 학생은 소외되고 차별받는다. 이 지점에서 올더스 헉슬리의 『멋진 신세계』가 생각난다.

90여 년 전에 발표된 작품인데도 유사점이 많이 보이는데, 『멋진 신세계』에서는 인위적으로 배아를 만들 때 그 사회에서 필요한 수만큼의 알파, 베타, 감마, 델타, 엡실론 계급의 아기들을 만들어낸다. 실험실이 아닌 자연 상태로 만들어진 아이는 야만인으로 불려지며 그 사회에서 소외되고 배척당한다. 이러한 편견과 차별의 주제는 20세기에 이어서 21세기까지 이어지는 문명사회를 비판하는 키워드로 작동하고 있는데, 실험실의 아기와 자연 임신된 아기, 유전자 편집 혜택을 받은 아이와 그렇지 못한 아이, 혹은 계급별로, 의복 색깔에 따라 계층이 나뉘고, 또한 사람이 동물을 차별하고, 사람이 로봇을 차별하고, 사람이 복제인간을 차별하고...이 목록은 끝이 없는 것 같다. 이러한 주제 역시 이시구로의 작품에 드러나고 있다는 점을 강조하려고 하는 것이다.

유전자 편집이라고 말하니 1997년 영화 <가타카>를 잠깐 언급 하겠다. 헉슬리 작품의 연장선상에 있다고해도 무방하고 『클라라와 태양』의 유전자 편집 과정과도 맞닿아 있는 내용을 다룬다. 줄거리보다는 기본 아이디어가 중요한데, 먼 미래의 가상 사회에서 자연 잉태된 주인공 빈센트는 우성 유전자 조작으로 태어난 아이들보다 지력이나 신체적 조건, 체력 등 전체적으로 열등하다. 이에 실망한 부모는 둘째 아이를 가질 때는 우성 유전자 조작을 한다. 그래서 태어난 아이가 안톤인데, 여러 사건을 거치면서 빈센트는 우주비행사가 되고 싶은 꿈을 실현시키고자 한다.

열성인자를 가진 빈센트는 우주탐사선을 보내는 회사 '가타카'에 청소부로만 취직할 수 있는데, DNA 브로커를 통해 우성인자를 가졌으나 사고로 다리를 다친 수영선수 제롬 모로의 생체정보를 거래한다. 영화가 진행되면서 빈센트의 신분이 탄로날까봐 손에 땀을 쥐게 할 정도로 아슬아슬한 장면이 많이 나오지만 영화의 메시지는 꿈을 꾸는 자는 성공한다는 당연한 결말인데, 유전자 조작이나 열성 유전자를 가진 사람이 사회에서 차별 대우받는 점, 생체정보를 돈으로 거래하는, 즉 자본주의 시장의 시스템을 그대로 가지고 있는 미래의 사회 등을 키워드로 삼고 감상하면 될 것이다.

다시 『클라라와 태양』으로 돌아가서 앞서 이야기한 차별의 문제도 이 작품을 미래의 디스토피아 사회를 엿볼수 있게하는 주제이지만 조금 더 나아가면 조시의 언니 살(Sal)을 잃은 조시의 엄마는 병약한 조시를 또 잃게 되면 딸을 대체하기 위해 클라라에게 조시의 정보를 입력한다. 로봇이므로 기계조작을 한다는 의미보다는 서서히 클라라에게 조시의 말과 행동 모습 등을 비슷하게 따라하라는 것이다. 세월이 지나면 축적된 조시의 정보에 의해 클라라를 딸 대용으로 삼겠다는 조시 엄마의 계획 이 안타깝기도 하고 무섭기도 하다. 클라라는 조시에게는 친구로, 조시의 엄마에게는 딸을 대신하는 AF로, 클라라의 역할은 어느 것이 진짜일까? 작품의 시작 부분에서 이미 인공지능이 발달하여 클라라는 자신이 "여러 감정을 가지고 더 많이 관찰할수록 더 다양한 감정이 생기는 존재" (150)라고 말한다.

『나를 보내지마』에서 복제인간 캐시 H가 1인칭 화자로 소설의 나레이션을 맡고 있는 것과 마찬가지로 『클라라와 태양』 역시 AF 클라라가 1인칭 화자로서 클라라가 보는 세상을 담담하게 말하고 있다. 조시의 병약한 몸은 클라라의 기도와 소원대로 서서히 회복하여 마침내 조시는 대학에 진학하게 되어 집을 떠나면서 클라라와도 헤어지게 된다. 그럼 클라라는 어떻게 될까? 용도 폐기가 된다. 그러므로 AF란 말 자체도 아주 모순적인데, 클라라는 인간에게 친구였나? 인간과 교감하는 인간과 비슷한 존재였나? 장난감처럼 가지고 놀다가 버리는 존재였나? 감정을 지닌 노예와 같은 존재였나?

작품의 첫 부분을 보면 진열대에 있는 물건들처럼 AF를 판매하는 가게가 나온다. 거기에 전시되어 있는 AF들, 즉 클라라와 로사, 렉스가 있다. 소설의 두 번째 문장을 보자.

> "이렇게 해가 움직이는 걸 볼 수 있는 운 좋은 날이며 나는 얼굴을 내밀어 해가 주는 자양분을 최대한 많이 받으려 했다. 로사가 곁에 있을 때는 로사에게도 그러라고 말했다. 1, 2분 정도 지난 뒤엔 원래 자리인 매장 중앙부로 돌아가야 했다. 그 자리에서는 해를 못 볼 때가 많아서 세상에 나온 지 아직 얼마 안 되었을 때는 우리가 점점 약해지진 않을지 걱정했었다. 그때 우리와 같이 있던 소년 AF 렉스가 걱정하지 말라고, 우리가 어디에 있든 해는 우리한테 올 수 있다고 했다. 렉스가 마룻바닥을 가리키며 말했다. '저기 저게 해의 무늬야. 걱정되면 저걸 만져 봐. 그러면 다시 튼튼해질 거야.'" (22)

다소 밋밋하게 보이는 이 문장에서 AF는 태양 빛에 의해 에너지를 공급받고 태양 빛을 받지 못하면 기능이 떨어진다는 것을 알 수 있다. 따라서 앞으로 태양이 가지는 상징은 AF에게는 존재의 원천이 된다. 이 부분을 이해해야만 클라라가 태양에게 의지하거나 소원을 빌고 기도하는 장면을 이해할 수 있을 것이다. 제목이 『클라라와 태양』인데 번역가가 본문에서는 모두 통일되게 '해'라고 표현을 해서 인용을 그대로 하지만 왜 '태양'을 '해'라고 바꾸었는지 아쉬운 부분이다.

조시의 친구로 조시 집으로 가게 된 클라라는 매니저가 말한대로 "관찰하고 배우려는 욕구"가 있으며 "주위에서 보는 것들을 전부 흡수하고 합치는 능력이 대단합니다." 그래서 조시와 엄마, 친구 릭과의 관계를 빨리 파악한다. 그리곤 조시의 건강을 회복시키기 위해 태양에게 기도를 한다. 조시의 건강을 회복시켜보려는 클라라의 마음은 인간의 덕목 가운데서도 최고의 경지인 남을 위해 자신을 희생하는 개념이다. 인간에게도 보기 힘든 자기희생을 로봇이 실천하는 것이다.

> "제가 여기에 이렇게 올 자격이 없다는 거 압니다. 해가 저한테 화가 났으리라는 것도 압니다. 공해를 완전히 멈추지 못해서 해를 실망시켰으니까요. 공해를 계속 생산할 끔찍한 기계가 또 있을 가능성을 고려하지 않았다니 얼마나 어리석었는지 지금은 압니다....제 능력을 감소시킬 수 있는 일이었지만 오직 기쁘게 그렇게 했습니다....제가 오늘 여기 이렇게 온 까닭은 해가 얼마나 인자한지 기억하기 때문이에요. 해가 거지 아저씨와 개에게 그랬던 것처럼 큰 연민을 보여주시기만 한다면요, 조시에게 너무나 간절히 필요한 특별한 자양분을 보내주시기만 한다면요. (395~6)

사람이 어떤 소원을 위해 신이나 또 원시종교에서 태양이나 나무에게 기도를 하는 것처럼 너무나 섬세하게 AF 클라라는 주인이자 친구인 조시를 위해 기도한다. 이점은 『나를 보내지마』에서 복제인간 캐시와 토미, 루쓰의 관계를 통해 볼 수 있는 인간보다 더 인간적인 감정들의 토로와 맞닿아 있는 것 같다. 따라서 물어보아야 할 질문은 이것으로 귀결된다. 무엇이 인간을 인간으로 만드는 것인가? 인간다움이란 어떤 것인가? 마지막으로 조시와 클라라가 헤어지는 장면이다.

> "내가 다시 왔을 때는 네가 여기 없겠지. 넌 정말 최고였어, 클라라, 정말로."
>
> "고마워요." 내가 말했다. "나를 선택해줘서 고마워요." "당연한 선택이었지." 그러더니 조시는 다시 나를 안았다. 이번에는 짧게 안았다가 다시 몸을 세웠다. "잘 있어, 클라라. 잘 지내." "잘 가요, 조시." (434)

조시가 떠난 뒤 클라라는 더 이상 찾는 사람이 없는 B2 4세대 AF이므로 폐기되기 위해 야적장에 버려진다. 이미 구식인 모형이 된 것이다. 지금은 B2가 아닌 혁신적인 모델의 B3 세대이니까. 야적장에서 만나게 된 매니저에게 자기는 조시와의 생활이 성공적이어서 후회가 되지 않는다고 말한다. 좋은 삶이었다는 말이다. 여기에서도 자본주의의 시스템이 작동되는 것을 알 수 있다. 새로운 차량의 모델이 나오면 구형 차는 폐차시키고 신형 차를 사람들이 선호하는 것처럼 인간의 마음을 읽고 인간처럼 행동하는 AF에게 인간은 결국 AF를 기계로만 인식을 한 것이라고 해석할 수 있다. 새로운 모델이 나오면 찾는 고객이 많아지고 클라라처럼 구형 모델은 버려지는 것이다. 아무리 인간의 감정을 주입하고 인간의 친구라고 부르며 일종의 감정을 공유한다 하더라도. 따라서 이 작품이 21세기의 디스토피아 문학으로 불려지는 것이다.

작품의 화자가 사람이 아닌 복제 인간이나 인공지능 로봇인 작품을 공부하니 개가 주인공인 작품이 생각난다. 예브게니 자먀찐의 『우리들』과 비슷한 시기에 출간된 러시아 작가 미하일 불가코프의 개의 심장인데, 중편 정도의 분량인데 『우리들』은 누가 보더라도 단일제국의 전체주의 체제를 드러냄으로써 소피에트 체제에 대한 비판을 하고 있다면 개의 심장은 이와는 조금 다르게 허버트 조지 웰즈의 『모로 박사의 섬』의 영향을 많이 받았다고 볼 수 있다. 웰즈의 소설 속 주인공인 모로 박사는 동물들의 고통을 외면했으며 전체주의적인 형태로 섬에서 독재자로 군림했다. 명령을 따르지 않으면 처벌과 죽음이 뒤따랐는데, 『개의 심장』에서는 괴물을 창조한 프랑켄슈타인 박사나 모로 박사와 달리 개에게 부랑자의 뇌와 생식기를 이식한 의사 프레오브라젠스키는 개 샤릭을 개인간 샤리코프로 만들면서 학대하거나 고통을 주지 않았다. 창조주의 입장이지만 자신의 창조물을 인간처럼 대했다고 할까? 러시아식의 환상문학 전통이 가미되어 있기도 한 이 작품의 첫 문장이 아주 특이하다.

> "우우우--구구구구--우우! 아, 나를 좀 보세요, 내가 죽어갑니다. 눈보라가 개구멍 밑으로 불면서 내게 마지막 임종 기도를 해주고 있어요. 나도 눈보라와 함께 울부짖습니다. 끝장이야, 난 끝장! "(9)

작가인 불가코프는 본인이 의사였기 때문에 해부나 이식과 같은 생리학적인 지식이 충분했을 것이고 소설 속 생체 해부 장면도 아주 세밀하게 묘사되고 있다. 제목인 「개의 심장」은 개에게 인간의 뇌를 주었더니 이젠 개의 심장이 아니라 인간의 심장을 달라는 뜻이 아닐까? 동물을 인간으로 만든다는 모티프를 『모로박사의 섬』에서 받았는지 모르겠

미하일 불가코프 〈위키피디아 public domain〉

개의 심장 〈출처: 열린책들〉

지만 자먀찐보다는 소비에트의 체제에 적응한 인물이었던 것은 사실이다. 정부와 타협해서 자신의 작품을 무대 위에 올리고 집필을 계속했으니까. 표현이 조금 덜 과격했다고 볼 수 있을까? 이 작품 역시 소비에트에서 발생하고 있는 스탈린주의를 풍자하는 작품이라고 여겨졌으며 그는 곧 반소비에트작가로 여겨졌다.

이 작품에서 개를 인간으로 바꾸는 것이 소비에트내의 혁명이나 정치의 급격하고 과격한 변화가 불러올 참상을 풍자했다고 본다. 개 샤릭에서 인간 샤리코프가 된 이후 샤리코프는 인간의 권리를 얻으려고 한다. 자먀찐의 『우리들』과 웰즈의 『모로박사의 섬』을 공부했으니 이 작품도 같이 읽어보면 공통점과 차이점을 느낄수 있을 것이다.

지금까지 디스토피아 문학을 다루었는데, 마지막 작품인 『클라라와 태양』이 던진 질문도 마음 깊이 울림을 던져주고 있다. 디스토피아 문학이므로 희망과 새로운 삶에의 비전 같은 것을 찾기는 어려운 것 같다. 작품에 드러나는 디스토피아 사회가 허구라 하더라도 체제의 불합리성이나 인간 권리의 박탈, 개인의 자유 침해와 같은 상황이 너무나 생생하게 느껴진다.

디스토피아 문학을 정리해 보면, 디스토피아란 용어는 영국의 철학자이자 정치경제학자인 존 스튜어트 밀이 1868년 하원 연설에서 영국의 아일랜드 침탈을 성토하며 사용한 것이 최초라고 할 수 있다. 유토피아의 반의어다. 이보다 앞서 1818년 공리주의를 주창한 제러미 벤담이 '나쁜 장소'라는 카코토피아를 사용했다. 디스토피아나 카코토피아는 인류가 겪고 있는 고통을 의미한다고 이해하면 된다. 그 고통이 시대와 장소에 따라 다르겠지만 질병이든, 억압이든, 환경오염이든 우리를 불행하게 만들고 고통스럽게 만드는 것들이다.

1516년 토마스 모어의 『유토피아』와 함께 유토피아 문학을 시작했는데, 그때부터 약 400년 후 디스토피아 문학이 시작되었다고 볼 수 있다. 20세기 초 3대 디스토피아 문학으로 불려지는 작품은 예브게니 자먀찐의 『우리들』과 올더스 헉슬리의 『멋진 신세계』, 조지 오웰의 『1984』이다. 이 작품들은 이후의 디스토피아 소설에 큰 영향을 끼쳤다. 자세하게 설명을 하려고 노력했지만 작품의 깊이는 직접 전편을 읽어보아야 느낄 수 있을 것이다. 완독을 하면 왜 이 소설들이 3대 디스토피아 문학으로 불려지는지 알 수 있을 것이다. 인간을 고통스럽게 만드는 틀, 체제가 분명하게 드러나고 있기 때문이다.

미래의 가상국가 체제, 주민들을 어떻게 인식하는가, 즉 이름이 아닌 번호가 주어지는 획일적인 사회, 혹은 계급에 따라 의복 색깔이 정해지는 새로운 계급사회, 그리고 빅브라더란 용어가 전 세계에 보편적인 명사로 사용되게 된 시발점인 『1984』의 일망 감시체제 등에 대해 다루었다. 이 시스템에는 미셸 푸코가 말한 감시와 처벌의 메카니즘이 작동을 하고 제러미 벤담이 구축한 판옵티콘 시스템이라는 감시망의 구조가 기본 틀이 된다.

이 세 작품의 발표 시기는 1921년, 1932년, 1949년인데, 비교적 짧은 시기 동안 세계사에 큰 획을 긋는 주요 사건들이 발생했다. 디스토피아 문학은 그 기저에 정치적인 시스템과 이데올로기가 깔려있으므로 주요한 역사적 사건을 꼭 집고 넘어가야한다. 1차 세계대전과 러시아에서 발생한 볼셰비키혁명과 소비에트 사회 건설, 2차 세계대전과 홀로코스트, 그리고 전후 미소 냉전체제까지 그 이전의 몇 세기와 비견해도 될만한 큰 사건들이 이 시기에 발생했다. 그러니 당연하게도 작가들도 영향을 받고 문학 작품도 그러한 역사적 맥락에서 집필되었던 것이다. 물론 이와는 전혀 상관없이 인간의 내면과 심리에 천착하는 문학 작품도 있다는 건 당연하다.

주요 세 작품 이외에도 1920년에 출간된 『끝없는 밤의 도시』는 1차 세계대전에서 비록 패망했지만 독일의 재부흥과 파시즘의 대두에 대한 두려움을 나타내는 작품이며 독일에서 나타나는 파시즘의 징조를 빗대어 연출한 무르나우 감독의 무성 영화 <노스페라투, 공포의 교향곡> 역시 주목할만한 작품이다. 유럽에서 진행되고 있던 파시즘에 대한 공포가 얼마나 진지하게 성찰되었는지를 알 수 있는 단서이니까. 그러나 이보다 앞서 잭 런던은 1907년작 『강철군화』에서 과두정 '강철군화'가 노동자 혁명을 얼마나 잔인하게 타도했는지를 보여주고 있다. 그러나 이 작품은 연구가 활발하게 이루어지지 않아서 비교적 자세하게 설명을 하려고 노력했다. 액자구조의 틀이 신선한 장치이고 이후로도 많은 작품들이 미래의 가상국가를 설정할 때 모델이 된 것 같다.

조지 오웰의 『1984』 후 『동물 농장』을 살펴보았는데, 동물들의 계명이나 모로박사의 동물들의 계명은 영어로 읽으면 라임이 맞아서 작품의 분위기를 더 잘 알 수 있을 것이다. 동물을 의인화하여 스탈린주의를 비판한 작품이다. 2차 세계대전과 관련하여 윌리엄 스타이런의 『소피의 선택』은 홀로코스트를 다룬 많은 작품 가운데서도 외적인 사건이 인간의 내면을 파괴시키는 심리적인 문제를 다룬 작품이었다. 현대소설의 특징을 많이 나타내고 있는 앤소니 버지스의 1962년작 『시계태엽 오렌지』는 주인공으로 청소년이 등장하며 악행의 이유가 설명되지 않는 새로운 빌런의 탄생을 보여주었다. 그러나 그 소년을 국가가 실험을 통해 인간개조를 한다는 발상 자체는 이전 작품들에서 본 전체주의적 방식이라고 생각한다.

그리고 캐나다 작가 마가렛 앳우드의 『시녀 이야기』는 또 다른 전체주의 체제인 신정정치를 표방한 시스템 내에서 여성에 대한 억압을 극대화한 작품이다. 여성주의, 환경문제, 전체주의 등 현대적인 논점들을 다루고 있다. 한국 작가인 김초엽의 『므레모사』 역시 환경 문제를 다루고 있는데, 비밀리에 실시한 생화학물질 생산 실험이 화재에 의해 실험실과 플랜트가 타버리고 독가스가 퍼져나간 이후의 참상에 대한 이야기를 다루었다. 주인공 유안을 중심으로 한 개인의 이야기와 독재국가 이르슐의 실험을 중심으로 한 두 라인이 씨실과 날실처럼 짜이게 한 구조다. 그리고 아메리칸 드림의 실패를 다룬 스콧 핏제럴드의 『위대한 개츠비』와 아서 밀러의 『세일즈맨의 죽음』을 다루었는데, 디스토피아 문학으로 보는 것보다는 문학 작품이 그리고 있는 상징성에 주의를 기울여 보면 좋을 것 같다.

마지막으로 생체 실험과 관련하여 원조라고 볼 수 있는 허버트 조지 웰즈의 『모로 박사의 섬』과 이 작품 이후 100여년이 지난 현재에 과학

기술의 극한이라고 볼 수 있는 복제인간과 인공지능을 장착한 로봇 친구 AF를 다룬 가즈오 이시구로의 『나를 보내지마』와 『클라라와 태양』에 대해서도 살펴보았다.

맺음말 Epilogue

이 책의 출판은 1년에 걸친 수업 설계와 동시에 이루어진 작업의 결과이다. 수업의 내용을 다 다루지는 못하고 곁가지는 잘라냈다고 볼 수 있다. 영문학 전공자로서 영문학에만 국한되지 않고 동시대의 세계문학을 다룬 조금은 무모한 도전이었다. 유토피아와 디스토피아라는 키워드를 가지고 수년간 탐색하던 여정의 결과로 볼 수 있는데 시기적으로는 코로나와 겹쳐 아주 시의적절했다는 생각이 들었다.

처음 1516년에 출간된 잉글랜드의 토마스 모어 경의 『유토피아』를 시작으로 유토피아 문학의 여정을 시작했다. 유토피아의 뜻은 어디에도 없는 나라, 사회, 장소라는 뜻이므로 우리가 아무리 긴 탐색을 하더라도 진정한 유토피아는 찾을 수 없다. 그런 의미에서 모든 유토피아 문학은 공상소설로도 볼 수 있겠다. 그 유토피아 사회에 기술, 과학 문명이 제시되고 있다면 과학소설이 되고, 그러한 유토피아 사회가 추구하는 사회와 반대되는 사회는 디스토피아가 된다. 그러므로 이러한 문학이 반영하는 것은 그 시대에 작가와 함께 살던 사람들이 처한 시대적 상황이라고 볼 수 있다. 유토피아가 나오기까지 16세기의 잉글랜드의 역사는 참으로 다이나믹하다고 할까? 튜더왕조에 대한 이해가 선행되어야만 모어경에 대한 이해도도 높아지고 어떻게 해서 그가『유토피아』를 집필했는지에 대한 심층적인 이해도 가능해진다. 중세에서 근세에 이르기까지 종교의 문제가 가장 중요했고, 로마가톨릭과 성공회, 성공회와 마틴 루터의 종교개혁으로 시작된 개신교와의 갈등이 왕실과 백성의 삶에 다 같이 큰 영향을 미쳤다. 따라서 토마스 모어는 헨리 8세의 잉글랜드 성공회 수장령에 반대하여 처형을 당하면서도 당시 잉글랜드인들이 겪고 있는 가난과 고통을 동정하며 공동생산, 공동분배, 공동소유의 사유재산제가 폐지된 이상 사회를 꿈꾸었고 그러한 소망을 문학 작품으로 남겼다. 그러므로『유토피아』이후의 작품에서도 이와 같은 기준에서 정치적 상황, 종교적 갈등, 지배층의 구조, 경제적 상황 등을 씨실과 날실처럼 엮어 진행하고자 했다.

유토피아 문학의 여정이 적어도 오백년 이상이라면 디스토피아 문학은 백여 년에 불과하다. 디스토피아 문학에서 다루는 세계는 이미 우리가 겪은, 역사의 일부가 된 사회도 포함되어 있고 앞으로 겪게 될 미래의 사회일수도 있다. 인공지능이 한 달 사이에도 놀라울 정도로 발전하는 두려움과 불안이 내포되어 있는 미래 사회라는 것을 동시대 작가인 카즈오 이시구로의『나를 보내지마』와『클라라와 태양』과 같은 디스토피아 문학에서 발견할 수 있다. 유토피아와 디스토피아는 동전의 앞뒷면과 같아서 유토피아의 외피를 쓰고 있으며 유토피아의 환상을 노래하지만 사실은 디스토피아 사회라는 점이 여러 작품을 통해 드러난다.

문학은 현실의 세계를 반영하는 것일까 아니면 그 이상일까. 문학의 힘은 현실의 세계를 사는 우리에게 생각할 힘을 주고 사물을 바라보는 새로운 시각을 제공해주므로 문학의 효용성과 가치는 그 무엇과도 비견할 수가 없다. 문학과 함께 하는 유토피아와 디스토피아 세계를 탐험하는 여정에서 독자는 문학이 주는 힘과 감동을 느꼈기를 바라고 더 넓게 세상을 볼 수 있는데 도움이 되기를 바란다.

참고문헌 Bibliography

김경현(2018). 「유토피아: 『동물농장』과 <주토피아>」, 『신영어영문학』, 70, 1~21.

김명진(2020). 「『새로운 아틀란티스』에서 『월든』의 틀로 미래 시대의 유토피아 상상하기」『신영어영문학』, 7, 61-31.

김산해(2005). 『최초의 신화 길가메쉬 서사시』, 서울: 휴머니스트.

김세희(2018). 「프랑스 르네상스 인문주의에 대한 재고찰: 라블레의 '가르강튀아'를 중심으로」, 『교육사상연구』, 32-3, 1~24.

김연경(2020). 「불가코프의 『개의 심장』(1925/1987): 환상, 과학, 풍자」, 『노어노문학』, 32-4, 135~158.

김초엽(2019). 『우리가 빛의 속도로 갈 수 없다면』, 서울: 허블.

______(2021). 『므레모사』, 서울: 현대문학.

남덕현(2010). 「유러피언 드림의 문화사적 토대와 보편성」, 『유럽사회문화』, 5, 127~153.

모어, 토마스(2021). 『유토피아』(1516), 주경철 역, 서울: 을유 문화사.

박민수(2014). 「근대 유럽의 '섬-유토피아' 문학과 시민적 사회 이상」, 『비교문학』, 62, 109~132.

박홍규(2007).『윌리엄 모리스 평전』, 서울: 개마고원.

버지스, 앤서니(2022)『시계태엽 오렌지』(1962), 박시영 옮김, 서울: 민음사.

버틀러, 사무엘(2017).『에레혼』(1872), 한은경 옮김, 서울: 김영사

베이컨, 프란시스(2002).『새로운 아틀란티스』(1627), 김종갑 옮김, 서울: 에코리브르.

벨라미, 에드워드(2014).『뒤돌아보며: 2000~1887』(1888), 김혜진 옮김, 서울: 아고라.

불가꼬프, 미하일(2013).『개의 심장』(1925), 정연호 옮김, 서울: 열린책들.

라블레, 프랑수아(2004).『가르강튀아/팡타그뤼엘』(1534), 유석호 옮김, 서울: 문학과 지성사.

런던, 잭(2014).『나는 어떻게 사회주의자가 되었나』(1905), 김한영 옮김, 서울: 은행나무.

______(1989).『강철군화』(1908), 차미례 역, 서울: 한울.

______(2011).『조선 사람 엿보기』(1904), 윤미기 옮김, 서울: 한울.

류다영(2021).「자연 질서를 무시한 인간중심주의적 시각에 대한 경고-H.G. 웰스의『모로 박사의 섬』」,『문학과 환경』, 20-3, 61~80.

리프킨, 제러미(2005).『유러피언 드림』(2004), 이원기 옮김, 서울: 민음사.

모건, 케네스 O. 엮음(2012).『옥스퍼드 영국사』, 영국사학회 역, 서울: 한울아카데미.

모희준(2019).「정연규의 과학소설『이상촌』(1921) 연구」,『어문론집』, 77, 255~276.

문윤성(2018).『완전사회』(1967), 서울: 아작.

문준일(2020).「메타픽션으로서의『우리들』-자신을 찾아가는 글쓰기

여정」,『유럽사회문화』, 25, 197~228.
밀러, 아서(2009).『세일즈맨의 죽음』(1949), 강유나 옮김. 서울: 민음사.
박인성(2020).「한국 SF 문학의 시공간 및 초공간 활용 양상 연구-배명훈·김초엽·김보영의 소설을 중심으로」,『현대소설연구』, 77, 245~277.
박환영(2020).「헉슬리 소설『멋진 신세계』(*Brave New World*)에 내재된 인공시대의 전망: 몸(body)을 중심으로」,『문화와 융합』, 42-5, 855~887.
복도훈(2011).「단 한 명의 남자와 모든 여자: 아마겟돈 이후의 유토피아와 섹슈얼리티-문윤성 과학소설,『완전사회』(1967)에 대하여」,『한국근대문학연구』, 24, 345~373.
소로우, 헨리 데이비드(1993).『월든』(1854), 강승영 옮김, 서울: 이레
손일수(2019).「생체권력과 19세기말 유토피아 문학의 전개:『에레혼』『뒤돌아보며』,『노웨어에서 온 소식』」,『안과 밖』, 46, 39~66.
송한샘(2018).「조지 오웰의『1984』에 드러난 감시와 처벌 메커니즘 연구」,『국제한인문학』, 22, 5~39.
스위프트, 조나단(2021).『걸리버 여행기』(1726), 이종인 옮김, 서울: 현대지성.
스키너, 버투스 프레드릭(2006).『월든 투』(1948), 이장호 역, 서울: 현대문화.
스타이런, 윌리엄(2008).『소피의 선택 I, II』(1976), 한정아 옮김, 서울: 민음사.
신만철(2020).「동서양 고전에 나타난 사회개혁 의지와 유토피아 건설:『걸리버 여행기』와『허생전』을 중심으로」,『스토리이미지텔링』,

20, 151~175.
애트우드, 마가렛(2018). 『시녀 이야기』(1985), 김신형 옮김, 서울: 황금가지.
양해림(2002). 「생태계의 위기와 베이컨의 유토피아적 기획」, 『환경철학』, 1, 99~132.
오길영(2021). 「(비)인간을 바라보는 두 시각: 조광희 『인간의 법정』, 가즈오 이시구로 『클라라와 태양』」, 『황해문화』, 9, 324~337.
오웰, 조지(2021). 『동물 농장』(1945), 이수정 옮김, 서울: 코너스톤.
______(2021). 『1984』(1949), 박유진 옮김, 서울: 코너스톤.
웰스, 허버트 조지(2017). 『모로 박사의 섬』(1896), L.E.K 옮김, 서울: 정씨 책방.
이동환(2019). 「『기억 전달자』에 형상화된 "생존희극 연구: 『멋진 신세계』의 반생명적 비극을 통한 고찰」, 『영미문학교육』, 23-1, 131~155.
이상화(2005). 「윌리엄 모리스의 정치사상: 『유토피아에서 온 소식』에 나타난 공산주의와 아나키즘 연구」, 『외국문학연구』, 20, 175~197.
이선진(2020). 「여성적 글쓰기로 성 지배담론 전복하기-마가렛 앳우드의 『시녀 이야기』」, 『여성학 연구』, 30-1, 113~147.
이숙(2012). 「문윤성의 『완전사회』(1967) 연구」, 『국어구문학』, 52, 225~253.
이승례(2010). 「마가렛 앳우드의 『시녀 이야기』에 나타난 생태적 상상력」, 『문학과 환경』, 9-1, 57~77.
이시구로, 가즈오(2009). 『나를 보내지마』(2005), 김남주 옮김, 서울: 민음사.
______(2021). 『클라라와 태양』(2021), 홍한별 옮김, 서울: 민음사.

이형숙(2000). 「『우리들』속의 우리들, 우리들 속의 『우리들』」, 『문예미학』, 7, 213~237.

자먀찐, 예브게니(2009). 『우리들』(1927), 석영중 옮김, 서울: 열린책들.

전세재 「18세기 영국 계몽주의 문학 속의 유토피아적 공간」, 『새한영어영문학』, 50-1, 83~100.

정미경(2020). 「<소피의 선택>에 나타난 실존적 자살」, 『영어권 문화연구』, 13-3, 189~210.

정연규(2021). 『이상촌』(1921), 경성: 계문사.

정연호(2012). 「불가코프의 『개의 심장』과 H. G. 웰즈의 『모로 박사의 섬』의 유사성 고찰」, 『노어노문학』, 24-1, 137~161.

정익순(2014). 「18세기 소설에 나타난 수학의 문제-*Robinson Crusoe*와 *Gulliver's Travels*를 중심으로」, 『비교문학』, 62, 85~108.

주민재(2020). 「과학적 상상력이 현실에 대응하는 방식-문윤성의 『완전사회』를 중심으로」, 『한국문예비평연구』, 67, 139~168.

캄파넬라, 토마소(2012). 『태양의 나라』(1623), 임명방 옮김, 서울: 이가서.

푸코, 미셸(2000). 『감시와 처벌』(1975), 오생근 역, 서울: 나남출판.

피츠제럴드, F. 스코트(2009). 『위대한 개츠비』(1925), 김영하 옮김, 서울: 문학동네.

최애순(2020). 「1920년대 미래과학소설의 사회구조의 전환과 미래에 대한 기대」, 『한국근대문학연구』, 21-1, 7~51.

추재욱(2014). 「기관없는 신체로서의 폭력 기계 알렉스: 들뢰즈적 관점에서 『시계태엽장치 오렌지』 읽기」, 『현대영미소설』, 21-2, 157~182.

헉슬리, 올더스(1988) 『멋진 신세계』(1932), 이덕형 옮김, 서울: 문예출판사.

홍대화(2015). 「자먀찐의 『우리들』의 단일제국: 기독교 전통에 대한 패러디」, 『문학과 종교』, 20-2, 135~164.

Adams, James Truslow(1931). *The Epic of America*, Boston: Little, Brown, and Company.

Bauman, Zigmunt(2000). *Liquid Modernity*, Cambridge: Polity Press.

Camarda, Julie(2015). "Liberal Possibilities in a Communist Utopia; Minority Voices and Historical Consciousness in Morris's *News from Nowhere*," *Nineteenth-Century Contexts*, 37-4, 301~320.

KMU AE Committee(2021). *Intermediate Academic English*, Keimyung UP.

Malak, Amin(1987). "Margaret Atwood's *The Handmaid's Tale* and the Dystopian Tradition". *Canadian Literature*. 112: 9-16.

Reesman, Jeanne Campbell(2009). *Jack London's Radical Lives*, Athens: Georgia UP.

Shakespeare, William(1995). *The Tempest*(1611), New York: Viking Press.

1) http://www.catholicworker.kr/news/articleView.html?idxno=3349

2) https://www.dictionary.com/browse/dystopia#

저자소개

정현숙

경북대학교 사범대학 영어교육과, 동대학원 졸업, 문학박사
계명대학교 Tabula Rasa College 재직 중

박사학위 논문 "William Faulkner의 작품에 나타난 시간", 『슬라보예 지젝』(번역서), 『윌리엄 포크너』(공저) 외 다수의 논문과 편역서 등이 있다.
프로이트와 라캉의 정신분석학 이론으로 영미문학 작품을 분석한 논문을 발표하고 있으며 관심의 영역을 푸코, 지젝으로 넓혀가고 있다.